重塑
商业模式

企业如何应对颠覆性变革

［荷］汉克·沃尔伯达 ｜ 著　　　钟心仪 ｜ 译
［荷］弗兰斯·范登博斯　　　　　王静
［荷］凯文·凯伊　　　　　　　　唐旭

REINVENTING
BUSINESS MODELS

How Firms Cope
with Disruption

Henk Volberda
Frans van den Bosch
Kevin Heij

中信出版集团 ｜ 北京

图书在版编目（CIP）数据

重塑商业模式：企业如何应对颠覆性变革/（荷）
汉克·沃尔伯达，（荷）弗兰斯·范登博斯，（荷）凯文·
凯伊著；钟心仪，王静，唐旭译 .-- 北京：中信出版
社，2020.12
　书名原文：Reinventing Business Models: How
Firms Cope with Disruption
　ISBN 978-7-5217-2434-9

Ⅰ.①重… Ⅱ.①汉…②弗…③凯…④钟…⑤王
…⑥唐… Ⅲ.①企业管理—商业模式—研究 Ⅳ.
① F272

中国版本图书馆 CIP 数据核字（2020）第 219970 号

重塑商业模式：企业如何应对颠覆性变革

著　　者：[荷]汉克·沃尔伯达　[荷]弗兰斯·范登博斯　[荷]凯文·凯伊
译　　者：钟心仪　王静　唐旭
出版发行：中信出版集团股份有限公司
　　　　　（北京市朝阳区惠新东街甲 4 号富盛大厦 2 座　邮编　100029）
承 印 者：北京楠萍印刷有限公司

开　　本：787mm×1092mm　1/16　　印　张：19.5　　字　数：254 千字
版　　次：2020 年 12 月第 1 版　　印　次：2020 年 12 月第 1 次印刷
京权图字：01-2019-3726
书　　号：ISBN 978-7-5217-2434-9
定　　价：69.00 元

版权所有·侵权必究
如有印刷、装订问题，本公司负责调换。
服务热线：400-600-8099
投稿邮箱：author@citicpub.com

赞誉推荐

这是一本揭开商业模式创新神秘面纱的佳作。作者解释了复制现有商业模式和革新商业模式的关键区别,前者旨在利用模式过去的成功经验,后者则利用新客户趋势和新技术开辟新天地。作者阐明了将商业模式创新分为两条路径的创新性和必要性,也解释了公司不同的组织结构会带来怎样的效率。作者进一步概述了领导者在两条路径中所面临的挑战,指出了不同参与者的任务和角色,以及推动事情发展所必需的文化和流程。这本书是管理层成员的重要书籍,传统行业、老牌公司的 CEO 和董事会成员更应该拿来读一读。

伦敦城市大学卡斯商学院战略学百年杰出教授

查尔斯·巴登–富勒

在如今快节奏的世界里,CEO 面临的最大挑战是了解何时以及如何重塑"赚钱公式"——商业模式。这本书为实现这一目标提供了尤为详细且引人入胜的分析。书中结合了严谨的学术思想和实用的实践案例,是教育者、学生或商务人士在颠覆性变革中学习企业成功秘诀的重要指南。

伦敦商学院副院长、战略与国际管理系教授

朱利安·伯金肖

这本书在大量实践和案例研究的基础上,对企业重塑其商业模式的要领和机制进行了广泛而严谨的分析。对许多企业来说,如何重塑商业模式一直是备受关注的问题,因为它们或多或少都面临技术发展的颠覆性变革。这本书提醒这些企业还应该对颠覆性变革中更多潜在的驱动因素保持警觉，并考虑在应对时如何将技术、管理实践、组织结构和共创最有效地结合起来。

罗尔斯·罗伊斯公司、英国联合食品公司和

凯勒集团非执行董事

壳牌集团战略与规划前执行副总裁

鲁思·凯尔涅

《重塑商业模式》一书为商业模式革新和商业模式复制提供了重要的研究结论。这本书为公司变革的必要性、改变商业模式的时机和方式提供了独特的启发性见解，也指出了改变公司发展方向所必需的管理实践和企业文化。总而言之，这本书对在快速变化的商业环境里，形成商业模式具有参考价值。

伊士曼化工公司欧洲、中东、非洲、亚太地区与拉丁美洲区副总裁

默里·迪尔

商业模式快速更迭。要想成功改变商业模式，建议您一定要读一读这本书。

荷兰恩智浦半导体公司 CEO

吉多·迪里克

商业模式创新是一个非常具有挑战性的现象。实践家一致认同商业模式创新的重要性；然而，学术界却很少针对商业模式创新提出中肯的建议。沃尔伯达、范登博斯和凯伊的新书表明情况正在转变：这本书提供了清晰的概念、高度相关的理论和大量的案例。对于这个至关重要却刚刚兴起的领域，这本书是一项突破，也是一座里程碑。

博科尼大学组织理论与人力资源管理学教授

尼古拉·福斯

在如今的经济中，企业面临着市场和技术的颠覆性变革以及商业模式的侵蚀。《重塑商业模式》的作者明确表示，开发新的商业模式不仅仅是采用新的技术。这本具有启发性的书籍为管理学者提供了新见解，也给管理人员提供了有效应对行业颠覆性变革的新工具。

哈佛商学院 Marvin Bower 奖学金项目成员

达特茅斯大学 Amos Tuck 工商管理学院国际商务教授

维杰伊·戈文达拉扬

《重塑商业模式》一书以独一无二的方式讲述了改变商业模式的幕后故事。

皇家 IHC 公司前 CEO

古夫·哈默斯

我们都知道有些品牌在其领域里一马当先，但颠覆者的出现却改变了局面。这本书将帮助企业在竞争浪潮中保持领先地位。

华为西欧企业业务总裁

何利扬

《重塑商业模式》揭示了企业应如何重塑其商业模式，本书内容全面，学术严谨，提供了一张清晰的、针对管理层的路线图，指导企业如何将重塑商业模式付诸实践，并提出了一些经验教训以供读者参考借鉴。在这个充满颠覆性变革的时代，企业无论处于何种行业、拥有何等规模，都可以将这本书视作重要的书。

伦敦商学院战略与国际管理系教授

罗伯特·鲍曼研究所战略领导项目主席

克斯塔·马凯德蒂

《重塑商业模式》一书激发并鼓励管理者采取行动，进行反思。

Janssen de Jong Groep CEO

法航荷航集团非执行董事

汉斯·斯米茨

为了适应不断变化的世界（适者生存），企业需要持续对商业模式进行重塑，这也给领导层带来了重大挑战。这本书可以助企业一臂之力。

荷兰皇家帝斯曼集团 CEO

谢白曼

强烈推荐有意将公司发展壮大的管理者阅读这本书。

克莱蒙德技术集团前 CEO

杰弗里·蒂里

《重塑商业模式》一书对学术界和管理界具有重要贡献。在这本经过充分研究、热烈讨论和精心撰写的作品中，沃尔伯达、范登博斯和凯伊对企业进行商业模式复制和革新的原因、时间和方式提出了强有力的观点。这本书提供了全新的数据，并探索企业充满活力的新原因，是罕见的既富有远见又务实的书籍之一。学者和管理者的办公室或书桌上应备此书。

哈佛商学院工商管理学教授、1942 届 MBA 校友

迈克尔·塔什曼　保罗·R. 劳伦斯

这本书很好地描述了管理者实现商业模式创新的两种方式——复制和革新。

TomTom 公司商业发展交通解决方案部副总裁

卡洛·范德韦耶

目 录

V

推荐序一

商业模式创新助力帝斯曼长存

我的荷兰同胞阿里·德赫斯曾担任英荷壳牌集团的策略师一职，并且于 1997 年出版《长寿公司》① 一书。据他所述，在 20 世纪末，一家较大型公司（《财富》世界 500 强）的平均寿命有 40~50 年。耶鲁大学理查德·福斯特教授则认为，这一数值现在已下降至大约 15 年。

不管上述哪个说法更为准确，显而易见的是公司的长久生存受到了巨大挑战，在这个瞬息万变的时代尤甚。因此，公司通常需要进行自我振兴、自我革新甚至彻底的自我重塑。尽管有些企业可以经营数十年甚至数百年，但大多数公司只是昙花一现，通常被分割、被收购或被清算告终。在 1896 年发布的道琼斯工业平均指数涉及的企业中，目前仅有通用电气仍在名单之上。阿姆斯特丹交易所指数（AEX）也反映了类似的情况，在目前 25 只荷兰领先股中，只有 9 只在 1989 年时位列其中。由于被收购、清算或其他原因，过去 25 年间有超过 40 家企业的股票不在 AEX 名单之上。

有人认为，公司的没落并非灾难，因为这正是颠覆性变革的一部分。兴与衰是生命的自然过程，在商业世界中亦是如此。商场沉浮保持了经济的繁荣与创新。旧的商业模式必须为新的商业模式让路，以满足

---

① *The Living Company*，有的版本译作《生命型组织》。

现代社会千变万化的需求。

作为一名生物学家，我在这一点上赞同达尔文主义的观点。我也常引用达尔文的名言："令我惊讶的是，能够生存下来的物种，不是那些最强壮的，也不是那些最聪明的，而是那些最能适应变化的。"①适者生存，并非人们有时误认为的"最健壮者"生存，而是那些最能适应环境变化的物种生存。适应力是关键的概念，在环境需求变化时无法充分适应的物种将会消失。从更广的角度来看，这不失为一件好事，因其为"适者"竞争释放了空间。然而在企业层面，对其员工、其他利益相关者以及周边社区而言，企业的损失当然会产生重大影响。管理者有责任确保企业短期和长期的持续发展。管理层最重要的战略责任之一就是适应不断变化的环境。

企业只有及时预见环境变化，才能避免遭受损失。例如，当地煤矿矿井的关闭对荷兰南部的林堡省及其居民产生了巨大影响。但这是政府的决策，不可避免，况且在荷兰北部还发现了天然气。幸运的是，我们的公司荷兰皇家帝斯曼集团在那期间也发展了化学品部门，这些化学业务为集团提供了一个良好的平台，使企业可以在以天然气和石油为基础的大宗化学领域构建一个全新、成功的未来。

大约在 20 世纪 90 年代中期，我们认识到公司需要再次进行变革。首先，工业化学领域的竞争环境将发生重大的变化，部分原因是中东地区竞争对手的崛起，当然也因为荷兰皇家帝斯曼集团本身想转向更具创新性和可持续性的业务，因为这类业务周期性更短，附加价值更高。第二次变革即是建立如今的生命科学和材料科学公司，这个过程花费了 15 年时间。在帝斯曼集团，我们坚信这次变革使得公司更加面向未来，特别是新的业务预测到未来我们在健康保健、气候变化与能源供

---

① 这一句按照达尔文所著原文进行翻译。

应以及可持续性方面将面临的挑战。

同时，我们也知道，这并不意味着企业内部变革的结束。恰恰相反，正是由于这段历史，我们认识到适应改变是一个持续的过程。帝斯曼集团到现在已完成两次彻底的自我重塑。大约每15年一次，公司会彻底转变核心业务。这对公司的长寿来说至关重要。2017年，公司迎来了115周年华诞。

在企业的转型中，至关重要的是管理层应该及时观察到，或希望观察到环境正在发生变化，更好的情况是，他们能预料到环境将要发生变化。管理层有胆识及时做出正确决策也很重要。决策做得太晚，往往意味着在即将被淘汰的业务上耗时过多，且盈利会逐步减少。管理者本身也是一个不容忽视的因素。正是目前的管理者组合为公司带来了成功。因此，公司的转型需要管理者进行重要的自我分析，并对已融入之前业务领域的企业文化进行调整。最后，我想强调与所有利益方进行沟通的必要性，这包括与股东和客户，当然还有公司员工的沟通。

从以上经验中我认识到，对公司进行创新或在必要时进行重建是多么重要；也认识到这一切有多么复杂。因此，我相信针对这一问题的科学研究极具价值性。在欧洲范围内开展这一调查十分不错。因为之前这一领域的大部分文献都来自美国，所以我十分期待这一研究给我们带来全新的视角。

研究结果十分令人满意。首先，本书为这一主题提供了有价值的概述，并阐明了很多概念。研究者使用的模式极具吸引力：它清晰表明了该如何通过有针对性的创新来逃脱商业模式僵化的陷阱；还提供了在面临颠覆性变革时该如何重塑商业模式的实用指导。当然，世上没有两家相同的公司，每家公司面临的情况也不一样，这本书的案例也说明了这一点。但研究者成功地将这种多样性放在清晰的框架中进行研究。他们也与很多管理者交流了研究成果。总而言之，这本书以可读性极强的结论收尾，讨论了商业模式创新中管理者的行为准则。因此，我特别乐意将这本书推荐给那些希望更清楚地了解这个棘手问题的人。

荷兰皇家帝斯曼集团 CEO

谢白曼

推荐序二

商业模式创新——当代经济的驱动力

本书主题为如何重塑商业模式，着重阐述企业在面临颠覆性变革时可采取何种方式创新商业模式。对每家尚在运营的公司来说，创新商业模式是必需的。除了公司，半公众和公众机构也需要仔细审视其商业模式。公司和机构巧妙的商业模式是当代经济重要的驱动因素之一。在面临重大的国内和国际挑战时，拥有合适的商业模式对公司和机构的生存至关重要。商业模式在短期内似乎能自动自我调节以顺应经济增长，但是我们现在面临的是经济增长受限和经济萎缩的形势，因此，商业模式在世界范围内已成为企业和机构的热门议题，被提至议程前列。

商业模式在一定程度上能反映企业和机构的收益模式或盈利潜能。在本书的基础研究中，研究人员研究了商业模式的不同组件、各部分的相互关系以及它们如何与企业的竞争策略保持一致。研究人员也分析了参与各方如何创造价值以及价值分配使用情况。

本书增进了我们对公司和机构商业模式的认知，特别关注现有商业模式从稳步渐变到一改故辙的变化。通过对来自企业的590名受访者的采访，以及对皇家帝斯曼集团、恩智浦半导体公司、任仕达集团、鹿特丹港务局、荷兰皇家IHC公司等12家知名公司的案例研究，研究人员得以区分不同形式的商业模式创新，即革新、复制和僵化。借助对这些模式的探讨，他们发表了如何使商业模式在未来更为可持续性发展的见解。商业模式革新离不开彻底的适应改变，而商业模式复制则需要改善与改进，商业模式僵化意味着上述两者都不适用。恩智浦半导体公司——一家为电视机、智能手机和汽车钥匙等产品生产芯片的制造商，主要采用了商业模式复制。由于其强有力的客户导向和对潜在细分市场的关注，恩智浦半导体公司已展现出快速进行商业模式复制的能力，并因此成为全球芯片市场的重要参与者。

对商业模式创新研究的需求日益增长，荷兰管理研究基金会的董事会早已料到相关研究成果会快速出版。董事会对参与这项研究的人员感到自豪，并充满感激，他们是来自伊拉斯姆斯大学鹿特丹管理学院附属商业创新中心的汉克·沃尔伯达、弗兰斯·范登博斯、凯文·凯伊。由米斯·哈特维尔特担任主席的监督委员会也为这项重要的研究做出了巨大贡献。

作为管理研究基金会的主席，我非常高兴能向您介绍这本富有挑战性的书，祝您在改善和重塑商业模式中取得圆满成功。

荷兰管理研究基金会主席

总雇主协会（荷兰雇主协会）总经理

荷兰工业和雇主联合会（荷兰雇主协会）社会局局长

哈利·范德克拉特

前　言

面对与日俱增的颠覆性变革，我们该如何重塑商业模式？虽然有关商业模式创新的研究在国际上进行得如火如荼，但仍有许多重要问题未得到解答，例如"如何进行商业模式创新""什么是商业模式创新""何时进行商业模式创新"，尤其是高层管理人员在商业模式创新中扮演什么角色的问题。本书特意从管理者的角度回答了一些亟待解答的问题。多数公司未能对其商业模式进行创新，原因是这些公司总在重复做曾为公司带来成功的事。这些公司的管理者聆听客户需求，投资现有业务，并具有独特的能力，却容易忽视市场和技术的颠覆性变革。本书根据一项针对各行业公司的调查，分析了调查蕴含的新信息和一些案例（包括皇家帝斯曼、恩智浦半导体、任仕达、TomTom 等），以帮助读者更好地理解企业如何创新商业模式，管理层应该使用哪些杠杆，以及管理层应该何时改变商业模式。本书特别关注的重点是：复制现有商业模式与发展新商业模式，哪种方式更优？商业模式革新在激烈的竞争环境中尤为重要，但无论如何，高水平的商业模式复制和革新都会成为企业成功的关键。

本书讨论了管理人员进行商业模式创新时可使用的四种杠杆：技术、管理实践、组织结构以及共创。本书将逐一讨论这四种杠杆对商业模式复制及革新的影响，也将分析技术导向、内部导向、外部导向等强化商业模式创新的方法组合和整合了所有杠杆的综合方法。

为了帮助企业规避商业模式创新的陷阱，本书分别探讨了促进和阻碍商业模式创新的各类因素。通过对比商业模式复制与革新，以及战略驱动与客户驱动的转变，本书总结了商业模式创新的四种模式：

· 利用并改良（战略驱动型商业模式复制）：改进和完善现有商业模式的指令型管理
· 利用并联系（客户驱动型商业模式复制）：将商业模式更多地与现有客户连接，从而大力巩固现有模式的客户导向型管理
· 探索并联系（客户驱动型商业模式革新）：为连接全新客户而升级商业模式的适应型管理
· 探索并主导（战略驱动型商业模式革新）：以各级管理人员均参与的组织改革为基础，从根本上重建商业模式的前瞻型管理

领导力对商业模式创新尤为关键。在本书末章，我们与参与研究的管理人员共同制定了商业模式创新中的"行为准则"。

第1章

概　述

---◆━━◇◇◇━━◆---

柯达胶卷：赚钱之利器，亦是衰败之根本

1975年，柯达公司的工程师史蒂芬·沙森发明了电子静态相机——数码相机的前身。几十年后，数码相机大败模拟相机，但柯达公司却在2012年申请了延期付款。这家发明数码相机的公司在数字时代却身陷困境，究竟何以至此呢？

柯达公司衰败的原因不在于竞争者的激烈角逐，而在于其自身。柯达公司决定对电子静态相机置之不管，因为柯达认为出售该类相机可能会损害模拟相机带来的巨大收益。20年后，柯达公司证明了防御性的市场法在其内部有多么的根深蒂固：面对大量关于手机内置相机的研究和投资，柯达公司仍旧选择对市场不闻不顾。他们的理由和从前如出一辙：这可能会危害柯达的传统业务。

柯达的竞争对手宝丽来和爱克发也同样陷入了困境；然而，其另一家主要竞争对手富士却蓬勃发展。富士叫停了在模拟相机技术方面的研究，将其业务转向了化妆品、药品和胶印版材。这些业务看似与摄影相差千里，但其实是相互关联的——这些领域都需要分

子技术知识和涂层、包衣知识。

柯达的故事告诉我们，技术优势并不能保证商业成功。决定成功的因素不是企业及时发明了正确的产品，而是及时革新了商业模式。商业模式（该概念的多种定义在后文会详细讨论）将技术与战略和商业串联起来。商业模式决定了公司会怎样对待那些迷人的新发明：是像柯达一样沉迷于胶卷的边际利润而将新发明束之高阁？还是在诸多不确定因素中冒险进入新的业务领域？公司和管理层又是否为此做好了准备？

在当前动荡的环境中，对企业是否应该创新商业模式进行讨论已经没有意义了。故步自封无异于自我毁灭（Hamel，2000；McGrath，2013；Nunes & Breene，2011）。再也没有哪家公司可以连续一个世纪依靠生产、出售胶卷功成名就。如今，我们应该关注的问题是如何、何时以及在何种程度上改变商业模式——这也是本书所讨论的问题。商业模式在近期上升到了分析层面（Foss & Saebi，2017；Zott et al.，2011）。每家企业都有商业模式（无论是外显的还是隐藏的），但在当下瞬息万变的商业环境中，商业模式创新变得更为重要（Amit & Zott，2001；Schneider & Spieth，2013），也是导致企业业绩差异的重要原因。商业模式反映了公司战略选择的结果以及公司执行战略的方式（Casadesus-Masanell & Ricart，2010；Richardson，2008），尤其能够反映公司如何创造、占有客户价值（Baden-Fuller & Haefliger，2013；Zott et al.，2011）。商业模式创新日益受到关注，但有几个重要的问题仍在很大程度上未得到解答。

首先，以往的研究未能充分清晰地区分商业模式创新的类型。

商业模式创新的研究主要聚焦两个方面：一是关注商业模式复制，即利用现有的商业模式（e.g. Szulanski & Jensen，2008；Winter & Szulanski，2001）；二是关注商业模式革新，即引入与过去截然不同的新商业模式（e.g. Johnson et al.，2008；Nunes & Breene，2011）。

其次，关于上述两类商业模式创新对企业业绩的影响，以及在特定环境条件下何种模式创新最有效的实证研究相对缺乏，且少有跨行业的调查。对某一商业模式如何影响竞争优势的研究大多为描述性的（Morris et al.，2005）、概念性的（Lambert & Davidson，2013），或是基于案例研究（Baden-Fuller & Morgan，2010；Lambert & Davidson，2013），或是专注于特定的企业、市场或行业背景（Baden-Fuller & Mangenmatin，Casadesus-Masanell & Zhu，2013；Schneider & Spieth，2013）。

本书旨在帮助读者更好地理解以下问题：企业如何进行商业模式创新？管理层应该采用何种杠杆改变商业模式？管理人员应该在何时进行商业模式创新？本书为管理学者和反思实践家提供了关于商业模式创新类型、改变商业模式的杠杆、企业转变商业模式路径的新看法和新知识。此外，本书向管理人员展示了超越竞争对手的方法，并帮助他们在改良与彻底革新现有商业模式间做出选择。本书的结论都以定量研究和对已进行过模式创新的公司的案例研究为支撑。我们同时邀请了一组高层管理人员，请他们总结出了商业模式创新的"行为准则"。本书立足于有关战略管理和商业模式转变的文献资料，重点讨论商业模式创新将如何带来竞争优势。

本章中，我们将讨论商业模式创新的必要性，陈述我们的研究模型和主要研究问题，并概述后续章节中将讨论的主要元素，包括：不断变化的竞争环境、商业模式创新战略、商业模式创新的杠杆、商业模式创新中的促进因素和抑制因素，以及新商业模式的竞争优势。这些元素构成了我们的研究模型的基础。

第2章着重介绍了商业模式的定义以及商业模式的积极影响。商业模式是指引发价值创造、价值占有和竞争优势的一系列独特活动。商业模式所创造的竞争优势能够维持的时间有限，因此，企业必须对其商业模式进行创新。商业模式创新的方式有两种：复制和革新。商业模式复制是指企业随着时间的推移扩大规模并改良现有业务，例如麦当劳和宜家等。商业模式革新则指企业引入与以往完全不同的新商业模式。荷兰皇家帝斯曼集团和任仕达集团都是商业模式革新的例子。帝斯曼的商业模式经过了多次重塑，公司业务从采矿到石化，再到生命科学以及新进的材料科学和可持续领域。我们也定义了商业模式创新的几种杠杆。现有研究大部分都侧重于将新科技作为商业模式创新的主要杠杆，而本书会涉及其他几项杠杆，包括新技术、新管理实践、新组织结构以及新客户关系：共创。

第3章叙述了企业如何在实践中进行商业模式创新。大多数企业所做的是复制以往成功的商业模式；有一些企业尝试从根本上革新其商业模式；也有很多企业没有能力改变自己的商业模式，陷入了所谓的"商业模式僵化"。还有一些企业家对企业的某些部门进行模式复制而在其余部门发展全新的商业模式（双重商业模式）。企业应该分别在什么时间选择模式复制、模式革新或双重模式？选择不同模式的原因是什么？不同的模式会产生怎样的后果？根据调查，我们了解了各企业和行业对各类商业模式创新的关注程度。我们详细探讨了模式复制和模式革新对企业业绩的贡献，以及这两种模式创新对环境动态性和竞争力的依赖程度。令人震惊的是，每三家企业中就有一家不重视商业模式，且永久性地处于商业模式僵化状态。这些企业显然忽视了所有提示需要改变商业模式的预警信号。更令人惊讶的是，根据我们的发现，与困于商业模式僵化的企业相比，进行高水平商业模式复制和商业模式革新的企业业绩高出了 18%。

第 4 章介绍了企业如何使用四种杠杆（即技术、管理实践、组织结构和共创）进行商业模式创新，并探讨了哪种杠杆组合对商业模式创新的影响最大。我们首先解析了宝丽来对技术的高度重视何以没有得到新市场和新销售渠道的跟进。宝丽来的例子表明，只关注某一种杠杆（宝丽来主要依靠技术）不能保证商业模式创新的成功。相较于卓越的技术加上平庸的商业模式，平庸的技术加上卓越的商业模式能带来更多的价值。因此，我们将从新的角度理解四种杠杆对商业模式复制和商业模式革新的影响。同时，我们也将通过分析爱立信、奥迪康、Zara 和无印良品的案例来观察企业是如何使用四种杠杆对商业模式进行创新的。在这四种杠杆中，调整管理实践无论对模式革新还是模式复制来说都是最为重要的。

我们还会详细介绍不同杠杆组合对商业模式创新有怎样的帮助。公司在创新商业模式时通常有四种路线：技术导向型、内部导向型、外部导向型和综合型路线。例如，我们着重介绍的 TomTom 的技术导向型商业模式革新（通过技术与管理实践）、爱立信的内部导向型商业模式革新（通过技术、管理实践和组织结构）、宝洁公司的外部导向型商业模式革新（通过共创、管理实践和组织结构）和帝斯曼采取的综合型商业模式革新（使用所有四种杠杆）。

在第 5 章中，我们将讨论企业在进行商业模式创新时遇到的各类促进因素与阻碍因素。我们首先分析了阻碍荷兰皇家电信公司集团进行商业模式革新的因素，接着分析了诸如组织文化、领导风格、CEO（首席执行官）特征、外部导向程度、组织特征和机构利益相关方（如股东、政府、雇员）等因素对商业模式创新的促进和阻碍作用。我们分析了变革型领导、CEO 任期长短、公司治理制度、知识吸收能力和创新性文化等因素所起到的作用。我们列举了帝斯曼、任仕达、罗氏诊断和壳牌等案例作为支撑。例如，我们通过一项对壳牌公司一百多年来商业模式创新的研究（Kwee et al., 2011）发现，越是接近石油峰值（石油开采的最高点），市场参与者越倾向于固守现有的商业模式。出于日益关注股东价值等原因，壳牌撤回了对太阳能和风能等再生能源的投资。如果壳牌继续复制其现有的化石燃料开采（石油和近期进行的天然气开采）商业模式，就有可能掉入商业模式陷阱。我们也讨论了企业在转变商业模式时可能会经历的路径：从僵化到复制，从复制到革新，从革新到复制。

在第 6 章中，我们讨论了索尼和苹果在 MD 随身听和 MP3 播放器上的博弈，从而探讨了商业模式创新的动态性。商业模式革新进行一段时间后似乎不可避免地会出现商业模式复制。商业模式革新和复制都可以由内部因素（战略）或外部因素（客户）驱动。结合不同的商业模式创新类型（复制与革新）和商业模式导向类型（战略驱动与客户驱动），我们总结出了四种商业模式创新的形式。第 6 章涵盖了这四种形式的详细案例研究：利用并改良、探索并主导、利用并联系、探索并联系。我们以帝斯曼、鹿特丹港务局、恩智浦和荷兰皇家 IHC 这四家公司为例阐释了这四种模式。每种模式都有特定的杠杆、环境特点以及各自的促进和阻碍因素。如果我们将这四种模式看作四个象限，这些案例便展示了企业如何随着时间推移改变所处的象限位置。

在第 7 章中，我们讨论了管理层在商业模式创新中的决定作用。我们分析了中高层管理人员在每个象限中所扮演的角色。我们分析了 TomTom 如何在一位有远见的 CEO 带领下循环地进行商业模式复制和革新，同时也指出了商业模式创新中的一些潜在陷阱，并讨论了管理者规避陷阱的方法。这些陷阱包括：过于关注商业模式稳固，过分强调财务业绩，或者由于 CEO 和高层管理者不断发展新的商业模式而错过了商业模式复制所带来的回报。我们同时讨论了提示需要改变商业模式的各种预警信号。

　　我们也总结了企业结合商业模式复制和革新的多种方式，例如，双重商业模式、摇摆商业模式或网络商业模式。在双重商业模式中，公司的某一部门致力于商业模式革新和创造新附加值，其他部门则致力于商业模式复制，并优化利用已建立的惯例和能力。双重商业模式的基本原理是母公司负责商业模式复制，子单位则负责商业模式革新。摇摆商业模式基本上是模式复制和模式革新的交替循环；这里商业模式复制的表征为对现有技术、管理实践和组织结构的改进，而商业模式革新的重点在于采用新的技术、管理实践和组织结构。在网络商业模式中，企业自身开发新的商业模式，然后将以前的"幕后"模式外包给低成本的供应商。我们将通过奥斯迈、宝马、戴尔、爱立信、惠普和任仕达的案例充分解释这三类商业模式复制和革新的结合方式。

　　在最后一章中，我们总结了以下方面的主要发现：商业模式创新的两种基本类型、商业模式创新的杠杆、商业模式转型和管理层的角色。同时，我们与参与本研究并在商业模式创新领域具有丰富经验的管理人员进行了广泛的交流，拟定了一份商业模式创新中的"行为准则"。

商业模式创新的必要性

　　科技与战略的快速变化使企业不得不对其商业模式进行持续创新（e.g. Giesen et al., 2010；Teece, 2010；Voelpel et al., 2005）。这

几乎是适用于所有行业的真理。石油和天然气行业在过去相对稳定，包装消费品的一些行业在如今依然稳定（Cliffe & McGrath，2011）。但如果一个行业没有较高的准入门槛，或者如果有新的技术或规则被引入（对各行各业都适用），现有的市场参与者就不得不面对新形式的竞争。优步、爱彼迎、Helpling、Peerby、跑腿兔等共享商业模式的出现，扰乱了现有的出租车、酒店、清洁服务和 DIY 行业。许多拥有实体商业模式的老牌企业发现自己正被那些将商业模式建立在数字世界中的新公司取代。爱彼迎、缤客、优步以及谷歌支付等在线平台让客户可以直接获取产品信息而无须经历任何传统的中间环节。

文卡特拉曼和亨德森（2008）在研究中表示："局限于产品、生产过程和服务的创新已远远不够。我们需要更加全面的创新，即对整个商业模式进行创新。"在文献资料中，商业模式创新已经上升到了检验公司如何开展业务（Hamel，2000）的新分析层面（e.g. Bjorkdahl & Holmen，2013；Zott et al.，2011）。在当今动态的商业环境中，如何创建独特的商业模式以及如何改变商业模式以维持竞争力优势的问题日益受到关注（e.g. McGrath，2013；Schneider & Spieth，2013）。

商业模式受到压力的第一个迹象往往是新产品和新服务缺乏明显的优化（Nunes & Breene，2011），新版本与旧版本没有太大区别。发现这一点的客户或是提出抱怨，或是寻求替代的解决方案。商业模式被耗尽后，企业业绩便开始下滑。

20 世纪的竞争环境相对稳定，传统的组织结构与当时限制竞争的策略有非常令人满意的表现。壳牌、金融服务公司荷兰国际集团和荷兰皇家电信等公司也因此扩大了规模和利润。老牌市场参与者在长时间内关系稳定，能够不断地发展、保持其竞争优势（Volberda，

2003；Volberda et al.，2011）。传统策略基于自上而下的控制、正式的规划和详细的工业分析，保证了商业模式在一段时间内的独特性和持续性。商业模式被侵蚀的速度是缓慢的，企业也能提前预见如何逐步开发新的商业模式（图 1.1）。

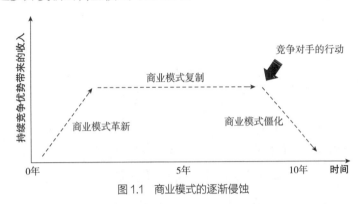

图 1.1　商业模式的逐渐侵蚀

　　如今依然享受这种优待的企业并不多了。商业模式不再在漫长、稳定的时间里被缓慢地侵蚀。当下竞争的特点是短期的竞争优势以及频繁出现的商业模式干扰和颠覆（图 1.2）（Volberda et al.，2011）。市场全球化、迅速变革的技术、缩短的产品生命周期以及越来越激进的竞争对手早已改变了竞争的基本规则。竞争已从稳定的竞争不可逆转地变成了超级竞争（Govindarajan & Trimble，2011；Mc-Grath，2013；Volberda，1998）。因此，没有公司能够故步自封却长期生存（Bertolini et al.，2015）。公司不得不频繁地面对需求驱动型变革（新的市场参与者发现了尚未被满足的客户需求）、供应驱动型变革（新兴技术使商业模式出现冗余）或上述二者的结合（Sood & Tellis，2011）。当新的市场参与者引入了全新的技术架构，而现有的市场参与者无法通过改良现有元素来复制新的技术架构时，便产生了供应驱动型的颠覆性变革（Henderson & Clark，1990；Siggelkow，2001；Gans，2016）。iPhone 就是架构创新的例子之一。iPhone 将软硬件相结合的生产方式前所未有，现有的手机制造商很难对其进行复制（Gans，2016）。新的市场参与者使用的技术可能一开始比现有市场参与者使用的主流技术低级，但当新参与者利用这类技术服务于现有市场参与者忽视的市场时，需求驱动型的颠覆性变革便产生了。虽然新市场参与者使用的技术初期表现可能不佳，但在新客户群体重视的方面（"新市场据点"）或在对价格更敏感的主流客户群体中（"低端据点"）却可能有更优的表现（Christensen et al.，2003）。随着时间的推移，过去相对低级的技术保持其初始优势；与此同时，新的市场参与者逐渐有能力满足现有公司主流客户的需求（Christensen et al.，2015；Govindarajan & Kopalle，2006）。最初因为供给驱动型变革改变的行业有很多，包括炼钢行业（被迷你钢厂颠覆）、胶片摄影行业（被数字成像技术颠覆）、座机电话行业（被智能手机颠覆）等。被需求驱动型变革改变的行业则有房地产行业（被协作型互联平台颠覆）和旅游业（被在线平台颠覆）等。

既是供给驱动型又是需求驱动型的颠覆性变革通常对整个行业影响巨大。智能手机市场的巨额增长改变的不仅有手机制造商的格局，而且还有荷兰皇家电信公司等基础设施供应商的发展形势。自收费电话出现后，根据电话时长以及随后根据短信数量收费的营收模式一直是该行业的基石，但这种模式现在已经岌岌可危。Skype 或 FaceTime 等网络电话服务提供的免费通信，让传统供应商的利润冰消云散。

柯达和宝丽来是数字影像技术出现后衰败的例子，显示了外部变革对成功商业模式的破坏。重点是，这两家公司并没有为数字影像技术的崛起而感到惊讶。而且它们都处于发展新技术并利用数字影像技术的有利位置。问题的关键不在于技术的变化，而是支持企业发展的基础被侵蚀了。

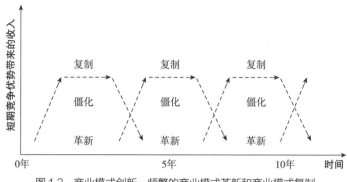

图 1.2 商业模式创新：频繁的商业模式革新和商业模式复制

柯达和宝丽来长久以来都通过"剃刀＋刀片"商业模式获利颇丰。"剃刀＋刀片"模式的实质是以低廉甚至免费的价格提供某一产品（相机），从而从另一相关产品（胶卷）中获得巨额利润（Chesbrough & Rosenbloom，2002）。一直到第二次世界大战前，柯达以一美元的单价销售了 2 500 万台布朗尼相机。在这之后，柯达又推出了另一种低价格、高回报的相机——傻瓜相机。胶卷是其巨额利润的来源。在 20 世纪 70 年代中期，90％在美国销售的胶卷产自柯达。这便是柯达不愿放手的东西。

著名战略大师加里·哈默尔把当今的时代称作"革命时代"：变化不再是相似的，而是突然的、间断的、颠覆性的（Hamel，2000）。"变化"本身发生了改变，企业因此不得不面对越来越多的转折。不断变化的竞争环境迫使企业用批判的目光审视自己的战略和组织结构。无论多么成功的公司，其竞争优势都能越来越快地被模仿甚至改良（Smith et al.，2010；Volberda，Van den Bosch，Flier & Gedajlovic，2001）。产品和服务迅速成为商品，其独特性减弱，而顾客也越来越精明。最终导致的结果正如普拉哈拉德和拉马斯瓦密（2004）所形容的，一切都被"沃尔玛化"了。

管理者和管理学作家们一致认为，企业赢得未来成功的途径是摆脱预先设定商业战略的传统方式。死守竞争优势无异于裹足不前。发明创新并不能保证成功，模仿竞争对手同样不能。这就提出了公司如何在迅速变化的竞争格局中站稳脚跟的问题。

一场没有赢家的竞赛

企业如今的竞争优势是短暂的，因为竞争优势可以被市场中的其他参与者通过商业模式创新以更快的速度进行模仿或改良。因此，企业面临更大的竞争压力并且需要更快地进行改变（D'Aveni，1994；Volberda，1996，2003）。

一方是变化与学习，另一方是更好的竞争形式与选择，双方持续的交互被比作《爱丽丝梦游仙境》中的"红皇后赛跑"。市场参与者间不断进行比赛，将新的技术和市场法融入商业模式。因为各方都跑得一样快，所以没有真正的领跑者。企业的适应速度越来越快，但相较而言，因为其他参与者也在同样迅速地变化着，所以每一方似乎都止步不前（Volberda，1998）。

在《爱丽丝梦游仙境》中，爱丽丝惊讶地发现，她奔跑了一段时间后，依然停留在原来的位置。"在我们的国家，"爱丽丝说，"像刚才那样竭尽全力地奔跑一段时间，就会到达另一个地方。"红皇后回应说："你的国家一定运行得很缓慢！在这里，你需要不停地奔跑，才能留在原地。如果你想去其他地方，起码要比刚才跑得快一倍！"（Carroll，1946）

被困在"红皇后赛跑"中的公司很难从中逃脱。这些公司在其存在的时间里建立了知识和惯例的储备，也建立了企业成功的基石——核心竞争力和高度专业化的资产。但是，正因为这些资产，这些公司更难革新其商业模式。

1884 年在美国成立的 NCR 公司的衰败就是一个恰当的例子。NCR 公司非常重视其已有的机械收银机业务，对新兴的电子收银机视而不见。于是，1972—1976 年，该公司被电子收银机制造商抢走了高达 80% 的市场份额（Rosenbloom，2000）。

另一个例子是通用汽车（GM）公司。这家美国公司因为担心紧凑型轿车会侵蚀其大型轿车市场，一开始并不愿意设计和生产这种轿车（Schmidt & Druehl，2008）。国际商业机器（IBM）和迪吉多等公司最终也落入了这种竞争力陷阱。根深蒂固的惯例和广泛的投资使得原本与众不同的产品（大型计算机和迷你计算机）变成了企业的负担（Tushman et al.，1997）。核心竞争力变成了核心僵化，竞争力领导变成了竞争力陷阱（D' Aveni，1994）。

总是倾向于利用现有机会就会产生惯例。这些惯例被规章制度、规划、控制系统、共同规范和价值变成了制度。此后，学习只能在现有的标准和价值范围内进行（即单循环学习），也只能带来小规模的改良（Argyris & Schon，1996；Nelson & Winter，1982）。这类公司的管理者倾向于规避风险、追求稳定（Benner & Tushman，2002）。公司完全适应了现有环境，以致在意外的环境变化下十分脆弱（Giesen et al.，2010；Heij et al.，2014）。公司进行改变的潜力急剧下降，既而陷入了商业模式陷阱（表 1.1）。由于现有的商业模式陷入僵化，公司的优势最终沦为失败的根源。

表 1.1　商业模式陷阱与商业模式创新

商业模式陷阱	商业模式创新
停滞于现有的技术	投资新兴技术
调整惯例	发展动态能力
适应现有环境（适应）	预测新环境（延伸）
小范围改良（单循环学习）	彻底试验（双循环学习）
关注现有客户（适应市场）	关注新客户（创造市场）

在"红皇后赛跑"中，玩家们心中所想的是"把手中的事做得更好"。但是，做到这一点并不能带来实际的进步。能够帮助公司摆脱"红皇后赛跑"的不是既定的商业模式，而是商业模式创新。公司需要探寻创新的竞争优势来源，把眼界上升到"如何与众不同"的问题上（Hamel & Prahalad，1994；Voelpel et al.，2005）。

以下所有因素都可以是创新的竞争优势来源：

· 建立有挑战性的愿景
· 长远地思考产业未来的发展
· 拥有反思学习体系的能力
· 鼓励创新性文化

建立有挑战性的愿景：例如，特斯拉的愿景是"加速世界向可持续能源的转变"（Efron，2017）。星巴克追求的不是出售产品，而是营造体验。苹果的愿景是将科技变成好用的工具，并用这些工具帮助人们实现梦想、改变世界。

长远地思考产业未来的发展：我们可以看到，有一些公司颠覆了行业中既定的价值创造和价值获取的方式（Sabatier et al.，2010）。亚马逊根据顾客的购物习惯和搜索记录向他们推荐产品，这一想法改变了整个零售行业；宜家让客户从仓库直接取货回家自己组装，这一概念改变了家具行业；爱彼迎的在线平台使得个人可以直接将房间租给旅客，这种做法颠覆了酒店行业。爱彼迎的商业模式为该行业和其他行业提供了灵感，构建了共享经济的新商业模式。其他例子还包括施乐的无纸化办公和西南航空的航空效率概念。

拥有反思学习体系的能力：例如，本田用独创的方式在公司内部发起质疑与学习的活动。在本田的对抗文化中，等级制不受鼓励，年轻员工被赋予了更多的责任……本田鼓励员工独立思考、试验和学习（Volberda，1998），这是拥有商业模式创新能力的公司的根本。同样的，膳食补充剂销售商 Naturhouse 通过试错学习、摒弃旧规、试行新零售店的方式改变了企业的核心逻辑。这家公司通过开设自己的零售店，从以批发为主导的商业模式转变为以零售为主导的商业模式（Sosna et al.，2010）。正如初创企业 Bunq，新的市场参与者通常更擅长这种高阶学习。质疑金融行业的既定假设和只与外界人士合作是 Bunq 的特点。Bunq 对自己的定位不是银行，而是一家开展银行业务的 IT 公司。创始人兼所有人阿里·尼克曼有意避开银行业"用钱赚钱"的老逻辑。储蓄和贷款是传统银行商业模式的重要组成部分，却不属于 Bunq 的业务。Bunq 只通过为客户提供服务盈利。其主张通过应用程序进行实时付款，主张通过手机号而非 IBAN 号码实现支付。Bunq 可以被看作银行业的 WhatsApp。

鼓励创新性文化：著名的例子有明尼苏达矿业制造公司（3M）和谷歌。3M 公司的戒律是"不得扼杀新产品的创意"。谷歌则有政策允许员工将部分精力花在新项目上。惠而浦建立了创新人才团队以鼓励创新文化，从而激励公司想出一系列新的商业模式（Jay & Weintraub，2013）。此外，TomTom 强调多元和开放的企业文化，以鼓励员工提出新的产品、服务和解决方案（地图、导航软件、移动数据）。这样的氛围使得 TomTom 对其商业模式进行了多次创新：例如，从软件开发转为消费性电子产品生产，在最近还成为汽车行业（企业对企业）和政府（企业对政府）的供应商。企业只有拥有容错文化才能促进商业模式创新。美捷步是世界最大的在线鞋商，其创新文化的支柱是创造力、员工授权和幸福感。美捷步的核心价值明确鼓励员工"拥抱并驾驭改变""创造乐趣和一点点古灵精怪""勇于冒险，敢于创意，开放思想"（Perschel，2010）。美捷步的 CEO

谢家华曾写道："我们很久以前就决定，不希望我们的品牌局限在鞋子或衣服，甚至是网络零售上……只要树立了正确的企业文化，大部分其他东西——诸如最好的客户服务……充满激情的员工和顾客——就都会自然而然地产生了。"（quote adapted from Perschel, 2010）面对电子商务的兴起，以及主要竞争对手将大部分运营转移到新兴经济体国家，美捷步认为企业文化是最有力的武器。美捷步从不随波逐流，而是逆流而上。其商业模式的基础是将所有业务保留在企业内部并扩充其业务组合（例如眼镜、手提包等），以获取范围经济效益（Vazquez Sampere，2015）。

在动荡的市场中获得成功离不开商业模式革新。商业模式革新是一种从本质上与商业模式复制不同的方法。商业模式复制更适用于稳定的市场（e.g. Heij et al.，2014；Osiyevskyy & Dewald，2015a；Teece，2010）。企业必须不断地建立并开发新的商业模式。这意味着管理层不用完全适应现有的环境，而应该为公司创造灵活的空间并力求实现看似无法达成的目标（Hamel，2000）。这就需要管理者拥有企业家思维（Hoskisson et al.，2011；Van Doorn et al.，2013）。公司必须利用灵活的空间进行试验（Argyris & Schon，1996）并摒弃陈规（双循环学习）。只有这样，才可能实现彻底的商业模式创新。

如何发展新能力和新商业模式迟早会成为每家公司的议题。最大的问题是，在现有的商业模式仍是销售额和利润的主要来源这个前提下，公司应如何解决上述问题。许多未能跟上行业变化的老牌企业经历了大规模的战略调整并试验了新的组织结构。飞利浦、荷兰皇家电信、威科集团、TNT 快递以及荷兰银行等大企业的转型都只取得了部分成功。即便是改革项目（如飞利浦的"加速成长"措施、法航荷航的"改造"计划），其重点仍在于削减公司支出。公司的所作所为仍在一定程度上受限于过去的商业模式。在某些案例中，公司不得不削弱现有的商业模式以引入有竞争力的新模式。新模式并不总能与旧模式共存，而这并没能让这一艰巨的任务变得更容易一点。

研究概述

我们的研究主要关注与管理人员在商业模式创新中使用的策略相关的两个问题。一是在选择利用现有商业模式（商业模式复制）或探索新的商业模式（商业模式革新）时，管理人员考虑些什么？二是他们使用哪些杠杆成功地进行了商业模式创新，以及管理层在商业模式创新中扮演什么角色？

本研究旨在总结成功商业模式创新的"最佳实践"和"未来实践"。本研究采用了定量和定性两种方法。我们对 590 多名管理人员进行了调查，从新的角度认识了商业模式创新战略获得成功的关键因素。通过案例研究，我们进一步阐释了商业模式创新的过程、阻碍商业模式改良或革新的因素以及管理者所扮演的角色。

我们的研究模型分为五个部分（图 1.3）：

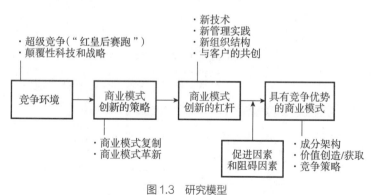

图 1.3　研究模型

1. 变化的竞争环境。管理人员与市场中的其他参与者处于无休止的竞争中，需要处理新的参与者和不断变化的科技与战略（超级竞争）。

2.商业模式创新策略。日益增长的竞争压力与环境动态性使得企业不得不对其商业模式进行创新，并选择复制现有模式或从根本上进行革新。

3.商业模式创新杠杆。企业实施商业模式创新的杠杆有四种——改进现有技术或引入新的技术、新管理实践、新组织结构以及共创。在商业模式复制中，企业进一步调整和巩固现有的杠杆以改良商业模式。在商业模式革新中，企业投资新的技术，进行新的管理实践，创造新的组织结构以及共创以革新商业模式。

4.商业模式创新的促进因素与阻碍因素。变革型领导、创新性文化、强烈的认同感以及公司治理系统等内外部因素都可以巩固或削弱杠杆的效果。

5.新商业模式的竞争优势：在促进因素的帮助下，恰当使用杠杆可以带来新的架构、新的营收模式以及与环境的新关系，从而产生新的竞争优势。

本研究主要针对以下问题（图1.4）：

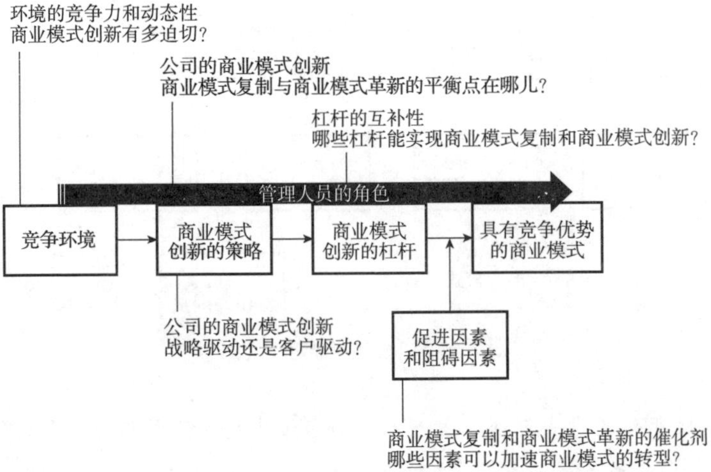

图1.4　研究问题

- 企业采用哪种商业模式创新策略？选择该策略的动机是什么？企业如何权衡商业模式复制和商业模式革新的利弊？
- 商业模式创新对企业来说有多紧迫？商业模式创新在哪些行业和市场最为关键？
- 管理人员进行商业模式复制和革新时采用哪些杠杆？他们是同时采用还是逐一使用各类杠杆？哪种杠杆组合能带来最多的回报？
- 商业模式创新采用的各种杠杆对企业的业绩有何影响？特定的策略在何种条件下能够带来持续的竞争优势？
- 哪些因素会抑制或促进商业模式创新杠杆的效果？哪些因素能够支持商业模式的复制和 / 或革新？
- 企业如何逐渐改变其商业模式？企业如何得知其商业模式是否已停滞过久（模式僵化），又如何迈向商业模式复制或革新？改变企业的商业模式需要经历哪些阶段？企业革新是否以现有顾客或新顾客为导向（外在影响），或者是受战略驱动（内在影响）？
- 高层、中层、一线管理人员扮演怎样的角色？在商业模式创新中有哪些该做的事和不该做的事？

研究方法

　　本研究采用了多管齐下的研究方法。我们通过一项定量调查对荷兰企业做了对比分析。另外，我们通过定性的案例研究揭示了商业模式创新的过程。两项研究的结果在对比后呈一致性。

　　调查囊括了荷兰各行各业的大、中、小型企业。此项调查为商业模式创新的成功因素提供了新的见解，同时我们通过这项调查选取了用于定性研究的行业与企业。

在定性研究阶段，我们进行了案例研究，使用了公开年报以及公司的内部材料，并采访了一些管理人员。通过采访，我们了解了在商业模式创新的过程存在的阻碍因素以及管理人员在其中的作用。本书呈现的案例便是在一些访谈中获得的材料。研究的最后阶段，我们与参与本研究的管理人员专家小组一起拟定了商业模式创新的注意事项，更加深入地探讨了决定商业模式创新成功的关键因素。图 1.5 为研究方法的图解。

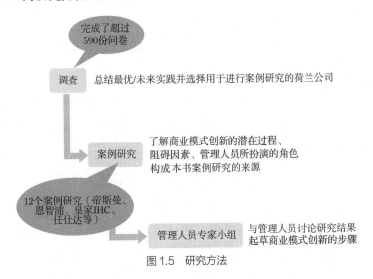

图 1.5 研究方法

定量研究

在定量研究中，我们使用了一份从学术文献中获得的调查量表。我们邀请了 10 000 家来自各行各业的荷兰企业参与这份调查。这些企业是我们从荷兰商务部的数据库中随机抽取的，主要的选取标准是企业拥有不少于 30 名员工。我们从每家企业邀请了一位资深管理人员参与调查。

为了保证研究的可靠性，调查问卷在正式使用前由伊拉斯姆斯大学鹿特丹管理学院的专家和符合测试对象条件的人员进行了先行测验。调查以邮寄和在线两种方式进行。在调查问卷第一次送出后，我们发送了提醒并拨打了跟进电话。大概有 10% 的受邀人回复了调查。我们移除了不完整的问卷后，共得到了 590 多份可用问卷。

多数受访者（65%）的职位相当于总经理。在参与调查的企业中，25% 的企业员工数不多于 41 人，50% 的企业员工数不多于 90人，75% 的企业员工数不多于 306 人。参与调查的企业平均拥有1 773 名员工。受访者平均工龄不超过 13 年，工龄包括了他们进入管理层之前的工作时间。参与调查的企业平均成立时间为 56 年。表 1.2展示了受访企业的特征。

表 1.2　受访企业的特征

特征	数值
企业的平均成立时长	56 年
平均员工人数	1 773 名
员工人数少于 100 的企业占比	54.6%
总部在荷兰的企业占比	80%
受访者的平均工龄	≤ 13 年

几乎一半的调查结果来自商业服务或其他服务行业。23% 的企业来自金融服务等商业服务行业，20% 来自其他服务行业（图 1.6）。属于其他服务的行业包括政府和政府相关以及能源供应等。制造业（建筑和项目开发、食品等行业）占 32%。被归为"其他"分类的企业占 25%。

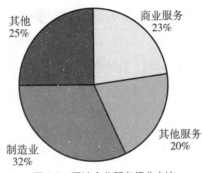

图 1.6　受访企业所在行业占比

定性研究

这一阶段的案例研究让我们更加深入地探索了商业模式创新发生的原因，以及定量研究所总结的成功因素的具体作用。我们对超过 15 家企业进行了案例研究，对这些企业的管理人员进行了半结构化访谈。参加定性研究的企业由我们依据调查问卷的结果选取。本书多处涉及案例研究：第 6 章详细讨论了帝斯曼、鹿特丹港务局、恩智浦以及皇家 IHC 的案例；许多章节的开篇出现了任仕达、TomTom 等其他案例以引入并解释该章节所涉及的问题。案例研究的结果将穿插出现在本书中。案例研究的企业来自从医疗保健到移动导航等不同行业，囊括了从大到小的企业规模。

在开展案例研究之前，我们为每家企业制定了案例研究方案。值得注意的是，方案是为每家企业量身定制的，涵盖了企业的业务和所属行业等具体信息。这让我们可以快速地将研究变量与受访企业联系起来，也使得我们能够涉及更具体的问题。

管理人员专家小组

本书的末章叙述了商业模式创新的经验，并列出了管理人员在进行商业模式创新时应注意的事项。为了保证这份"行为准则"不与实践脱轨，清单由我们和高层管理人员专家小组共同拟定。管理人员专家小组由 7 位资深管理人员组成，均来自本书案例分析所涉及的企业。

我们希望所得到的定性和定量研究发现以及管理人员提供的管理经验可以丰富实践人员和管理学者的商业模式创新知识。本书不仅包含了经过企业发展和验证的商业模式创新的重要见解，而且囊括了实践案例、最佳实践和未来实践。除本书以外，我们还开发了帮助管理人员进行商业模式创新的线上工具。在 www.reinventing businessmodels.com 上可获取商业模式创新诊断。

在第 2 章中，我们将会深入探讨商业模式创新的概念并逐一讨论商业模式创新的不同策略。

第2章

了解你的商业模式

———◆———◆✦◆———◆———

帝斯曼：从石油化工到生命科学和太阳能板涂层制造等材料科学

在不到半个世纪的时间里，帝斯曼集团成功将业务从煤矿开采一步步转到生命科学和材料科学。帝斯曼本可以选择保持甚至巩固其在石化行业的地位，却将生命科学的外围技术发展成了其核心技术，抛弃了在石化行业的核心技术。帝斯曼做出这一决定的主要原因是生命科学拥有诱人的机会和利润率。从石化向生命科学的转型显然是商业模式革新的例子。帝斯曼在进入石化行业时进行了一段时间的商业模式复制，如今在生命科学领域进行的也是商业模式复制（详见第6章）。

———◆———◆✦◆———◆———

任仕达：从职介所到人力资源综合服务机构

任仕达在许多欧洲国家都是市场领导者，公司过去依靠短工供应盈利。只要任仕达仍以传统的职介业务为中心，所进行的便是商业模式复制。如今，任仕达为客户提供了更多的服务项目。通过提供新职介绍、人才招聘和人才选择服务，任仕达可以包揽客户全部或部分的人力资源工作，比如，任仕达可以为客户提供人力资源规划。这种交叉销售的方式可以提高信息通信技术（ICT）等领域的行政效率。如今，任仕达也将人力资源综合服务的概念提供给其他公司。任仕达在近期主要面向制造业，但同时也想进军医疗保健等领域，甚至最终想要进军全球市场。因此，任仕达从商业模式复制转向了商业模式革新。

❈ ❧ ✦ ❧ ❈

本章介绍

在第 1 章中我们了解到，不断变化的竞争环境迫使企业对其商业模式进行创新。商业模式创新的途径有两种（图 2.1）：商业模式复制（改良、复制现有的商业模式）和商业模式革新（从根本上改变商业模式）。从帝斯曼和任仕达的例子可以看出，商业模式复制和商业模式革新都不是一种静止的状态。企业改变商业模式的方式并非注定只有一种。企业可以在不同发展阶段采取不同的商业模式创新策略。商业模式复制或者商业模式革新通常属于战略选择，原则上企业可以从中任意选择。但从前面的例子可以看出，成功的商业模式复制或革新都离不开一系列的行动。

"商业模式"的概念饱受争议。本书中，我们仅探讨各种定义所包含的共同特征（e.g. Massa et al., 2017；Foss & Saebi, 2017；Spieth et al., 2014；Zott et al., 2011）。我们还会详细讨论各类商业

模式创新策略，并最终总结出商业模式创新的四种杠杆：技术、管理实践、组织结构以及共创。

图 2.1　两种商业模式创新：复制与革新

商业模式的元素

企业通过商业模式将新的想法和技术商业化（Chesbrough & Rosenbloom，2002）。选择正确的商业模式至关重要：就算企业引进市场的新点子也一样，不同的商业模式会带来千差万别的业绩和竞争优势（Chesbrough，2007）。创新大师亨利·切萨布鲁夫认为，用高级的商业模式将普通的技术商业化比用普通的商业模式将高级的技术商业化能带来更大的成功（Chesbrough，2010）。

"商业模式"的概念在 20 世纪 90 年代中期备受关注，在讨论技术与社会创新、价值共创、可持续性和解除管制等问题时经常涉及（Foss & Saebi，2017；Massa et al.，2017）。尽管关于商业模式的学术文献和管理书籍有很多，对其却从来没有真正清晰、明确的定义——事实上，其定义反而是模糊不清的（详见附录：商业模式的定义）。商业模式被进行了各种抽象的描述，有人说它是一个故事，有人说它是一个活动系统（Massa & Tucci，2014）。加里·哈默尔（2000）提出的定义可能最为简洁：他将商业模式定义为"从事商业活动的一种方式"或"一种商业概念"。拉斐尔·阿米特和克里斯托夫·佐特则给出了较为复杂的定义。他们将商业模式描述为"通过利用商业机会创造价值"而设计的具体活动，强调了"交易的内容、结构和治理"。从这些定义中，我们可以提取出三个共同元素。

商业模式定义中的共同元素

1. 商业模式由"元素"组成，且描述了元素间的"关系"（架构）（e.g. Heij et al., 2014；Johnson et al., 2008）。商业模式也描述了企业与客户等外部团体的关系。商业模式的组件包括经济模式、内部基础设施、目标市场、合作伙伴网络以及价值提供（e.g. Morris et al., 2005；Osterwalder & Pigneur, 2009）。

2. 商业模式反映了价值如何创造、为谁创造以及企业占有价值的方式（e.g. Amit & Zott, 2001；McGrath, 2010）。

3. 商业模式展现了不同元素以及元素间的关系对竞争策略的帮助（e.g. Casadesus-Masanell & Ricart, 2010；Klang et al., 2014）。

商业模式描述组件的架构

商业模式被视为一种架构或模板（Baden-Fuller & Mangematin, 2013；Zott et al., 2011）。企业的"架构"包括内外部参与者、信息流、产品以及企业为一个或多个目标群体创造价值的服务。在某种程度上，商业模式描述了价值创造和价值主张所需的价值链结构，以及该过程所需的额外资产（Foss & Saebi, 2015）。此类架构不局限于公司：商业模式可以超出企业自身的范围（Zott & Amit, 2010）。

商业模式是否成功一部分取决于该模式与外部团体的（无论是伙伴的还是对手的）商业模式之间的联系（Casadesus-Masanell & Ricart，2011；Teece，2010）。

最近几年，人们越来越重视商业模式的基础组件，以及这些组件对竞争优势和业绩的影响（Morris et al.，2013）。经常被提及的组件有企业的价值提供、经济模式、合作伙伴网络、内部设施和目标市场（e.g. Cortimiglia et al.，2016；Morris et al.，2005）。亚历山大·奥斯特瓦德和伊夫·皮尼厄（2009）提出的商业模式画布图描述了商业模式的不同组件（包括了生产方和市场方），并扩展到了合作伙伴、销售渠道以及市场中的目标群体。如果我们将商业模式分解成一个个组件，会发现各组件之间是相互依赖的，并存在互补效应（Demil & Lecocq，2010；Massa & Tucci，2014）。

经营模式是商业模式的中心组件。经营模式是指，为了实现经营和流程优势，关键资源、能力、活动、生产流程（Demil & Lecocq，2010；Johnson et al.，2008；Kaplan，2012）以及它们之间相互联系（从企业的输入到输出）的部署方式（Chesbrough，2007；McGrath，2010）。一些学者将经营模式看作一家企业在行业价值链中的位置以及与价值链的联系（Baden-Fuller & Mangematin，2013；Chesbrough，2007；Margretta，2002）。经营模式还可以继续细分成投资模式（Mullins & Komisar，2009）或者生产和销售模式（Yoon & Deeken，2013）。

商业模式代表企业创造价值和占有价值的方式

在商业模式的定义中常见的第二个元素是价值创造和价值获取（e.g. Amit & Zott，2001；Morris et al.，2005；Spieth et al.，2014）。价值主张描述的是为特定目标群体和市场实现价值的方式。商业模式可以为顾客创造各种利益，比如带来成本优势，通过新的产品和服务满足以前未被满足的需求，提供更多的信息和选择，并能够提高品牌地位（Mitchell & Coles，2003；Osterwalder & Pigneur，2009）。一些学者（e.g. Baden-Fuller & Haefliger，2013；Baden-Fuller & Mangematin，2013）依照企业向客户提供的是标准化、大规模、现成的解决方案还是基于项目的解决方案，将企业比喻为"公交车"或"出租车"。

经济模式在所有商业模式的概念中都是基本的元素。经济模式是企业的成本结构和企业用来创收、获利的机制（Baden-Fuller & Haefliger，2013；Morris et al.，2005）。企业为谁创造价值？企业创收的方式是什么？经济模式也被称为"财务模式"（Pohle & Chapman，2006；Richardson，2008）或"货币化"（e.g. Baden-Fuller & Haefliger，2013；Baden-Fuller & Mangematin，2013），还可以进一步划分为"利润模式"（e.g. Giesen et al.，2007；Zott & Amit，2010）和成本结构（e.g. Johnson et al.，2008；Kaplan，2012；Osterwalder & Pigneur，2009）。企业需要决定谁来为其创造的价值买单（Kaplan，2012；McGrath，2010），并根据价值传递使用价格策略——竞价或固定价格（Baden-Fuller & Haefliger，2013；Zott & Amit，2010）。企业还需要决定支付的频率：是在出售商品时一次性付清，还是在发布产品时实行分期支付（Chesbrough & Rosenbloom，2002；Johnson et al.，2008；Osterwalder & Pigneur，2009）？另外，企业需要决定其创造的价值在什么时候免费、什么时候收费。例如，奥多比公司采用了所谓的"免费增值"模式（结合了"免费"和"额外费用"两个词）（Itami & Nishino，2010；Kaplan，2012）。在这种模式下，奥多比公司产品的一些功能免费，一些功能收费。谷歌和都市日报只向广告商收取网站广告位的费用。类似的，像柯达和宝丽来之类的传统公司在过去利用"剃刀＋刀片"模式受益颇丰。这个概念出自剃须刀行业。剃须刀行业的利润主要来自销售刀片，销售剃须刀的利润反而相对较少。柯达和宝丽来靠的不是销售相机而是销售可消耗品：柯达靠的是胶卷，宝丽来则靠的是即时成像材料。沁心浓和奈斯派索是近年采用"剃刀＋刀片"模式的典范。这两个品牌的巨额利润来自咖啡包和咖啡胶囊，而非咖啡机。只要咖啡包和咖啡胶囊处于专利期内，企业就能完全获取其价值；但当专利失效后，不少竞争者就会进入市场。

价值创造和价值获取的问题极其重要。毕竟，若没有了带来利润的经济模式，商业公司便不复存在了。商业模式需要为客户和股东创造价值，但同时也要"引诱客户为创造的价值买单，并通过对价值链中各种元素的适当设计和操作将收入变为利润"（Teece，2010）。获取适度的价值至关重要，如果一家企业不能获取其创造的价值，企业的生存便会因收入不足而受到威胁；但如果一家企业获取的价值过多，客户便可能因为商品价格过高等放弃购买商品，这同样会威胁企业的生存（Chesbrough，2007）。

商业模式制定竞争策略，从而带来更多的或新的竞争优势

商业模式可以解答许多问题，例如：企业在市场中如何定位？在该定位下的核心能力有哪些？什么限制了企业的规模？在有限的规模下怎样获得超越对手的优势？

阿米特和佐特（2001）总结了成功商业模式的四大因素。商业模式如果能创造新的组合形式，就能产生大量的附加价值，包括给顾客创造更高的转换成本（锁定效应）、建立紧密的业务联系并大幅度节约成本。拥有明确的股东、独特的产品服务和清晰的规划也是重要的因素。

无法带来至少在短期内持续的竞争优势的商业模式是没有价值的。正因如此，商业模式创新的战略是明确创新能如何帮助企业到达其对手不能通过快速复制追赶上的位置（Teece，2010）。预测竞争对手的反应至关重要；毕竟，商业模式不是在真空中运行的。商业模式的成败很大程度上取决于该模式与行业内其他企业商业模式之间的关系（Casadesus-Masanell & Ricart，2011）。能带来竞争优势的商业模式必须不同于行业内其他参与者的商业模式。

现在让我们进入本书的核心问题：企业运用了哪些商业模式创新策略？又是如何利用这些商业模式取得成功的？

商业模式创新

改变商业模式几乎是所有高层管理者的第一要务（即便他们没有明说）。IBM 商业价值研究所每两年会开展一次对高层管理者的研究。2006 年的研究表明，每个行业的高层管理者都把发展创新的商业模式放在优先位置（Giesen et al.，2007；Pohle & Chapman，2006）。一项 2009 年的跟踪研究显示，70% 的企业都进行商业模式创新。在参与研究的管理者中，多达 98% 的人表明他们或多或少改变了企业的商业模式（Matzler et al.，2013）。商业模式创新不仅是模式组件的改变，而且是组件组合方式的改变（Amit & Zott，2012；Björkdahl & Holmén，2013；Zott & Amit，2010）。现在，让我们来仔细看看商业模式创新的两种主要类型：商业模式革新和商业模式复制（of. Aspara et al.，2010；Heij et al.，2014；Osiyevskyy & Dewald，2015a）。

商业模式革新

商业模式革新可以定义为：为创造和获取新价值而引入现有模式框架以外的新商业模式组件，或创建新组件间的依赖关系（e.g. Morris et al.，2005；Schneider & Spieth，2013）。这个过程需要对企业现有的商业模式进行彻底评估（e.g. Amit & Zott，2001；Eyring et al.，2011）以获得新的持续竞争优势（Giesen et al.，2010；Markides & Oyon，2010）。商业模式革新有两个关键特征：第一，公司获得了新的商业模式组件。获取的方式可以是独立发展、购买或使用外部组件（如建立联盟）（Morris et al.，2005）。第二，各商业模式组件之间建立起了新的联系（e.g. Johnson et al.，2008；Morris et al.，2005）。完成这一点的方式可以是彻底修改现有模式（Cavalcante et al.，2011）或重新发展新的模式（e.g. Govindarajan & Trimble，2011）。

从长远来看，商业模式革新提高了企业生存的概率（Andries et al.，2013），但这个过程是有风险的。商业模式创新需要试验，试验则可能导致失败（McGrath，2010）。这是因为几乎没有企业足够了解自己的商业模式，包括商业模式的依赖关系、优势、弱势和基本假设（Johnson et al.，2008）。出于组织惰性、政治力量（Cavalcante et al.，2011；Chesbrough，2010；Doz & Kosonen，2010）或者对侵蚀效应的恐惧（Voelpel et al.，2005）等原因，商业模式革新与商业模式复制相比面临更多的挑战和阻碍。

因为我们无法证明新的模式是否可行，在行业中最先引入新模式的企业会面临很高的风险（Casadesus-Masanell & Zhu，2013）。新的商业模式不仅对公司来说是全新的，对整个行业来说也是全新的（Casadesus-Masanell & Zhu，2013；Gambardella & McGahan，2010）。接下来我们将谈谈整个行业的重建。这类新商业模式有时候可以完全颠覆整个行业的竞争关系。在苹果发布 iTunes，瑞安航空和易捷航空将廉价航空引入欧洲市场时都发生了这样的情况。其他颠覆性的商业模式还有爱彼迎、缤客、奈飞、Peerby、声田和优步等。这些网上平台改变了行业规则，带来了全新的价值主张。这些动作使得新兴公司能够创造巨大的价值并蓬勃发展（"胜者全得"效应）。因此，商业模式革新是摆脱竞赛、发展全新以及更具持续性的竞争优势的强有力方法。

彻底颠覆对商业模式革新来说是必不可少的，且不局限于企业通过颠覆性技术革新自己的产品。商业模式革新可以帮助企业在现有市场里迈出积极的一步或者进入新的市场（e.g. Casadesus-Masanell & Tarziján，2012；Markides & Oyon，2010）。例如，维珍集团将业务从零售和音乐行业扩展到了航空、金融这样的新行业（Giesen et al.，2007）；新加坡航空通过引入廉价航空圣安航空（Markides & Charitou，2004）加入了行业竞争。商业模式革新也可能指利用以往未被服务的利基市场重新定义顾客的类别与需求、供应与销售的方式或以上这些元素的组合（Johnson et al.，2008；Markides & Charitou，2004）。

商业模式革新并不是小型新兴企业和信息通信企业的专利。大型集团也可以采取全新的方式，例如飞利浦进军保健与生活行业，理光将业务从打印转向了文档服务和3D打印。高价值的专业服务领域也存在商业模式革新。会计、律师、咨询行业正在发生巨变。新的信息交流技术带来了新的工作方式。新一代的专业人士在为行业带来更多创造力和创业精神的同时也提出了自己的需求——他们希望按照自己的规则发展行业。利用这些趋势的新型"精品公司"提供专一的服务并开始在新的网络中合作。这些公司成了全球主要市场参与者们日益严重的竞争威胁。

我们近期对与中小企业有合作的荷兰小型会计公司做了调查。

这份调查结果展示了高价值专业服务业的商业模式革新。由于来自四大会计师事务所（普华永道、德勤、安永和毕马威）的竞争压力，小型会计公司的利润正在缩减。这些服务于中小企业的会计公司多数采用相同的商业模式（图2.2）——关注细分市场的同时在传统实体渠道外尝试数字渠道。这些会计公司都试图在咨询服务和审计活动、将人工或信息通信技术作为关键资源以及按小时收费和订阅收费之间寻找平衡。这类公司的商业模式缺少独特性，从而导致了激烈的价格竞争，甚至导致许多会计公司倒闭。

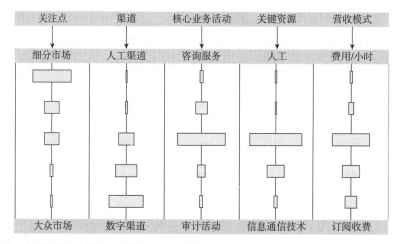

注：箱型图的大小代表小型会计公司的数量。

图 2.2　服务于中小企业的会计公司采用的商业模式

资料来源：沃尔伯达，等，2015。

若服务于中小企业的会计公司的商业模式更有独特性，它们就能处在有更多利润的市场位置上。商业模式具有独特性的公司可以被归为三类（图2.3）：

· 专家类：专注于某一细分市场或专门提供单一的或小范围的服务；
· 服务类：结合标准服务与定制服务，试图二者兼得；

· 数字会计类：通过少量的在线标准服务结合会计和自动化解决方案（行政支持、记账、实时财务监测）。

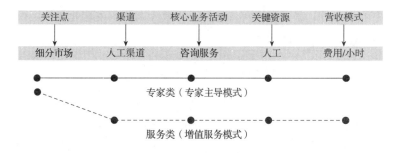

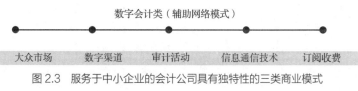

图 2.3　服务于中小企业的会计公司具有独特性的三类商业模式

资料来源：沃尔伯达，等，2015。

上述的前两类公司都关注某一细分市场，采用人工渠道（而非数字渠道）提供咨询业务，且将信息通信技术（而非人工）作为公司的关键资源。这两类公司仍采用按小时收费的商业模式，而不是实际订阅收费模式（Volberda et al.，2015）。

商业模式革新的动因并不总是竞争的加剧——还可能是监管的变化。例如，荷兰金融咨询公司因为立法改动不得不放弃基于佣金的商业模式。该传统的经纪模式的基础，是推销大型保险公司诱人的金融产品并尽量减少客户活动。金融咨询的利润来自保险公司的奖金和卖出金融产品的高额佣金。这造成的结果是，咨询公司并没有为客户的利益服务，只是卖给他们能给公司带来最高佣金的产品。如今的情况已截然不同，荷兰金融咨询公司采用的新商业模式更加透明，并更注重价值增长与增长方式的多样性。价值增长的方式可以是与其他金融咨询机构建立联盟以创造规模优势，也可以是专门从事如养老金或保险等特定的金融服务，还可以基于与新合作伙伴（健身公司或工会）的共创，或者密切服务农业或运输业等特定行业客户（Volberda & Heij，2014）。

表2.1展示了商业模式革新的主要特征。

表2.1 商业模式革新的主要特征

目标	达到新的、更持续的竞争地位
关注点	通过彻底革新现有商业模式而以新的方式实现价值创造
杠杆	新技术 新管理实践 新组织结构 新客户关系：共创
商业模式组件	获得新的商业模式组件
商业模式的互补性	在各商业模式组件间创造新的互补效应
结果	在现有市场中表现更积极，或者进入新的市场
风险	行业中的第一家公司面临很高的风险 模仿者面临较高风险

商业模式复制

除了彻底革新商业模式以外，企业还可以采用改良或复制商业模式的策略。麦当劳和宜家已经将扩展、完善商业模式做成了一门艺术，也因此在全球取得了成功（e.g. Winter & Szulanski，2001）。这两家公司最先进行的是商业模式革新，因此相继成了进行商业模式革新和商业模式复制的典例。知名度较低一些的例子有荷兰皇家孚宝集团和恩智浦半导体（见第6章）。

商业模式复制可以被描述为"成功模式的再创造"（Szulanski & Jensen，2008）。在这个过程中，企业发展或升级现有商业模式的组件以创造并获得更多的价值。也就是说，企业通过改善和调整目前的模式（Schneider & Spieth，2013），或在不同部门更广泛地应用该模式（Jonsson & Foss，2011；Szulanski，1996），来利用现有的组件（Baden-Fuller & Winter，2007）以及组件间相互依赖的关系。商业模式复制不是克隆原来的模式，而是创造一个相似的模式（Baden-Fuller & Winter，2007）。其重点是通过逐渐改良现有的商业模式，从而改善现有的价值创造和占有方式（e.g. Baden-Fuller & Winter，2007；Casadesus-Masanell & Ricart，2011）。商业模式复制涉及重建业务活动和流程的系统，而活动系统和流程系统通常没有得到完整理解，模糊而复杂，并且相互依赖（Szulanski & Jensen，2008；Winter & Szulanski，2001）。商业模式复制是一个动态、发展的过程（Dunford et al.，2010），离不开学习、变化和精确复制之间的恰当平衡（Winter et al.，2012）。商业模式复制为企业取得短时成功提供了一条相对安全的途径（Szulanski & Jensen，2008；Voelpel et al.，2005），但因为商业模式复制缺乏多样性，企业的长期生存可能会受到威胁（Andries et al.，2013）。企业越能熟练地复制其他商业模式，越能有效地获取商业模式复制带来的回报（Heij et al.，2014）。

　　表 2.2 总结了商业模式复制的主要特征，其中有两点尤为突出。第一，商业模式复制指的是利用企业现有的商业模式组件（Baden-Fuller & Winter，2007；Szulanski & Jensen，2008）。第二，为了建立或巩固商业模式组件的一致性，组件间需要内部契合（Demil & Lecocq，2010）；商业模式组件"需要互相精确契合，并且很好地作为一个系统共同运作"（Teece，2010），这样，企业才能从不同竞争优势来源的互补效应中受益（Winter & Szulanski，2001）。

表 2.2　商业模式复制的主要特征

目标	维护或改善现有的竞争地位
关注点	通过对现有商业模式的逐步创新而改良现有的价值创造方式
杠杆	完善并深化现有的技术、管理实践、组织结构和客户关系
商业模式组件	改善现有的商业模式组件
商业模式的互补性	加强现有商业模式组件间的互补性
结果	在现有市场中保持活跃， 或进入处于不同地理位置的类似的市场
风险	短期内风险有限 长期看风险较高

　　复制商业模式的方法有很多。现有的商业模式可以在不同环境中被应用，例如，在地域复制中，已有的商业模式被应用在不同的国家或地区（Baden-Fuller & Winter，2007；Dunford et al.，2010）。在不同地区不断开设分店的宜家就是一个例子（Jonsson & Foss，2011）。公司随着时间的推移收获了关于运营、产品、服务和市场的丰富知识，于是能够对其现有的商业模式进行改良（Baden-Fuller & Volberda，2003；Baden-Fuller & Winter，2007）。

宜家征服世界 [①]

　　家具行业在 20 世纪 60 年代之前都没有国际市场，主要原因

---

① 资料来源：沃尔伯达，等，2011。

是家具容易损坏且与其价值相比占用的空间太大，因此运输成本很高。宜家让客户参与组装和运输，从而规避了这个问题；扁平封装和家庭组装是宜家模式的核心。1963 年，这家瑞典集团决定冒一冒险，将企业扩大到挪威，之后又在 1973 年进军瑞士，然后进入了其他欧洲国家以及澳大利亚和加拿大。宜家在 1985 年进入美国时发现美国人有不同的喜好，于是联合当地的供应商解决了这个问题。宜家在不同国家有不同的定位（例如，宜家在新加坡和马来西亚被视作高级品牌，客户通常不愿意自己组装家具），但尽管如此，宜家仍是在全世界几乎一成不变地复制商业模式的少数企业之一。

商业模式复制也可以随着时间的推移被应用（Baden-Fuller & Volberda，2003；Bowman & Ambrosini，2003）。在一段时间内改良现有的商业模式被称为纵向复制。多数企业的做法是通过丰富自己对市场和生产流程的知识来改善现有的商业模式（Baden-Fuller & Volberda，2003）。

商业模式复制中的改良主要依靠企业内部的现有知识和经验，同时也离不开开发性学习和企业现有知识库的深化（Winter et al.，2012）。需要指出的是，商业模式复制不仅意味着不断地复制，而且意味着从复杂隐晦的惯例中发现和学习（Szulanski & Jensen，2008；Winter & Szulanski，2001）。商业模式复制不会导致僵化，因为企业可以在这个过程中重新学习。对某一商业模式的应用经验（Demil & Lecocq，2010；Teece，2010）能帮助企业纠正错误，摆脱低效，从而实现对该模式的改良（Schneider & Spieth，2013；Szulanski &

Jensen，2008）；运用这些经验，企业也可以移除某些商业模式组件或改变组件的优先级（Demil & Lecocq，2010）。商业模式复制增加企业利润的方式有两种。第一，商业模式复制能使企业更高效地运作（Szulanski & Jensen，2008；Zott & Amit，2007）并利用规模经济（Baden-Fuller & Winter，2007；Contractor，2007），从而提供成本优势。拥有更多商业模式复制经验的企业可以以更低的成本进行复制（Contractor，2007）。第二，商业模式复制可以增加企业收入。这是因为商业模式复制可以帮助企业增强竞争力或者突破以往的极限（Schneider & Spieth，2013；Voelpel et al.，2005），从而使企业从现有的商业模式中获得更多的价值（Jonsson & Foss，2011；Szulanski & Jensen，2008）。

持续的商业模式复制能够增加商业模式组件之间的互动、联系和协同作用（Demil & Lecocq，2010；Teece，2010）。因此，竞争对手更难得知企业商业模式确切的组件或成功的来源，商业模式也难以被外人模仿（Teece，2010）。商业模式复制明显是路径依赖的学习过程（e.g. McGrath，2010）。在这个过程中，强化组件组合使得企业的商业模式与竞争对手的商业模式得到了区分（Demil & Lecocq，2010）。更容易被区分、更难被模仿的商业模式能够提升企业的竞争优势（Barney，1991），从而提高企业的业绩。

商业模式革新和商业模式复制，究竟选哪个

多年来，管理学作者和创新作者都强烈赞同，商业模式革新是企业获得成功的最佳途径。众所周知的例子有金和莫博涅（2005），他们在《蓝海战略》一书中支持创造新市场。

对商业模式革新的偏好并非合情合理。商业模式复制可以说比商业模式革新风险更小，却能带来同样的收益（Andries et al.，

2013；Casadesus-Masanell & Zhu，2013）。祖克和艾伦（2011）经过
15 年对成功企业的调查得出的结论是，最成功的企业总是不断地在
基本层面上展现出独特性，真正做到了不断地发展壮大。这些企业
日复一日地学习如何将价值主张带入市场并建立能够保持竞争优势
的组织。通过不断地适应市场变化，这些企业渐进地——而非突然
地——改变自己的商业模式。与那些目标不够清晰的竞争对手相比，
这些企业更能够抵抗市场波动。企业的商业模式最终变得简单、可
扩展且可重复，能够不断在相邻的产品和市场中得到应用，以实现
企业的持续增长。

　　祖克和艾伦发现，最成功的企业绝不满足于间歇性的激进改革，
而是集中力量复制现有的商业模式。激进的改革有时确实能帮助企业
发现商业模式复制的价值。世界上最大的独立储罐经营企业（在 30
个国家和地区拥有 80 个罐区）荷兰皇家孚宝集团就是一个很好的例
子。孚宝集团由荷兰传统仓储公司博坦和凡奥默伦合并组成。这家公
司曾投身于航空转运、海运、公路运输、集装箱、房地产和化学品储
存等行业（图 2.4）。在这些陌生的领域经历了无数次失败之后，企业
发现只有复制和完善其传统的港口储油商业模式才能建立独特的竞
争优势，因为海运、公路运输甚至化学品储存所需要的商业模式其
实与企业现有的技术、知识、组织结构和文化不相兼容（Volberda，
1998；Van Driel et al.，2015）。

　　开发新的商业模式需要在技术、管理实践和组织结构方面有很
强的弹性或灵活度。一些企业灵活性显然是有限的（图 2.5）。改变
商业模式不仅需要战略选择，而且需要对杠杆进行操纵，使这种改
变成为可能。

重塑商业模式：企业如何应对颠覆性变革

图2.4 荷兰皇家孚宝集团的战略行动：复制和革新

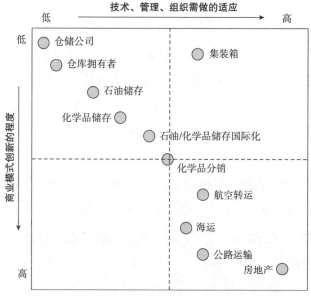

图2.5 荷兰皇家孚宝集团商业模式有限的"灵活性"

对比复制和革新的优点并不能明确解答哪种方式是企业的最佳策略。这自然取决于企业的具体情况。企业需要商业模式革新来应对现有商业模式的威胁（Cavalcante et al.，2011；Giesen et al.，2010）以及适应变化的环境条件（Casadesus-Masanell & Ricart，2010；Schneider & Spieth，2013）。商业模式革新使企业能够适应新的环境（Giesen et al.，2010），并有助于确保企业的长期生存（Hamel & Välikangas，2003；Voelpel et al.，2005）。若太晚进行商业模式重塑，企业业绩就会下滑（Nunes & Breene，2011）。而如果一家企业不进行或很少进行商业模式革新，那么其现有的商业模式将无法得到更换。无法适应基本的环境变化，企业的生存将受到威胁（Wirtz et al.，2010）。在这种情况下，涉及对改良其他环境中的成功商业模式的复制（Voelpel et al.，2005），必然会导致改良后的商业模式无法与新环境相匹配（Giesen et al.，2010；Szulanski & Jensen，2008；Volberda et al.，2012），还会导致企业业绩下滑（Szulanski & Jensen，2008；Voelpel et al.，2005）。优化是商业模式复制的一个重要特征，而优化只有在被优化之物不需被彻底变革时才能有令人满意的表现（Hamel & Välikangas，2003）。

努恩斯和布瑞恩（2011）审视了业绩高于平均水平的公司的根源。二人的研究证明，成功的企业通过不停地重塑自我，从一个生命周期进入下一个生命周期（图 2.6）。在它们所处行业还未成熟之前，或者当该行业达到极值的那一刻，这些企业已经将目光投向了下一代技术和产品 / 市场的组合了。它们可以说是从一个 S 形曲线跃进了另一个 S 形曲线。帝斯曼、阿斯麦尔和苹果都是一次又一次重塑自我的例子。当然，也有很多商业模式革新不太成功的例子。这些不太成功的革新降低了企业生存的概率，例如，荷兰皇家纽密科集团将业务从婴儿食品和饮料转向食品补充剂，或者是法国国营通用水务公司进军大众媒体，成立数字娱乐集团威望迪。

同样，商业模式革新过去的成功不能确保未来的成功（Govindarajan & Trimble，2011）。诺基亚一直被赞誉为多次重塑自身的企业：这家芬兰企业将产业从纸张生产转为橡胶，再转为电缆和电信塔，最后进入了手机行业。自此，诺基亚便止步不前了，似乎没再能跃上新的 S 形曲线。商业模式革新不是一种能被随时召唤的固有能力。我们可以将它比作体育运动：你必须有天赋，但也必须接受训练。

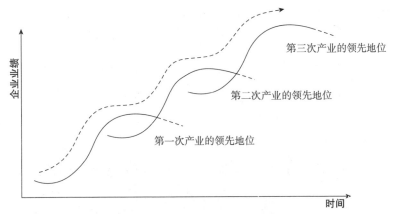

注：成功的企业在现有商业模式开始衰败前就已利用新商业模式实现增长。

图 2.6　在 S 形曲线上跃进

资料来源：改编自努恩斯和布瑞恩，2011。

诺基亚：商业模式革新过往的成功不代表未来的成功

说起多次成功实现商业模式革新的企业，最受欢迎的例子就是芬兰手机制造商诺基亚公司。该公司在 1865 年成立时是一座造纸厂，依靠广阔的芬兰针叶林作为原材料。19 世纪末，诺基亚增添了一项新业务：利用芬兰同样丰富的水资源进行水力发电。1920 年，芬兰橡胶生产的先驱（生产靴子和汽车轮胎）芬兰橡胶厂收购了诺基亚的控股权。两年后，芬兰橡胶厂收购了芬兰电缆工程公司的控股权。

　　在当时，这家集团是芬兰纸浆、橡胶和电缆市场的领导者。直到 1960 年，电缆业务一直都是该公司业务增长的主心骨。此外，诺基亚成立了一家生产电话设备的衍生公司。集团日益依赖对苏联的出口。高层想要将公司转型成一家有竞争力的现代化公司，因此，诺基亚向消费电子产品业务（如电视机和录像机生产）敞开了怀抱。在电子工业和电话的交互中，公司也发现了新的市场增长点：数字交换机使得电话网络越来越先进、廉价。诺基亚卖掉了造纸和橡胶业务，同时收购了电子消费品生产公司，将其自身定位为欧洲电子工业巨头。

　　诺基亚是"企业对企业"市场中移动电话的先驱（商用汽车电话）。随着移动电话新标准（全球移动通信系统）的到来，新任 CEO 约玛·奥利拉看到了移动电话的新增长市场。芬兰人迅速热情地接受了数字技术，这使得诺基亚到 2006 年已经发展成为全球手机市场的领导者。当时，如 LG、索尼爱立信、HTC 和摩托罗拉等其他市场参与者也有很大的空间；三星在市场底端也取得了一定的成功。这些市场参与者都不认为苹果这样的外来者可以打破这个局面。然而在 2007 年，苹果推出的 iPhone 颠覆了诺基亚的商业模式，因而也涌现了大量的电影上传、音乐交换、照片文件，以及免费聊天软件和脸书产生的流量。无数的商业模式被这种大规模的数据协议侵权所践踏（Volberda et al.，2011）。

在 S 形曲线上跃进是一种渐进式的革新还是极端的复制？这个问题还有待详细讨论，但更有意思的问题是：企业如何能够同时推进复制和革新？一家公司如何在同一个市场上采用两种不同的商业模式？面对引入全新商业模式并颠覆既定秩序的战略创新者，这已经成为老牌企业日益紧迫的问题（e.g. Markides & Oyon，2010）。

战略创新者不断增长的市场份额给老牌企业造成了两难的困境。一方面，企业采用新的商业模式可以获得巨大的增长机会；但另一方面，这是否意味着完全放弃现有模式？新商业模式通常与现有模式存在冲突，同时选择两者的公司面临着处理不善和价值损失的风险。现有企业如何在不怠慢或不侵蚀现有商业模式的情况下采用新的商业模式？

马尔基德斯和查瑞托（2004）提供了解决方案。他们认为，解决问题的关键在于一先一后地开发两种商业模式（以防止潜在的冲突发生），并同时力求充分整合两者以利用其协同作用。引入第二种商业模式也是抵抗战略创新者的有效策略，只要这种模式明显不同于现有模式和战略创新者所采用的模式，并可以在结构分离和整合之间找到很好的平衡。

开发全新的商业模式离不开试验。不是每家企业都有能力立即开发多种商业模式，例如，荷兰皇家航空在 1999 年建立廉价航空 Buzz 以对抗瑞安航空和易捷航空（Markides & Oyon，2010），却没能取得成功。一个突出的细节是：Buzz 航空倒闭之后，其波音737-800 被瑞安航空公司接管，这一型号的飞机现在成了瑞安航空的标准飞机。

荷兰皇家航空在收购泛航航空方面更成功一些。泛航航空以 Basiq Air 的名字进行试验，逐渐转向互联网销售并为低成本、低票价市场提供服务。在 2009 年前后，荷兰皇家航空开始密切找寻其不同的商业模式——荷兰航空、马丁航空（货运航空公司）和泛航航空之间的协同作用。经历了种种失败后，荷兰皇家航空最终在独立的泛航航空品牌下为不断增长的低预算市场建立了新的商业模式。

商业模式革新和商业模式复制的四种杠杆

比精确定义商业模式更重要的，是弄清楚企业怎样发展商业模式的问题。企业可以运用哪些杠杆来改良现有的商业模式（复制）或开发新的商业模式（革新）？

商业模式创新的杠杆有四种：技术、管理实践、组织结构以及共创（Chesbrough，2007；Itami & Nishino，2010；Teece，2010）。杠杆间的相互作用同样非常重要，例如，同时改变多种杠杆会影响商业模式创新的速度。

杠杆 1：技术

技术在每种商业模式中都至关重要，其有助于将投入转化为相关的产出（Daft，1978）。因此，引入新的或经过改良的技术是改变商业模式显而易见的杠杆（Baden-Fuller & Haefliger，2013）。一次次技术浪潮相继推动了新商业模式的兴起。在工业革命时期，蒸汽的到来使得机械化生产成为现实，供应或使用蒸汽机（如蒸汽磨坊和蒸汽机车）的公司得以崛起。大约在一个世纪以前，可以说还发生了类似的第二次工业革命。此次革命由电力和其他技术（如内燃机、飞机、电影）推动。电力的使用促成了规模化生产。工业发展的第三次浪潮随着个人电脑、数字技术和互联网的兴起而到来。信息通信技术的使用促进了生产自动化。最近的一次技术浪潮是以充分结合数字、物理和生物领域而产生的科技为基础（Schwab，2016）。过去独立的技术（如人工智能、机器学习、机器人学、纳米技术、3D打印、遗传学和生物技术等）如今彼此融合、相互推进。物联网、大数据、便携式和植入式技术、无人驾驶汽车等的发展带来了意想不到的全新商业模式。TomTom、沃达丰和许多汽车制造公司拥有导航和移动方案方面的商业模式。因为这些公司使用的是基于地理位置的技术，所以它们能够向客户出售其他服务。无人机技术使得亚马逊能够试行可能会更快捷的新型物流服务，因此老牌快递公司面临着被挤出亚马逊区域运输价值链的危险。

商业模式创新也可以帮助企业想出将现有技术和活动商业化的新方法（e.g. Chesbrough & Rosenbloom，2002）。例如，德国邮政DHL集团、汉莎航空和保时捷等公司建立了咨询部门，以便更充分地对公司的知识和新技术进行商业应用。

一方面，技术杠杆涉及通过增加知识量和投资研发来鼓励公司的技术创新（Chesbrough et al.，2013）。另一方面，技术杠杆涉及吸收来自组织外部技术和知识的新能力（Cohen & Levinthal，1990）。

技术创新使得各行各业的分界线日益交融。我们目睹了交叉行业的出现，例如，在多媒体、电信和金融行业都出现了行业交叉的情况（e.g. De Boer et al.，1999；Prahalad & Ramaswamy，2004）。出版、电信运营和银行等传统行业需要面对充满活力的新竞争对手。为了在竞争中取得成功，这些行业必须吸收、结合陌生的技术和新领域的知识。例如，金融科技和新进入市场的拥有银行执照的企业（如谷歌、苹果和亚马逊）模糊了银行业的边界，也侵蚀了许多老牌银行的竞争优势。因此可以预见，银行在未来将越来越依赖信息通信技术。

爱立信的例子展示了新技术或改良技术如何推动新的商业模

式。如今，快速的互联网使得大型计算机的计算能力可以与客户工作场所的界面（如台式机）相分离。爱立信运用云计算在电信基础设施领域中引入新商业模式时就利用了这一点（Khanagha et al.，2013，2014）。除了基于生产的模式外，爱立信还有基于服务的模式（图 2.7），现在也销售硬件、软件和服务。不过，商业模式创新也可能在没有技术发展的情况下发生（Baden-Fuller & Haefliger，2013），我们将在下一节进行讨论。

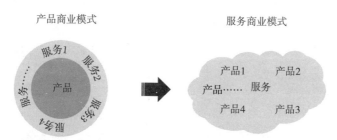

现有电信技术和补充资产	云计算的特征
客户购买由卖家发展、销售、执行的现成产品和服务	按需自助服务——客户无须和服务提供商有任何人际交互就可以自由地获取服务器时间、网络存储等服务
功能存在于客户购买的产品中	无处不在的网络访问——通过客户端便可访问网络上的可用资源
资源分销、出售给个人客户	资源池——供应商大量的实体、虚拟资源根据市场需求动态分配
产品销售以整个生命周期作为基础，即使客户不使用该产品也必须付费	快速弹性——资源提供是"弹性"的，有时是自动的，以便根据客户需求快速向内和向外扩展
实体产品是销售的核心单位和收入的来源	产品即服务——服务提供商销售的是对资源的访问，而不是实体产品

图 2.7　爱立信的新商业模式

资料来源：改编自汗阿迦，等，2013。

杠杆2：管理实践

　　管理实践似乎是不太明显的一种杠杆，指的是应用新的管理实践来创新公司的商业模式（图2.8）。这包括管理者做事内容和方式的改变（Birkinshaw，Hamel & Mol，2008；Hamel，2006；Volberda et al.，2013），例如：管理者如何做决定？如何制定目标？如何协调活动？如何激励员工？这些变化通过新管理实践、新流程或新工艺（也就是通常所说的管理创新）得以显现。

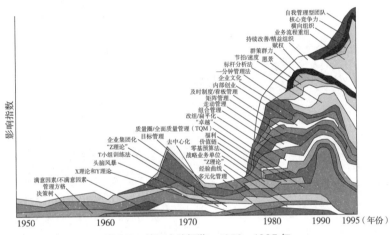

图 2.8　管理实践概览，1950—1995 年

资料来源：版权 ©2017 帕斯卡尔，1990。经许可使用。版权所有。

　　可以用来刺激商业模式创新的管理干预有许多。这些干预措施可以是为商业模式发展发布预算，可以是设置新的关键绩效指标（KPI）或者是根据新商业模式是否成功来奖励员工。干预措施也可以是引入新的沟通方式或责任分配方式（Foss & Saebi，2015）。不仅如此，管理者还应该了解让员工拥有商业模式创新所需技能的培训方式以及相关选拔和晋升方面的培训方式。谷歌的"20%时间制"是用来鼓励员工创造力而不仅仅是生产力的著名的 KPI。这一制度使谷歌开发出了广告联盟商业模式。在该模式下，谷歌扮演了中间人的角色，连接起了愿意提供广告位的网站和想要在内容与自己产品密切相关的特定网站上投放广告的公司。每当有用户点击广告时，谷歌就能收到一笔费用。

企业内部的决策、协调和实施是不大容易被注意到的管理流程，但也应该与新商业模式相结合。例如，"戴尔和沃尔玛的商业模式独特而优秀，离不开竞争对手难以复制的辅助流程"（Teece，2010）。执行沃尔玛的商业模式离不开"精益零售"的新管理实践（Teece，2010）。企业家山姆·沃尔顿在 1962 年建立的零售巨头从一开始的 39 家门店发展到 27 个国家超过 10 000 家商场。沃尔顿取得如此成就的原因是他坚持要求供应商使用信息技术交换销售数据，将产品标签标准化，并采用现代化的原料处理方法保证顾客以低廉的价格获得多种类的产品。由于精益管理以全新的方式运作，零售商必须重塑自己的规划方式、成本模型、库存实践、劳动力利用和采购策略。业绩最好的往往是采用了这些新管理实践的零售商——而非那些仅投资了信息通信技术的零售商。

新的商业模式也可以通过应用业务框架中的新杠杆、新方法或新技巧等管理技术来实现（Waddell & Mallen，2001）。平衡计分卡就是新管理技巧中的一种（Birkinshaw et al.，2008）。通过引入平衡计分卡来制定目标，可以激励企业开发新的商业模式。管理层进行管理的方式不仅提供短期的经济奖励，而且包括关注客户反馈、企业内部流程以及企业的学习和成长能力。管理层需要综合考虑股东利益（财务角度）、顾客观点（客户价值）、为了实现商业模式创新而需要优化的流程（内部流程角度），以及未来的增长能力（学习和成长角度）。这样，商业模式创新的过程就能变得更加平衡。

新的管理实践的另一个例子是引入自我管理型团队。抗生素和维生素等产品的全球市场领导者帝斯曼和世界 500 强企业宝洁公司都使用过这种方法（见下文的案例）。这些企业通过设定目标、激励员工、协调活动来极大地推动其商业模式创新过程（Vaccaro et al., 2012a）。虽然管理实践不是在我们谈论商业模式创新时能立即想到的东西，但事实上，管理创新可以为企业的竞争地位带来巨大的变化（Birkinshaw et al., 2008；Damanpour & Aravind, 2012）。正是因为管理创新通常因企业而异且不那么显眼，所以竞争对手更难进行模仿（Mol & Birkinshaw, 2006；Walker, 2008）。加里·哈默尔（2006）认为，与过去一个世纪任何其他形式的创新相比，管理创新为企业带来了更高的业绩和独特的商业模式。此外，伊拉斯姆斯创新监测2006—2014年的发现（Volberda et al., 2014）表明了管理创新的重要性，并解释了荷兰公司在创新方面50%～75%的表现差异。此外，在一项企业管理创新的对照实验中，荷兰应用研究机构TNO报告说，实施管理创新（如精益管理、自我管理型团队）的企业，生产率增长高达16%且产出时间大大缩减（cf. Totterdill et al., 2002）。

❦

帝斯曼代尔夫特抗感染药物公司的管理创新：促进领导力 [①]

帝斯曼在代尔夫特开设 Zor-f 青霉素生产工厂的几年后，迅速崛起的中国制造商使得药品价格下行给企业带来了巨大压力。严峻的态势使得企业高层考虑将生产转移到中国。然而，由于帝斯曼已经在中国与当地制造商建立了合资企业，代尔夫特的工厂不得不面临着关闭。

[①]　资料来源：巴卡罗，等，2016 b。

管理层决定先尝试一下其他方法。首先，他们应用了一种新技术（生物技术），缩短了生产周期，也减少了损失。这项技术目前正在被中国的竞争对手复制。除了技术创新以外，帝斯曼也关注了管理创新。公司认为，如果团队更小型、合作更深入以及对工厂维护投入更多可以提高生产力和效率，Zor-f 工厂就能得以保留。

公司建立了五个自我管理型团队。每个团队有五名操作员，每天八小时轮班工作。虽然没有正式的主管，但有一位技术操作方面的专家充当团队和管理层之间的中间人。工厂维护由帝斯曼和两家维护公司组成的合资企业进行。这种方法取得了成功，为代尔夫特和工厂员工保留了工厂。帝斯曼抗感染药物公司采用的自我管理型团队将生产率提高了 12%，改进了加工技术，节省了维护和操作费用，降低了成本并更好地实现了企业目标。此外，自我管理型团队让员工有了更强的使命感、更多的信任，也带来了更好的互动、更多的知识交流以及积极主动的劳动力。

❧━━━◆━◆━◆━━━❧

宝洁的管理创新：自我管理型团队 [①]

宝洁公司引入的自我管理型团队影响了管理实践、管理流程和管理结构。管理实践发生变化的方式是，员工可以在高级管理人员制定的框架下自行负责设定目标，并决定完成工作的时间和方式。此外，薪酬支付方式也发生了变化：薪酬水平取决于员工的技能水平，并将成为员工晋升的基础（晋升也由团队成员决定）。为了给

---

① 资料来源：巴卡罗，等，2012 b。

自我管理型团队腾出空间，分级结构被移除。因此管理结构也发生了变化。

管理创新的典例是福特的生产线引进和丰田的全面质量管理（许多公司采用该方法）（Vaccaro，2010）。管理创新的复杂性使之难以被明确，也难以被模仿。西方汽车制造商花了很多年的时间才成功复制了丰田利用员工智慧实现高效率的方法（Ward et al.，1995）。但管理创新只要一实现，就可以提供持续的竞争优势并成为商业模式创新的沃土。

杠杆 3：组织结构

在过去几十年相对稳定的环境中，传统的组织结构能够得心应手。市场的全球化、科技的快速变化、产品生命周期的缩短以及越来越激进的竞争对手极大地改变了竞争的基本规则。公司被迫更频繁地审视自己的商业模式。

企业因此离不开支持新商业模式的全新的组织结构。新的组织结构应允许企业保护商业模式试验并从日常工作中发展新的竞争力（Gilbert，2006；Volberda，1997）。在企业内实行新的组织结构是商业模式创新的第三种杠杆。但究竟是组织结构实现了商业模式创新还是商业模式创新实现了组织结构改革，现在还未明确（George & Bock，2011）。根据以往的研究（e.g. Foss & Saebi，2015；Markides & Oyon，2010），我们认为，在企业中实行新的组织结构是实现商业模式创新的第三种杠杆。

我们所说的组织结构是指将工作任务进行分工、协调（Volberda，

1998；Hamel，2007）。公司活动的协调需要合适的组织结构（Cavalcante et al.，2011），组织结构可以为了促进新商业模式的发展而被调整或革新（Foss，2002；Foss et al.，2009）。例如，引入基于服务的新商业模式离不开组织结构的改变（Foss & Saebi，2015；Khanagha et al.，2013；Kindström & Kowalkowski，2014）。亚马逊创始人兼 CEO 杰夫·贝索斯奉行"两个披萨原则"——也就是说，一个团队的人数不能多到两个披萨还不够吃的地步（5～7 人）。正是这样的团队开创了金盒特价版块（当日特价、最低价格）。新的组织单位或子单位的诞生帮助荷兰国际集团、新加坡航空公司和今日美国等公司引入了新的商业模式（Dunford et al.，2010；Markides & Oyon，2010；Smith et al.，2010）。

组织结构的变化可能涉及通过赋权、淘汰或合并的方式进行的重置、简化和扩展。例如，简化组织结构可以使管理者更好地对外部环境中的机会做出反应（Bock et al.，2012）。企业的变革能力对于实施新组织结构至关重要。变革能力取决于组织结构以及结构下的规划和控制系统。公司是否能在正确的时间做出反应并按照所需的方向行进？多功能团队、扁平化的层级机构以及简单的流程规则可以提高公司的变革能力。

组织结构创新自 20 世纪 90 年代末开始受到了极大的关注。一些管理学作者表示，当代企业的形态、特征和流程发生了重大改变。为了捕捉这些变化的本质，他们发明了各种名称。这些名称主要指的是新的基本组织结构，也包括新的流程和系统。例如，他们提及了网络企业、蜂窝式组织、联邦企业（见接下来的案例）以及后现代灵活企业。

20 世纪 90 年代初 ABB 公司的新组织结构

ABB 公司是电力和自动化技术市场的领导者，该公司的例子展示了结构变革对新商业模式发展可能产生的影响。ABB 公司最初采用经典的 M 型组织结构（事业部制组织结构）。在 M 型组织结构下，多数营业资产都是在企业层面进行分配的，企业也是战略制定的责任肩负者。该企业在 20 世纪 90 年代变成了由约 1 300 家公司组成的联合体，每家公司都自负盈亏。这些分散管理的单位由新的横向流程和纵向流程凝聚在一起。横轴更加关注整个公司同一级别单位间的沟通和协作。这些平均拥有 200 名员工的单位十分依赖彼此，并共享大量的知识和资源。他们不再需要通过垂直层级来沟通指示或共享资源，而是专注于团队合作和共同的公司使命。这种小型"独立的"企业拥有自下而上的动态而不是自上而下的流程，提高了 ABB 公司开发新商业模式并在其他部门进行复制的能力。

这些充满活力的新组织结构最突出的特点是可以在结构内进行发展和变化。这有助于不同层级、职位和部门的技能发展。这些技能是成功开发和实施新商业模式的基础。像飞利浦和联合利华这样的大型企业已经从根本上改变了现有的组织结构，以便对市场做出更好的反应。联合利华在部门内创建了自我管理型团队并发展了新的评估制度和薪酬制度，集团也因此能够更好地利用其卓越的创新和营销技能（Volberda et al., 2011）。

　　新商业模式的开发也经常用到混合型组织结构。在混合型组织结构中，人们看到的是高速增长的业务和成熟老旧的经营模式间的不对称。经历适度竞争的成熟部门主要进行模式复制，而需要发起或应对颠覆性变革的新部门则进行商业模式革新。

　　许多研究人员（e.g. Markides，2013；Smith et al.，2010）已经思考过如何在大型老牌企业内创建新商业模式的问题。我们应该如何组织灵活的新单位从而促进商业模式革新？新单位与组织内其他单位的关系又是什么？范德芬（1986）指出了部分与整体的管理关系的结构性问题。德鲁克（1985）发现，新单位需要被单独组织以进行商业模式颠覆，并且，与其他单位（特别是运营单位）相比，新单位需要被赋予相当程度的自治权。加尔布雷斯（1982）强调了完全致力于创造新思想的"储备力量"的重要性，而彼得斯和沃特曼（1982）使用"臭鼬工厂"一词来形容这一现象。坎特（1988）对产生新商业模式（该过程需要与组织的其他部门经常联系并紧密结合）和实现该模式（与前者相反，在该过程中隔离是有效的方法）做了区分。

　　公司有时会将现有商业模式中的一个灵活单位隔离出去（Hill & Rothaermel，2003；Orton & Weick，1990）。IBM 在开发个人电脑时就是这么做的。大型计算机的逻辑在 IBM 的主导商业模式中根深蒂固，从而阻碍了该公司进入个人电脑的新市场。隔离策略最初在 IBM 非常成功。然而，公司之后发现很难将新的技能转移到现有的商业模式中，因为公司缺乏必要的沟通渠道和统一的思维方式。同样的，柯达、飞利浦和施乐公司在内部开发新商业模式时取得的成功也是有限的（Chesbrough & Davies，2010）。

　　更为复杂的组织结构是不断分解集团以形成独立的组织。在惠普、强生和源讯公司开发的系统中，小型的半自动化部门允许企业家实现他们的想法，而老牌的部门则关注现有模式的连续性和复制性。这个过程相当于一般的细胞分裂。只要新单位不断涌现，这些企业似乎就永远处于商业模式革新的状态。这种细胞结构的不利之处在于，如果太多的细胞从老细胞中脱离，企业便难以利用不同商业模式间的协同作用（Markides & Oyon，2010）。频繁的分裂使这些企业丢失了自己的身份，从而变得无法控制。

3M、惠普和摩托罗拉等公司已经开发出以结构化方式革新其商业模式的结构和系统。为了防止公司被现有模式禁锢，3M 公司提出了一个正式的目标：30%的销售额必须来自新产品或在过去四年中经过大幅改良的产品；15%的研究预算需保留下来进行自由支配。与惠普和摩托罗拉一样，3M 将决策权赋予了团队和部门级别，并鼓励新的项目。公司不允许员工在固定结构中思考或将结构固化。与缺乏结构形成对比的是，公司拥有以信任、尊重、正直和团队合作等价值观为主导的浓郁的共有文化。

最近出现了几种企业的混合结构，包括：异层级制（与等级制相反），该结构中的资产和领导力是分散的，沟通主要是横向的，协调主要是非正式的；平台组织结构（结构形态通过频繁重组现有元素而不停演变）；超文本组织结构（Nonak et al.，2006）。最后一种形式出现在成功的日本企业中，这种形式结合了层级式机构与发展新商业模式的扁平式跨职能工作组。夏普便是一家以这种方式运作的公司。当公司需要进行快速的产品开发时便会成立一个项目组织。高层管理者可以在一段时间内放松经理的直线职责，这样他们可以完全专注于某一特定任务。这些"黄金"经理暂时成了自己的老板，可以将各个职能部门的人员带到项目组织中。与矩阵组织不同的是，该项目组织是完全自治的，黄金经理不对职能或直线经理负责。飞利浦曾运用跨部门的老虎团队来加速商业模式创新。

只要一个飞利浦：简化组织结构[①]

从 2001 年开始担任飞利浦 CEO 的杰勒德·柯慈雷将该电子产品集团的发展转向了健康和生活方式领域。与此项行动同时进行的，还有自 2004 年开始实施的全球营销战略：精于心·简于形。柯慈雷同时在公司内部进行了简化。在"同一个飞利浦"的口号下，他"修剪"了这家跨国企业的组织结构。产品部门的数量从 14 个减少到 4 个，后来又减少到 3 个。芯片部门（之后的恩智浦半导体）与其他没有前景的部门被出售。相比之下，柯慈雷通过几次收购巩固了弱势的医疗部门。被简化的、重点更明确的飞利浦在随后的经济危机中生存了下来。柯慈雷的继任者万豪敦推出了"加速成长"计划，这一成本节约项目进一步精简了组织结构，旨在创造更具创新精神和创新性的组织文化。

方式 4：共创

企业越来越需要在组织外部寻找创新。在电信领域，像爱立信和荷兰皇家电信这样的欧洲公司最初专注于改良现有的商业模式（这些商业模式以发展自己的技术和内部工程团队为基础），直到这些企业发现，其所在行业的重大创新实际上来自小型创业公司。

非常注重核心竞争力的企业通常无法自己执行所有的创新活

[①] 资料来源：沃尔伯达，等，2011。

动。创新日益成为一种跨组织的活动：公司与价值链中的一个或多个合作伙伴共同开发新的或经改良的商业模式（Chesbrough，2003；Vanhaverbeke et al.，2008）。在欧洲，英国电信、西门子和爱立信都在进行共创。这些企业意识到，与他人一起审视某一问题时通常能想出更好的点子。"非我所创"的旧心态正在让位于"发现在别处"的新观念。

切萨布鲁夫（2011a，2011b）在解释开放式创新商业模式的发展时引用了两个因素：研发成本的增加和产品生命周期的缩短。英特尔在 2006 年开发半导体生产设施的成本高达 30 亿美元，而在 20 年前，投入的金额不到该数额的 1%。制药行业的新产品开发成本在十年内增加了十倍。即使是快速消费品行业也开始感受到了压力。宝洁公司估计，相同时长的新产品开发成本已经增加了 2~5 倍。我们在其他方面也能看到类似的变化。例如，在 20 世纪 80 年代初，第一代硬盘驱动器的产品寿命为 4~6 年；到了 20 世纪 90 年代，这个时间变成了不超过 6~9 个月。专利在制药领域能带来优势的时间也在缩短，因为药品测试需要的时间变长了，而竞争对手用仿制药进入市场的速度更快了。规模效益并非总能弥补增加的开发成本和缩短的生命周期。

这些趋势使得投资研发变得越来越没道理。好在开放式创新能提供一些安慰，它通过利用外部研发资源来解决成本问题，通过从新商业模式中获得新收入来解决收入问题（图 2.9）。因此，宝洁公司拿走世界各地公司的技术许可来创建新的品牌。诸如炫洁这样的产品就这样产生了。这种电动牙刷在第一年为公司带来了 2 亿美元的销售额。此外，宝洁还卖出了那些无法创造成本效益的商业模式的技术许可，并以此赚取收入（Chesbrough，2011a）。图 2.9 显示了封闭式和开放式商业模式中的创新收入和创新成本。

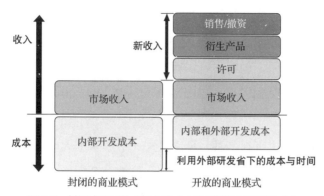

图 2.9　封闭式和开放式商业模式中的创新收入和创新成本

资料来源：改编自切萨布鲁夫，2011a。

　　尽管共创的现象已经存在了较长时间，但这一概念一般认为是由普拉哈拉德提出的。这位已故的管理大师于 2004 年和拉马斯瓦密共同撰写了《竞争的未来》一书。自那之后，为了解释共创这一概念，有几种定义被提出。共创是一种创新形式，在这种形式中，市场被视为企业和客户分享、借鉴和更新观点的论坛。对话在这个过程中起着重要作用。主要受到关注的是跨组织（Chatterji & Fabrizio，2014）和制造环境（Mention，2011）中的共创。市场也被视为客户与企业之间的一系列对话。共创使客户能够参与到开发过程中，使开发内容适用于客户所处的环境，并定义和解决双方共有的问题。开发解决方案再将其出售给客户的方式已经让位于强调与客户共同开发解决方案的方式（Teece，2010；Vargo & Lusch，2008）。例如，苹果的商业模式的设计目标是"拥有客户"（Montgomerie & Roscoe，2013）。乐高制定的"乐高大使"项目旨在改善企业与客户的互动以及客户之间的互动。这一举措让这家丹麦企业有了获取新想法和新商业合作关系的途径，与此同时，成年客户的增多也影响了企业在其他市场推出产品的决定（Antorini et al.，2012）。

共创意味着将企业开放给客户、供应商、价值链中的互补参与者，甚至是竞争对手。创新还可以通过与大学和培训机构、行业机构或政府合作而得到推动（e.g. Brandenburger & Nalebuff，2011；Ritter et al.，2004）。

共创的形式有很多种，可以是与一个或多个大客户共同开发新产品，也可以是完全开放创新过程。这就是开放式创新。关于共创影响深远的例子有开放源码软件（可免费获得源代码），以及和普通大众有类似需求的领先用户一起开发产品。这一合作可能是短期的，也可能是长期的。共创的模式有非正式的（平台、联盟），也有正式的（合资企业）；合作可以是区域性的，也可以是国际性的。

如果我们根据传统封闭式创新和开放式创新（共创）的六种观念（表2.3）对二者进行比较，两者的区别就非常明显了。

利用外部的想法和知识储备，企业可以通过共创快速开发、选择和引入新的商业模式。共创也确实给管理层带来了在成功创建新商业模式之前必须解决的三个挑战：企业必须决定哪些元素保持关闭，哪些元素进行开放；企业必须能够选择和吸收新的知识；企业的日常工作必须适应新的模式（e.g. Berchicci，2013；Cassiman & Veugelers，2006）。

表2.3　封闭式创新和开放式创新的六种观念

	封闭式创新的观念	开放式创新的观念
1	领域内最聪明的人为我们工作	并不是所有聪明的人都为我们工作，所以我们必须从外部的聪明人那儿获得知识
2	为了使研发投资具有成本效益，我们必须自己开发、生产、营销	外部研发可以实现巨大的价值；我们也需要内部研发来占有其中一部分价值
3	如果我们是发明者，我们的产品就是市场首例	我们并不一定要成为发明人，才能从研发中获利

	封闭式创新的观念	开放式创新的观念
4	如果我们率先将新技术商业化，就能赢得竞争	建立卓越的商业模式比成为市场首例更重要
5	如果我们在自己的领域创造出最多、最好的想法，我们就会赢得竞争	如果我们能够充分利用内部和外部的想法，我们就能赢得竞争
6	我们必须保护我们的知识产权，让竞争对手无法从我们的想法中获益	我们必须利用第三方的知识产权获利；我们必须购买能够强化商业模式的知识产权

资料来源：改编自切萨布鲁夫，2011b。

版权 ©2011 麻省理工学院斯隆管理评论 / 麻省理工学院。版权所有。由 Tribune Content Agency 发布。

本章小结

　　企业为了有效地竞争而不断改变商业模式。企业可以使用多种杠杆：开发新技术或改良技术；创造新的管理实践；采用新的组织结构；参与共创。这些杠杆可以改良或复制现有的商业模式，也可以创造出全新的商业模式（商业模式革新）。

　　企业应在何种程度上创新其商业模式？又如何成功地实现这一点？在下一章中，我们将讨论这些问题以及一些其他问题，并通过我们研究的结果提出新的见解。

第3章

企业如何改良商业模式：复制还是革新

克莱蒙德技术集团：业务活动从高压插头和电缆扩展到 SmartBucky DM 等系统元件

位于荷兰丁克斯佩洛的克莱蒙德技术集团是彻底改变商业模式的例子。克莱蒙德设计并制造医用和工业 X 射线设备元件。虽然该公司最初只有高压插头和电缆业务，如今却能同时为电缆的供需双方供应各种系统元件（为供方供应发电机，为需方供应检测系统）。SmartBucky DM 是一种检测系统，它可将乳腺摄影设备升级为数字标准，使得 X 光影像立即数字化，并在显示屏上显示后储存。克莱蒙德不像其竞争对手那样与某些品牌捆绑在一起，因此该公司可以提供通用的综合解决方案。飞利浦、通用电气和西门子等 X 射线设备制造商正日益关注系统整合，所以将部件的开发转包给了克莱蒙德等公司。得益于这些趋势，克莱蒙德运转良好。自 2002 年成立以来，该公司的员工从 38 人增加到 240 人，2012 年其营业额增长了 26%。

本章介绍

前面的章节已展现了商业模式创新对处于高竞争压力和高环境动态性市场中企业的重要性。我们已经了解了四种杠杆（技术、管理实践、组织结构和共创）如何帮助公司实现商业模式复制或商业模式革新。

看了这么多的理论之后，现在让我们来了解一下商业模式创新的实际应用。企业如何创新商业模式？其中涉及哪些战略选择？这些选择在多大程度上受到企业所面临的竞争压力和环境动态性的影响？针对这些问题，我们对 590 多家企业进行了调查，它们的回答构成了本章的基础。我们在这里对各个行业的情况进行简单概述，并讨论竞争压力、环境动态性以及公司业绩如何与各种商业模式创新的选择相关联。企业要在什么时候选择商业模式复制或商业模式革新？为什么要做出这样的选择？企业从中获得了什么？我们挑选了一些案例来对研究结果进行说明。

商业模式创新

我们在研究中的第一个发现是企业对商业模式复制的重视程度要高于商业模式革新。但同时也应指出——"纯粹"复制的情况并不多见。企业大多数情况下采用混合方式——虽然也有很多企业几乎不进行商业模式革新（图 3.1）。对比两种商业模式创新类型，我们可以得出一些明显的结论。

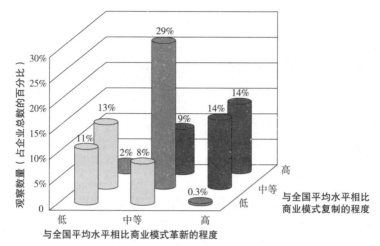

图 3.1 商业模式复制和商业模式革新的企业分布

低：在复制或革新上得分垫底的 25% 的受访企业

高：在复制或革新上得分最高的 25% 的受访企业

中等：在复制或革新上得分其余 50% 的受访企业

纯粹革新或纯粹复制的情况极罕见

纯粹革新的情况几乎是没有的（0.3%）。革新陷阱可以解释这一现象（Levinthal & March，1993）。革新陷阱指企业花在商业模式革新上的时间越来越多，却没有能力将其商业化。当企业消耗其拥有的能力和市场地位时，必须有一个新的商业模式在某个时间点开始产生回报。如果企业无法充分利用改良和扩大商业模式带来的好处，就会为竞争对手留下进入市场的空间，也可能意味着企业无法为股东实现足够的回报。

也很少有企业（2%）进行纯粹的商业模式复制。竞争力陷阱可以解释其中的原因（Levinthal & March，1993；Levinthal & March，1988）。由于首次渐进式改良带来了快速成功，企业继续一步步地对其商业模式进行"改善"，这便导致了商业模式复制的恶性循环。如果一家企业在现有商业模式中极端地进行模式复制，就会发现其获得短期成功的代价是丧失革新的能力。在某个时间点上，采取完全不同模式的竞争对手将会超越这些企业。当市场需求下降时，这些企业也不具备进行商业模式革新所需的能力（Volberda，2003）。

1/3 的企业能找到复制和革新间的平衡

约 1/3 的企业（图 3.1）关注商业模式复制和商业模式革新的程度高于平均水平。这类企业既能够改良现有的商业模式，也能够开发新的商业模式。企业有时重视模式复制，有时则强调模式革新。有一组企业（14%）对商业模式复制和商业模式革新的关注度都高于平均值（双重焦点）。这些企业根据竞争优势的来源在新商业模式和现有商业模式之间找到了平衡，能够从一个产品生命周期跳到下一个周期或者进入全新的行业。

1/3 的企业不关注商业模式

革新程度和复制程度两项得分都低的企业数量也是有限的（11%）。这些企业陷入了所谓的"商业模式僵化"。这些企业显然有能力坚持现有的商业模式，它们把现有的商业模式视为摇钱树。这些企业以非常严格的方式运作，把稳定和保留现有商业模式作为关键目标——只要市场没有变化，这种做法就行得通。

还有一些企业在一条轴上的得分为平均分，而另一条轴上的得分则低于平均分。这些企业既不擅长复制，也不擅长革新。在这类企业中，一组是创业精神极高的企业（8%），这类企业身陷混乱而无心关注企业业绩；另一组则是只关注短期利益的企业（13%），这些企业虽然确实能根据环境稳步改变，但几乎不会产生全新的知识或产品。

1/3 的企业只对商业模式创新给予中等关注

最后，占比较大（29%）的企业的两项得分都为均值。这类企业对这两种商业模式创新类型的关注程度差不多。除了这些"平平之辈"，还有两组企业值得一提。第一组是在复制和革新方面得分总体为平均分以上的公司（图 3.1 中的黑色圆柱），大约有 37% 的企业属于这一类。第二组企业不同于那些复制和革新程度都为"中等"的企业，这类企业在复制和革新上的得分总体为平均分以下（图 3.1 中的浅灰色圆柱），大约占 32%。

各个行业的商业模式创新

商业模式革新和商业模式复制是否因行业而异？每个行业的商业模式复制和革新水平都反映了该行业的"时钟速度"——也就是新商业模式演变的速度（Fine, 1998 ; Nadkarni & Narayanan, 2007）。环境、经济和技术的冲击会加快行业的时钟速度，迫使一些企业更频繁地革新或复制商业模式。一个行业的时钟速度越快，商业模式的寿命就越短，所以企业必须更频繁地革新和复制商业模式。根据我们对荷兰企业的调查，有几个行业的企业在复制和革新方面都获得了高分，这说明这些行业的时钟速度很快。这些行业包括：生命科学、信息通信技术以及得分相对低一点的食品行业（图 3.2）。罗氏诊断是生命科学企业的一个例子（见案例）。政府和政府相关及能源供应行业的企业在复制和革新方面的分数都略低于荷兰全国的平均水平。建筑和项目开发行业的情况虽然略好一些，但仍低于平均水平。这些行业的时钟速度绝对是比较慢的。

在我们调查的行业中，生命科学（比荷兰全国平均水平高 16%）和信息通信技术行业（高 12%）最大限度地利用了商业模式革新。其他商业模式革新水平高于平均水平的行业有食品（高 6%）和其他商业服务（高 3%）。

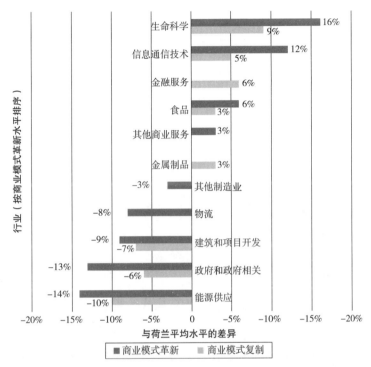

注：条形图缺失代表数值没有显著低于或高于全国平均水平。

图 3.2　荷兰各行业的商业模式革新程度和商业模式复制程度

　　进行商业模式复制最多的领域是生命科学（比荷兰全国平均水平高 9%），其次是金融服务（高 6%）。信息通信技术（高 5%）、食品（高 3%）和金属制品（高 3%）也在相当程度上使用了商业模式复制。

　　结合商业模式革新与复制两项来看，垫底的是能源供应行业（革新水平比荷兰全国平均水平低 14%，复制水平低 10%），政府和政府相关行业紧随其后（革新水平低 13%，复制水平低 6%）。商业模式革新水平较低的有建筑和项目开发行业（低 9%）、物流（低 8%）

和其他制造业（低3%）。

表 3.1 对我们调查所涉及的主要行业进行了分类。

表 3.1 四类商业模式创新和主要行业

关注模式稳固	复制者	激进的革新者	双重焦点
几乎没有革新或复制	复制水平得分为平均分或以上	革新水平得分为平均分或以上	革新与复制水平得分均为平均分或以上
政府和政府相关建筑和项目开发能源供应	金融服务 金属制品 其他制造业 * 物流 *	其他商业服务	生命科学 信息通信技术 食品

注：* 其他制造业和物流行业在商业模式复制上的得分没有高于平均分，但革新水平显著低于荷兰全国平均水平。

罗氏诊断的商业模式革新

罗氏诊断公司新成立的实验室咨询部门专门为医院实验室提供服务。该部门的目标是为医院提供它们过去亲自开展的业务。有了这个新部门之后，罗氏打算专门经营医疗保健。这家生物技术公司还组织了如"未来从今天开始"等各种活动，旨在了解医疗保健市场的发展状况。这也是罗氏诊断更快地预测行业变化的方式。

商业模式创新对企业业绩的影响

从前面几节可以看出，注重商业模式革新不一定以无法关注商业模式复制为代价，反之亦然。同时注重两者的企业业绩比那些固守某一现有商业模式的企业要好很多。后者主要指能源供应、政府和政府相关以及建筑和项目开发行业。与这类企业相比，前者的业绩要高出 18%（图 3.3）。拥有双重焦点的企业在一些绩效标准上同样得分最高（表 3.2 和表 3.3）。2010—2012 年，这类企业的销售额年均增长 11%，资产回报率年均提高 20%。就行业而言，拥有双重焦点的企业主要来自生命科学、信息通信技术以及食品行业。

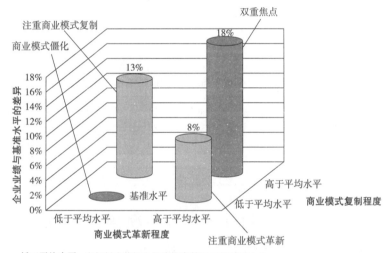

图 3.3　不同商业模式革新和商业模式复制水平的企业业绩

许多管理学者（e.g. Benson-Rea et al.，2013；Markides & Oyon，2010；Velu & Stiles，2013）指出，运用同时涉及复制和革新的多种商业模式比运用单一的复制或革新商业模式能更有效地保证成功。拥有多种商业模式的企业被描述为运营双重商业模式（Markides & Charitou，2004；Velu & Stiles，2013）、混合商业模式（e.g. Bonaccorsi et al.，2006）或并行商业模式（e.g. Clausen & Rasmussen，2013；Velu & Stiles，2013）（虽然这些术语有少许的概念差异）。这些商业模式既可在短期，也能在长期为企业的业绩发挥作用（e.g. Andries et al.，2013；Heij et al.，2014；Markides，2013）。我们的研究结果显示，2010—2012 年，拥有双重商业模式的企业不仅有强劲的业绩，而且销售额年均增长率为11%，资产回报年均增长率为20%（表 3.2 和表 3.3）。

表 3.2　不同复制和革新水平的企业在三年间（2010—2012 年）的销售额年均增长率

	商业模式革新程度较低	商业模式革新程度较高
商业模式复制程度较低	1%	−1%
商业模式复制程度较高	7%	11%

表 3.3　不同复制和革新水平的企业在三年间（2010—2012 年）的资产回报年均增长率

	商业模式革新程度较低	商业模式革新程度较高
商业模式复制程度较低	1%	3%
商业模式复制程度较高	7%	20%

韦卢和斯泰尔斯（2013）认为，商业模式革新"不可避免地破坏了现有的商业模式——所以，新的商业模式与旧的商业模式是相互冲突的"。虽然这两种商业模式是矛盾的，但二者也是相互依赖的，并且有兼容、互补的潜力（Benson-Rea et al.，2013；Smith et al.，2010；Velu & Stiles，2013）。利用共享的元素（如同时服务于新、旧模式的品牌活动、物流活动等）（Helfat & Winter，2011），新的商业模式在某种程度上可以与现有模式产生协同作用（e.g. Markides & Oyon，2010）。

结合商业模式革新与商业模式复制，企业不仅能够更好地利用现有知识和活动的价值，而且能解决未得到满足的客户需求和偏好。拥有双重焦点的企业能以许多方式提升企业业绩。一方面，这类企业通过改良现有的商业模式更好地服务现有市场，并在其他市场上复制这种商业模式。另一方面，企业通过开发全新的商业模式抓住新的机遇。使用多种商业模式的企业可以满足客户的不同需求，并瞄准不同的市场或细分市场（Benson-Rea et al.，2013；Clausen & Rasmussen，2013），例如，企业可以同时采用电子商务和实体店的模式（Amit & Zott，2001）。本森·雷亚等（2013）认为，"企业间商业模式的差别在于营销渠道"。拥有多种商业模式让企业可以更灵活地应对更动态的环境（McGrath，2010；Voelpel et al.，2005）。

权衡过复制与革新模式利弊的企业比那些从没思考过这点的企业拥有更好的业绩。最常思考复制与革新模式利弊的企业大多来自金融服务、其他商业服务和其他制造业。在这些行业，复制者的得分（13%）略高于革新者的得分（8%）。注重商业模式复制的企业似乎特别擅长在现有领域内或相近领域中创造、利用机会。这些机会涉及的风险相对较低，并且可以相对较快得到利用（Andries et al.，2013；Schneider & Spieth，2013；Voelpel et al.，2005）。因此，这类企业至少在短期内比注重商业模式革新的企业拥有更好的业绩。进行商业模式复制的企业也比处于商业模式僵化的企业表现得更好（表3.2和表3.3）。这类企业的销售额和资产回报年均增长率较高（均为7%）。但是，商业模式复制带来的诱人回报存在着风险，特别是长期风险。我们在第7章中将会更详细地进行解释。

主要进行商业模式革新的企业资产回报年均增长3%，但营业额略有下滑（下降1%）。这类企业的投资面向未来，也可能活跃在更小的新市场（或细分市场），并且比那些永久处于商业模式僵化状态的企业拥有更诱人的利润。

那些自我评价为对革新或复制都关心甚微的企业表现最差。因为这些企业陷入了商业模式僵化，过去三年的营业额或资产回报率几乎没有增加（均增长 1%）。约瑟夫·熊彼特（1942）的警告特别适用于这类公司："不投资创新的风险高于投资创新的风险，因为投资的风险不会超出投资本身，而不投资的代价可能会是市场的完全侵蚀。"（Ahuja et al.，2008）

注重商业模式稳固的企业坚持其现有的原则，置身于拒绝现实的状态。这种似乎可以创造确定性的做法实际上导致了不确定性——因为竞争对手正从四面八方涌过来。金融领域经常提出的免责声明（过往结果不能代表未来表现）正适用于这些企业。表 3.4 总结了上述发现。

表 3.4　不同商业模式复制和商业模式革新水平的企业业绩

关注模式稳固	复制者	革新者	双重焦点
几乎没有革新或复制	复制水平得分为平均分或以上	革新水平得分为平均分或以上	革新与复制水平得分均为平均分或以上
0%（参照点）	业绩高 13%	业绩高 8%	业绩高 18%

详解商业模式创新的影响

商业模式革新和商业模式复制对企业业绩的影响不尽相同。商业模式复制能够立即改善企业业绩，而商业模式革新的影响在后期才能见效（图 3.4）。商业模式复制在初期可以获取更多的价值。

商业模式复制可以帮助企业消除现有模式中的不规则性并抓住现有的机会，从而进一步改良这些模式（Demil & Lecocq，2010；Schneider & Spieth，2013）。随着商业模式复制的进行，企业的活动范围逐渐扩大。不断改良商业模式的日本汽车制造商就是很好的例子。

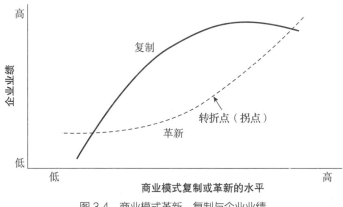

图 3.4　商业模式革新、复制与企业业绩

　　进行商业模式革新的企业可能面临新模式与现有商业模式在某种程度上发生冲突的风险。这可能导致新的商业模式无法获得成功所需的重视和资源。旧的商业模式面临被侵蚀的威胁，因此，回报较为确定的旧模式在短期内会得到优先考虑（Srinivasan et al.，2004；Voelpel et al.，2005）。除此之外，由于新的商业模式通常十分接近现有市场（e.g. Casadesus-Masanell，2012；Markides & Oyon，2010），竞争对手可能会采取激进的短期行动，从而可能会削弱新商业模式的价值。

　　广泛进行的商业模式革新对企业业绩有积极影响。在这个阶段，企业进入了拥有诱人回报的蓝海（新市场），或者自己创造出了新的市场（Kim & Mauborgne，2005）。更密切地进行商业模式革新的企业拥有更多的经验、更大的勇气和更强的信心从根本上改变自己的业务。这意味着这些企业能更好地发现新市场和开发新商业模式（Mitchell & Coles，2003；McGrath，2010）。这就形成了一个良性循环：拥有更多专业知识和更强吸收能力的企业可以更快地发现新的机会并更早地利用这些机会。企业内部的斗志被激发。与此同时，这些企业通过抓住新机会而获得了更多商业模式革新的专业知识（Cohen &

Levinthal，1990）。

频繁发展新商业模式的企业通常拥有更灵活的结构（Bock et al.，2012；Wirtz et al.，2010）。这些企业更愿意脱离当前的策略，从根本上更新产品并创造新的产品 / 市场组合。商业模式革新在企业内部的阻碍更少，企业拥有更好地处理、利用新信息的环境，也更愿意放弃现有的投资以支持未来的发展。这意味着企业的资源能够被更好地利用，以便抓住当前领域之外的机会（McGrath，2010）。

这也就是为什么当企业需要高程度的革新时，能够更专注于革新本身，而非同时尝试关注商业模式复制。在某个时间点上，企业的重点必须从商业模式复制变为商业模式革新（图 3.4 所示的拐点）。这个转折点也称为"拐点"（Grove，1997），也就是革新比复制能提高更多业绩的那个点。从这个点开始，商业模式革新对企业业绩产生的积极影响开始高于商业模式复制。

当企业开始全心致力于发展全新的商业模式时，这一陡然转变会导致企业业绩暂时下滑（McGrath，2010；Volberda，2003）。总而言之，从复制迅速转换到革新是有代价的。本章前文已表明，企业必须结合商业模式革新与商业模式复制以实现更好的业绩。商业模式复制可以创造用于开发新商业模式的收入，而商业模式革新则是进一步进行商业模式复制的温床。

企业由复制开始偏向或彻底转换为革新的方式有很多种。正如研究表明的那样（e.g. Anthony & Christensen，2005；Casadesus-Masanell & Zhu，2013；Christensen et al.，2002；Govindarajan & Trimble，2011；Mullins & Komisar，2009；Ofek & Wathieu，2010），企业发展新的商业模式必须至少采取以下步骤：

· 企业需要有已就位的流程可以发起对现有商业模式的讨论。

- 企业必须寻求非传统信息（"不要只听你想听到的"）。
- 企业必须审视某些趋势的深意（特别是核心市场外围的趋势）。
- 企业必须对未来想要进入的领域有所构想。实现这一点的方法可以是招揽拥有技术知识、了解客户深层需求或了解某一领域长期发展情况的人。
- 面对商业模式革新的高风险，企业必须建立备选方案（"不要把所有鸡蛋放在一个篮子里"）。

在这之后，新的商业模式可以通过多种方式被激活（e.g. Baden-Fuller & Morgan，2010；Dunford et al.，2010；Markides，2013；Mullins & Komisar，2009）：

- 在整个团队中一次性激活：这种情况失败的风险很高。
- 在某一部门（可能是新部门）进行发展、试验。如果成功的话，可以在其他部门或整个公司内进行推广。企业集团层面的风险比第一种方式小。在内部推广新概念时需要进行商业模式复制。
- 从其他企业现有商业模式的元素中获得启发。可以是复制元素，也可以是复制整个商业模式，或者结合不同企业的商业模式（或元素）。

这三种方式并不是只能选择其一，而是可以进行组合的。第 7 章将更深入地讨论企业如何在现有模式并存的情况下开发新的商业模式。

在第一种方式中，企业不再复制旧的商业模式。相反，一旦新的商业模式被激活，任何后续进行的复制都是对新模式的复制。在第二种方式下，对新模式的复制逐渐取代对旧模式的复制。在第三种方式下，根据新模式受其他企业商业模式启发的程度，企业在一定程度上允许继续进行旧模式复制。

环境竞争力的强弱对于决定企业何时开始从复制变为革新，或完全变为革新尤为重要。我们将在下一节进行讨论。正如第 1 章概述所言，全球化、解除管制和沃尔玛化等趋势都清楚表明，许多环境的动态性和竞争力都变得越来越强（e.g. Prahalad & Ramaswamy，2004；Volberda et al.，2011）。然而，动态的环境并不能自动成为竞争的环境，反之亦然。芯片设备领先制造商阿斯麦尔公司处在非常动荡的环境中：技术变化迅速（芯片上的元件数量每 12 个月翻一番），市场需求极不稳定。虽然如此，该公司却不怎么惧怕它的竞争对手。阿斯麦尔公司的市场份额达到 90%，其主要客户（英特尔、台积电和三星）共同出资支持它研发下一代光刻技术。相比之下，物流公司通常所处的环境并没有太多动态性，却有很大的竞争压力和很多相似的竞争对手。

环境动态性

环境动态性指的是企业所处环境发生变化的频率和强度（Dess & Beard，1984；Volberda，1998）。技术、客户偏好、产品需求、原料供应以及监管的变化（Volberda，1998；Wirtz et al.，2010）使企业现有商业模式的寿命更加短暂（Demil & Lecocq，2010），商业模式革新更为必要（Osiyevskyy & Dewald，2015b；Voelpel et al.，2005）。

我们对各种环境动态性水平的研究并没有表明高程度的革新对企业业绩的影响显著高于高程度的复制。尽管如此，环境动态性仍然对革新与企业业绩之间的关系产生影响。无论环境动态性如何，企业进行的商业模式复制越多，业绩就越受益（线性正相关）。相比之下，商业模式革新在中等活力的环境中尤其见效（表 3.5）。

表 3.5　商业模式革新在各种环境动态性水平下对业绩的影响

环境动态水平	商业模式革新对企业业绩的影响
高	积极
中	越发积极
低	无

　　革新在动态性极高的环境中对于企业业绩能产生积极影响，而在动态性中等的环境中这种影响会变得越发积极。其中的原因可能是，在动态性中等的环境中运营的企业有需求和时间去开发适合特定环境特征的商业模式（Mitchell & Coles，2003；Mullins & Komisar，2009）。在快速变化的环境中，新的商业模式甚至在开发和实施之前就有可能会过时。如果新商业模式不能很好地适应变化的环境，带来的经济回报就会缩减（Heij et al.，2014；Posen & Levinthal，2012；Schilke，2014）。开发新商业模式比改良现有商业模式需要更多的时间和金钱（Johnson et al.，2008；McGrath，2010）。即使新商业模式与企业所处的环境相适应，诸如客户偏好等快速变化的环境也可能会减少新模式解决问题的能力（Heij et al.，2014；Posen & Levinthal，2012；Zook & Allen，2011）。

　　另一方面，在稳定的环境中，企业有更多的时间来开发与环境特征相匹配的商业模式，却没有这样做的必要（Heij et al.，2014；Posen & Levinthal，2012；Schilke，2014）。因为在这种环境下，商业模式革新并不能帮助企业取得更好的业绩。

　　我们的数据表明，处于动态性水平更高的环境中的企业更倾向于革新而非复制。当环境动态性更高时，企业拥有的选项来得更快，去得也更快，改良现有模式的时间也更少。这迫使企业更多地去寻求完全不同的商业模式。随着环境动态性继续增高，企业必须拥有足够的资金进行革新和复制才能防止企业业绩的下滑。

环境竞争力

环境竞争力指的是某一市场中供应者间的行动和反应的程度（Matusik & Hill，1998；Volberda，1998）。市场上竞争对手的数量可以是环境竞争力的一项粗略指标（Miller，1987）。高度的环境竞争力是企业需要为顾客创造新价值和打乱竞争对手阵脚的原因之一（Markides & Oyon，2010；Voelpel et al.，2005）。

许多商业模式失败的原因是没有在开发时给予竞争对手足够的关注。商业模式的成败在很大程度上取决于它与其他市场参与者商业模式的相互作用（Ansari et al.，2016；Casadesus-Masanell & Ricart，2011）。商业模式并不是总要与其对手正面对抗：它可以阻止或破坏竞争对手商业模式的发展，也可以与其他商业模式形成互补（Casadesus-Masanell，2011；Markides & Oyon，2010）。

利用竞争对手来建立与顾客更紧密的关系

一个成功的商业模式可以在与竞争对手合作的基础上建立。当竞争对手也是企业的合作伙伴时，这种做法有时被称作"合作竞争"（Brandenburger & Nalebuff，2011）。例如，法航荷航与其他航空公司一起成立了天合联盟，目的是加强与现有客户的关系并吸引新客户。这一合作项目让航空公司能够前往其合作伙伴的地区并享用合作伙伴的转机服务。法航荷航享有的优势是代码共享能够允许公司为旅客提供更多的目的地，也提升了法航荷航现有航线的价值。

总部位于荷兰瓦尔韦克的地毯制造商 Desso 从另一个角度展示了企业如何从竞争中获利。Desso 是为游轮和飞机供应地毯的领导者。一艘大型邮轮决定改用价格较低的供应商。但因为这家公司提供的地毯尺寸不对，所以花了更长的时间进行铺设。邮轮因此不得不在码头上多停留了几天。这耗费了数百万美元，邮轮还损失了巡航收益。结果，Desso 重新成为这艘邮轮的供应商。

法国公司 BlaBlaCar 也从其竞争对手的失误中受益，从而扩大了公司的商业模式。BlaBlaCar 提供长途拼车服务，是连接有空座的长途车的司机和目的地方向相同乘客的平台。要成为 BlaBlaCar 的会员，个人必须进行注册并创建在线的个人资料，之后其他会员的评分和评论会在个人资料中显示。每个用户的个人资料中还有一项"吧啦吧啦值"，以显示他们在行车期间聊天的意愿有多强。BlaBlaCar 想要把业务扩展到德国。这家公司在之前进军意大利和俄罗斯等国家时收购了当地的小公司以实现快速增长。然而，当时德国当地已经有一家大型的竞争对手 Carpooling。这家拥有超过六百万名会员的大规模德国公司无法被收购。BlaBlaCar 的创始人最初接受了这一点。公司建立了自己的德国网站，但只有少数德国司机和乘客加入他们的平台。之后，BlaBlaCar 的竞争对手 Carpooling 犯了一个巨大的错误。"Carpooling 突然有一天开始向司机收费了。"BlaBlaCar 的创始人之一尼古拉斯·布鲁森说。在短短的 18 个月里，BlaBlaCar 占据了 15% 的德国市场。大量的德国司机从 Carpooling 转移到 BlaBlaCar，因为在 BlaBlaCar 平台上只有乘客需要支付少量的费用。"乘客觉得给钱是正常的，但司机会觉得给钱就像是交税。"布鲁森说。当 BlaBlaCar 获得了大部分的市场份额后，这家公司便接管了 Carpooling。布鲁森从中学到的经验是，先起步的公司不一定是赢家。领先于你的对手犯下的错误有时候可以帮助你扩大商业模式的规模（《荷兰财经报》，2016）。

皇家 IHC 是挖泥船和挖泥设备的全球领导者，其商业模式的基础是与新兴经济体的低成本船厂合作。该公司因为价格昂贵受到了客户的诟病。一些客户决定找更便宜的造船厂作为替代。"顾客后来告诉我们，自己做这件事远比预想的要困难。"皇家 IHC 前 CEO 古夫·哈默斯说。皇家 IHC 为了满足客户的需求，开始在低工资的国家造船。正如哈默斯所解释的那样，"尤其是在现在的市场上，必须开发技术生态位。然后你不得不将技术与较低的工资相结合，这样才可以进入中级市场"。

Desso、BlaBlaCar 和皇家 IHC 的例子说明了如何通过竞争对手来加强客户关系，尽管这种方法主要适用于专业行业领域。

我们的研究结果表明，当企业在竞争极其激烈的环境中运营时，广泛的复制会对企业业绩产生负面影响。在这种环境下，企业必须尽早投资商业模式革新，以便找到竞争相对缓和并能建立更好业绩的蓝海（Kim & Mauborgne，2005）。这种做法也被称为"逃避竞争"（Hecker & Ganter，2013）。为了成功进入新市场，老牌企业必须开发全新的商业模式（对公司和市场来说是新的）。

企业也可以缓和或者扭转对手的攻击。这种做法叫作"对颠覆者进行颠覆"（Markides & Oyon，2010）。企业往往倾向于模仿成功颠覆者的商业模式，但这是一个陷阱。想要比创造新规则的颠覆者表现得更好不仅很困难，而且还会削弱参与者自身的独特性，从而使得颠覆者的表现更加优异（Markides & Oyon，2010）。

　　20 世纪 90 年代，廉价航空瑞安航空和易捷航空颠覆了欧洲的航空市场。在那之后，出现了许多对这两家航空的克隆行为。这些"克隆公司"的下场便是"对颠覆者进行颠覆"机制的典例。飞机周转时间极短，不断追寻新收入来源，持续保持低票价，这些都是瑞安航空的优势。瑞安航空甚至推出了只要一分钱的航班以吸引新客户。瑞安航空商业模式中的良性循环不断巩固着公司自身的能力。低廉的票价保证了更多的乘客，更多的乘客意味着更高的飞机入座率，因而每名乘客的固定成本就更加低廉。这使得瑞安航空能够提供更低的票价（Casadesus-Masanell & Ricart，2011）。老牌航空公司试图模仿廉价航空公司的成功模式，但结果却是惨败。老牌公司的新举措反而巩固了颠覆者本身。由英国航空公司成立的公司 Go 于 2002 年被易捷航空收购（Markides & Charitou，2004）；荷兰皇家航空旗下的公司 Buzz 解散后，瑞安航空获得了 Buzz 的飞机。

　　虽然没有"一刀切"的解决方案，但开发全新的商业模式可能是应对颠覆者的影响并将其转化为机遇的一种很好的方式（Gilbert & Bower，2002；Markides & Oyon，2010）。简而言之，在竞争激烈的环境中，革新比复制更值得受到关注（图 3.5）。相较于身处竞争极其激烈的市场中的企业，面临中等水平竞争的企业更值得投资商业模式复制（表 3.6）。企业有动力通过强化、改良现有商业模式而领先于竞争对手。

　　然而，企业也可以在竞争对手商业模式的启发下强化自己的商业模式，并且可以避免竞争对手为削弱改良模式的价值而立即做出反应。这就为企业留下了余地，有利于企业缩小与行业领导者之间的差距，且不会遭受领导者太多的报复行为（Hecker & Ganter，2013；Mol & Birkinshaw，2009）。空客和波音商业模式间的博弈便

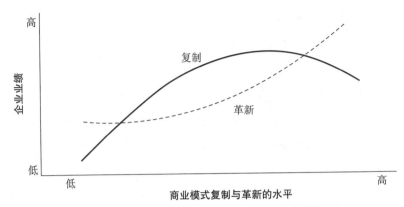

图 3.5　在高度竞争的环境中革新与复制对企业业绩的影响

表 3.6　商业模式复制与商业模式革新在不同环境竞争力水平下对业绩的影响

竞争压力的程度	革新与复制哪项更优?
高	高程度的革新
中	高程度的复制
低	采用两种方式

是一个很好的例子。空客目前的商业模式基础是向使用中心辐射系统的大型机场提供航空服务。而波音的商业模式最近更多的是面向使用点对点系统的小型机场（Volberda et al., 2011）。为了与波音747 竞争，空客通过引进空客 380 来改良其商业模式。作为回应，波音引进了更远航程的 777-200 机型以改良自己的商业模式。波音还开发了提高舒适性和效率的波音 787 梦幻客机，空客则开发了 A350 作为回应。这两家公司有时也会被对手在其他领域的行为所影响，如燃油效率或机上娱乐。但是，这两家公司的双头垄断市场地位让每位参与者都有足够的空间来部分复制对手的模式，而不会被对手立即采取行动以破坏被复制的模式。

环境动态性和环境竞争力

综上所述，环境动态性和竞争力会影响商业模式革新、商业模式复制和企业业绩之间的关系。许多行业都经历了高动态性的环境（图 3.6），包括信息通信技术（比荷兰全国平均水平高出 20%）、食品（高 10%）、生命科学（10%）、金融服务（7%）以及建筑和项目开发（6%）行业。这些行业在商业模式革新和复制水平方面较高的得分并不完全是巧合。与信息通信技术和生命科学领域企业面临的高度的环境动态性不同的是，这两个行业（革新和复制水平得分的前两名）并没有面临比"平均"行业明显更高的环境竞争力水平。这意味着在这些非常活跃的行业中的企业通常能够找到蓝海，甚至能自己创造蓝海。

建筑和项目开发行业在这方面与众不同。尽管这个行业的环境动态性水平高于平均水平，其所处的竞争环境也是我们研究过的任何行业中最激烈的，但这个行业的企业在商业模式革新和复制方面的得分都相对较低。对此可能的解释是，尽管企业需要通过商业模式革新来跟上或赢得竞争，并适应不断变化的环境，但极高的环境竞争力造成了极低的利润率，于是几乎没有任何可用于革新的资源（Aghion et al.，2005）。

在竞争缓和的环境中，革新就不那么重要了。政府和政府相关行业没有竞争压力（比荷兰全国平均水平低 22%），这就解释了它们不大关注商业模式创新的原因。

金属制品行业和其他制造业的环境动态性不是很高。这些行业的企业得分分别比全国平均水平低了 4% 和 6%。虽然金属制品行业企业复制商业模式的频率更高（高 3%），但这两个行业在革新方面的得分都没有显著高于全国平均水平。

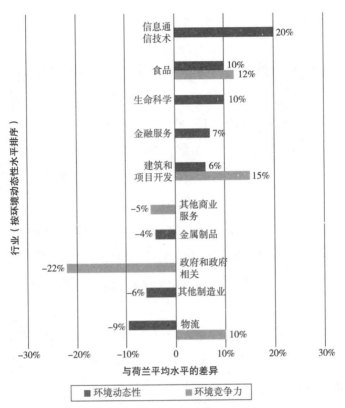

注：条形图缺失代表数值没有显著低于或高于全国平均水平。特别指出，能源供应行业的环境动态性和竞争力水平并没有显著低于或高于荷兰全国平均水平。

图 3.6　荷兰各行业的环境动态性与环境竞争力

　　物流行业要复杂许多。我们的数据显示，物流行业的运营环境绝对不属于动态性高的（低 9%），但竞争程度却相当高（高 10%）。这表明，要想成功应对一个相对稳定但竞争激烈的环境，企业应该经常复制商业模式以提高效率，提升业绩。在本章前文中我们强调，物流企业几乎不会革新其商业模式（低 8%），这与它们所处环境的低动态性是一致的。但是，该行业的企业同样也不擅长复制，这就会导致该行业企业的业绩出现严重的问题。

本章小结

虽然一些企业可能会将高水平的革新与复制结合起来，但在复制与革新两者中，企业更喜欢前者。然而，大多数企业的革新和复制都只达到平均水平。1/3 的企业完全不关注其商业模式。商业模式革新在动态性和竞争力极高的环境中效果更好，而复制更适合中等动态性与竞争力的环境。同时进行革新和复制的双重焦点模式可以确保高水平的企业业绩。然而，两者间的"最佳"平衡取决于环境动态性和竞争力的程度。生命科学、信息通信技术和食品行业是商业模式创新的领军行业。政府和政府相关行业、建筑和项目开发以及能源供应行业相对落后。

我们如何改变商业模式？是什么推动了其变化，我们又应该从哪一个元素开始着手？在第 4 章中，我们将通过研究商业模式创新的杠杆来更详细地解决这些问题。

第4章

商业模式创新的杠杆

❦━━━◆❦◆━━━❦

即时显影市场巨头宝丽来曾大力投资数码影像

在 20 世纪很长一段时间内，美国宝丽来公司都主导着即时显影市场。与柯达公司一样，宝丽来也使用了"剃刀＋刀片"商业模式，其核心是通过胶卷销售获得大额利润。然而，数码摄影的兴起却压倒了这种商业模式——因为数码摄影不需要胶卷，并且使得在网络上分享照片成为可能。

宝丽来为什么未能成功转型来适应数字时代呢？并非因为该公司的技术实力存在问题。20 世纪 80 年代，宝丽来进行大笔投资，研发一流的数字技术。宝丽来公司调整其流程和能力来发展技术知识，使得自身在数码影像方面的能力得到了很好的发展。不过，宝丽来仅仅是一味强调发展技术，却没有去开拓、锁定新市场和销售渠道（Burgers et al.，2008）。公司高层如此执着于其传统成功模式，根本就没注意到其他领域新出现的竞争对手——比如电脑电子产品制造商（Tripsas & Gavetti，2000）。由此，宝丽来渐渐失去了技术方面的领导地位，未能在数码摄影市场上获得可观份额。

❦━━━◆❦◆━━━❦

本章介绍

第 3 章概述了一些成功和不太成功的商业模式创新情况。为了更加深入地了解企业管理者是如何实现商业模式创新的，我们还了解了他们在创新过程中所使用的杠杆。本章主要研究商业模式创新不同杠杆的具体操作和效果。

宝丽来的案例清楚地表明了一点：仅仅关注一种创新杠杆——比如宝丽来所关注的新技术——并不足以让企业应对颠覆性变革。商业模式创新的其他杠杆，包括组织结构、管理实践以及共创等，至少都应该与技术同等重要。正如我们在第 2 章中提到的那样，相较出色的技术加上平庸的商业模式，平庸的技术加上出色的商业模式能带来更多的价值（e.g. Birkinshaw et al.，2008；Chesbrough，2007；Teece，2010；Volberda et al.，2014）。例如，优步这样一个将乘客和私家车优步司机联系起来的网约车平台为什么会如此成功？而导航系统制造商 TomTom 为什么不再进一步投资其自有约车应用？

优步开发了自己的移动应用程序，并针对其进行营销和运营。该应用可以让智能手机用户提交召车请求，并将该请求发送给驾驶私家车的优步司机。截至 2016 年 5 月，优步的约车服务已经遍及世界上逾 66 个国家、449 个城市。而在 2012 年前后，TomTom 也发布了各类应用，其中就有召车应用。iPhone 用户可通过此应用约车，但该应用的安卓版本并未发布。TomTom 想要通过为出租车使用者提供评价、最优路线等各种相关信息，使得出租车市场更加可靠、透明。乘客可以免费使用 TomTom 的应用，但出租车公司在接了 25 单之后便需要付费使用——每个行程一般需支付 1 ~ 1.5 欧元。TomTom 这一应用程序与优步开发的应用非常类似，但 TomTom 管理层 2013 年决定从这一市场撤出。两家应用在功能上非常类似，这表明，技术的优劣并非导致优步和 TomTom 成败的原因。事实上，TomTom 在技术能力方面明显优于优步，且在移动性方面更胜一筹。然而，TomTom 的商业模式却要逊色于优步。优步不仅仅在技术上投资，还在市场开发（吸引新司机和乘客）以及与新伙伴共创方面进行了更多投资。2013 年，谷歌风投向优步注资 2.58 亿美元。2014 年 12 月，中国搜索引擎百度也对优步进行了投资，双方达成协议，将优步和"百度地图"关联起来。2016 年，丰田向优步进行了投资（金额未公开），并开始着眼于汽车租赁业务。此举是丰田和优步为了应对各自竞争对手之间的合作而做出的反应，可对优步司机提供经济方面的支持。2015 年，TomTom 在撤出其出租车应用的两年后，与优步签署了一份多年期协议，为全世界 300 多个城市的优步司机提供地图和交通信息服务。

技术：知识整合的局限

第 2 章中我们提出了商业模式创新的四种杠杆：技术、管理实践、组织结构和共创。我们首先讨论这几种杠杆都会对商业模式复制和革新产生什么影响，接着谈谈对商业模式革新起到强化作用的几种具体组合。

并非每种杠杆都会对商业模式创新产生相同的作用，每一种杠杆都会对商业模式革新和复制产生不同的作用。例如，技术（图 4.1）对商业模式革新的作用（27%）要高于对商业模式复制的作用（6%）。

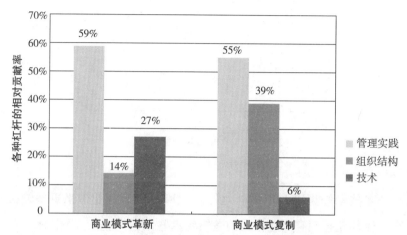

注：本图未包含"共创"。后文将会另外说明"共创"对商业模式革新和复制的影响。

图 4.1　各种杠杆对商业模式复制和革新的相对贡献率

　　新技术的出现并不一定会相应地改进商业模式复制或革新方面
的表现（e.g. Acs & Audretsch，1988；Zhou & Wu，2010）。事实上，
我们掌握的数据表明，新技术对商业模式复制和革新二者的积极作
用都在减小，对模式复制来说尤是如此（图 4.2a 和图 4.2b）。

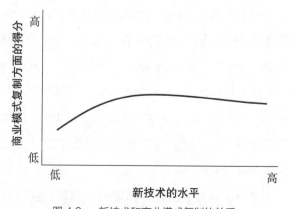

图 4.2a　新技术和商业模式复制的关系

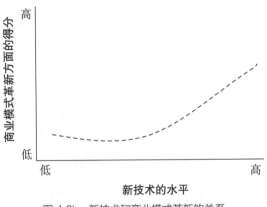

图 4.2b　新技术和商业模式革新的关系

　　新技术知识以及更多样化的知识库可以给企业带来更多的机会，让其超越现有商业模式的逻辑将这些知识商业化。新技术知识往往是商业模式革新的主要来源（Baden-Fuller & Haefliger，2013；Chesbrough et al.，2013；Johnson et al.，2008）。例如，帝斯曼在医药领域的新知识对其革新商业模式、发展成为生命科学和材料企业发挥着至关重要的作用。

　　新技术知识还可以给企业的知识库带来重要改变，进而改变企业的参照系（Zahra & Chaples，1993）。通过"反学习"修正已有知识有利于商业模式革新（e.g. Forsman，2009；Holmqvist，2003）。新技术知识会挑战一家企业的信仰和核心理念，让企业重新思考、革新其运作流程和惯例（e.g. Holmqvist，2003；Wu & Shanley，2009），进而帮助企业发现新的机会。这些新机会往往能够促使企业革新现有的商业模式（Foss et al.，2013；Voelpel et al.，2005）。例如，技术进步让亚马逊革新其商业模式，将业务从线上图书销售转型为在线零售、出版和媒介内容组织等。

　　不过，如果新知识过多的话，商业模式革新受到的积极影响可能会减弱（Acs & Audretsch，1988；Graves & Langowitz，1993）。整合、使用大量新技术知识变得更复杂、成本更高，并且需要将更先进的，有时甚至是相矛盾的知识整合起来（e.g. Chesbrough et al., 2013；Erden et al., 2014；Grant，1996）。商业模式革新要求企业将新的技术知识融合进与现有运作流程、惯例和体系相背离，甚至相冲突的新的运作流程、惯例和体系中（Benner & Tushman，2002, 2003；Zhou & Wu，2010）。再者，大量的新知识可能意味着企业无法像之前那样对新知识做出恰当应对（Katila & Ahuja，2002），还可能会在企业内部造成混乱（Ahuja & Lampert，2001）。这样，整合新知识所造成的额外成本最终会超过知识本身所带来的益处。信息过载会降低企业恰当应对新技术知识的能力。企业内部的惰性和抵制也可能会降低企业吸收新技术（Ahuja & Lampert，2001；Katila & Ahuja，2002）以及革新商业模式的能力。导致的结果之一可能就是：将新技术"束之高阁、无人问津"。

一方面，新技术知识可以扩展并且深化一家企业的知识库（Katila & Ahuja，2002）。知识的深化一般是与经验的增加和知识的不断使用联系在一起的（Levinthal & March，1993）。知识深化了，企业往往就能理解如何更有效、更顺利地开展业务（Szulanski & Jensen，2008）。如果一家企业对其各种业务之间的联系有更深层次的理解，它就会基于与现有模式相同或极为类似的逻辑，来寻找获取价值、创造价值的新方法（Benner & Tushman，2003；Danneels，2002）。这样，企业就会专注于商业模式复制（Schneider & Spieth，2013；Zhou & Li，2012）。例如，知识的完善以及本国市场现有商业模式的改良，可以让企业通过在他国开设分公司的方式来复制其商业模式，自然之家、星巴克以及荷兰国际集团旗下的直销银行都是很好的例子（Dunford et al.，2010；Sosna et al.，2010）。尼尔森和温特（1982）已经吸引人们注意到，当某一技术朝着特定方向发展时，是有强大的逻辑可遵循的。了解某个特定技术目前和可能受到的限制是什么，就可以创造所谓的"自然轨迹"。例如，存储设备的存储容量从 1K 逐渐发展到 4 K，接着到 64 K、256K、1M 等（Nelson & Winter，1982）。为了运用某种技术成功进行创新，一家公司往往需要先使用这种技术的前几代（Ahuja et al.，2008；Levinthal & March，1993）。

另一方面，"转换成本"——或者说轨迹变化成本，以及获取与企业目前知识库无关的知识所带来的成本，可能会非常高（Posen & Levinthal，2012）。换句话说，企业在发展某一特定领域技术方面走得越远，从中获益可能就越少（Katila & Ahuja，2002）。将知识库扩展到一定程度正变得日益复杂、昂贵，这样一来，成本可能最终就会超过收益（Katila & Ahuja，2002；Laursen，2012）。因此，企业为将这些知识商业化而去复制其商业模式的可能性就降低了。

再者，不断深化企业的知识库也会减少新技术知识的价值。如果我们从生命周期的角度去考虑一项技术，技术会经历导入期、成长期和成熟期三个阶段。这三个阶段呈 S 形曲线，当技术发展到第三个阶段（也就是最后一个阶段）时，曲线明显变平。在成熟期，越接近某个领域知识的极限，采取渐进性措施的机会就越低；而更大的可能是，如果要取得进步，就要采取更彻底的措施（e.g. Sood & Tellis，2005）。渐进性努力的可能性降低意味着，商业模式复制的机会将会减少。例如，当视频技术达到成熟期后，百视达等公司通过开设更多的影碟店来复制以往的影碟租赁模式，这种可能性就受到了限制（Volberda et al.，2011）。

奈飞如何通过采用新技术击溃百视达 ①

　　百视达于 1985 年 10 月在美国达拉斯成立，最初设立时还只是一个小门店，之后发展成了影碟租赁行业的主导者。该公司在美国及其他 20 多个国家以"百视达"和其他品牌名称经营着逾 7 400 家影碟和游戏商店，包括在爱尔兰和北爱尔兰的 Xtra-Vision，以及在加拿大、意大利、墨西哥和丹麦的 Game Rush。这样的商业模式比较简单，因为在合适的时间、合适的店面用合适的品牌经营，意味着更多的租金收入，因此零售商可以通过改善其分销和库存管理来赚更多的钱。图 4.3 显示了百视达一直持续到 2004 年前后的高速增长模式。收取高额逾期费是百视达收入模式的重要组成部分。这样，公司利润的很大一部分来源是租客罚金。

　　新技术——比如说 DVD 以及之后的网络流媒体技术，严重破坏了百视达的视频租赁商业模式。领域新秀奈飞采用了这些新技术，通过试验发展了更胜一筹的预付费订阅商业模式。奈飞首先在美国加利福尼亚州斯科茨谷启动了 DVD 邮寄服务，这一服务允许租客在家同时持有多达 4 张影碟，在还回这些影碟后每月还可以另外持有 4 张新的影碟。正如图 4.3 奈飞 S 形曲线的最低谷所示，一开始奈飞经营得尤为艰难，无法让这项服务在商业上获利。在濒临破产之际，奈飞同时对三组理念做了测试：无限租赁计划、付费订阅以及租客影片轮候功能——用户想看的 DVD 或流媒体视频清单。此举的确奏效了。奈飞联合创始人马克·伦道夫曾表示："我们所做过的最难的一件

---

① 资料来源：《福布斯》，2014；《今日美国》，2015；沃尔伯达，等，2011。

事，是决定停止销售业务、放弃95%的收入，转而把精力和资源放在租赁业务上。最终实现了销售商品化，这也成了我们所做过的最明智的事情之一。"有了奈飞的DVD邮寄服务及其之后的个性化动态网页服务，人们不需要再去影碟租赁店了。这些技术意味着，奈飞这样的企业由于不需要提供零售地点，因而能够以更低廉的价格为客户提供更多样化的服务。

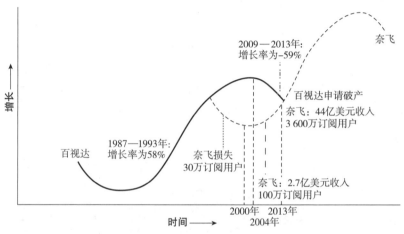

图4.3　百视达和奈飞S形曲线的不同

资料来源：萨米埃尔，2014；沃尔伯达，等，2011。

　　百视达的应对方法是：竭力坚持并延续现有商业模式的S形收入曲线（图4.3）。百视达在零售方面的业绩非常好，在电子商务方面却不尽如人意。2000年前后，百视达甚至拒绝了与奈飞联手或收购奈飞的各种机会。奈飞的订阅服务也减少了百视达利润来源（逾期费）的价值。奈飞的影碟，租客可以想留多久就留多久，也可以返还所持有的影碟，再收到新的碟片。此外，奈飞还投资了一种名为"Cinematch技术"的软件算法，这一技术可以基于用户对其他影片的评分以及他人提供的影片收视率信息，为用户推荐他们可能喜欢的影片。这一技术的目标在于将用户所租影碟的数量最大化。

奈飞 CEO 里德·哈斯廷斯表示，"或许效仿奈飞看似简单，但是要想将客户关心的各个细节都做到位却非常难。为打造奈飞的服务，我们已经付出了四年的努力"。最终，在百视达除了实体店业务外，还开始提供互联网订阅服务时（混合模式），破产的威胁仍挥散不去。百视达 CEO 詹姆斯·凯斯 2008 年曾表示，"坦白地讲，我一直都很纳闷为什么人人都对奈飞如此着迷。奈飞并非真正拥有我们所没有的，或做了我们不能做、没做过的"。百视达通过给网络用户发放店面租碟优惠券、用店面存货满足在线影碟租赁需求等交叉推广方式，努力寻求更有成效地利用现有资源去改善用户服务的方法。不过，百视达的混合经营模式导致了更高的成本结构，使得百视达的收入比奈飞和类似的在线竞争对手少了逾 8 亿美元。最终，百视达的模式无法再与对手竞争，公司业务也几乎无价值可言。2010 年，百视达在美国申请破产。

我们的数据显示，商业模式革新程度较高的企业在研发方面的投资一般占销售额的 7.5% 左右，是商业模式复制程度较高企业的 2.4 倍。商业模式革新程度较高的企业在信息通信技术方面进行投资，以强化其流程、产品和服务，这个投资额平均占营业额的 5% 左右，是商业模式复制程度较高企业的 2.3 倍。相比之下，注重商业模式复制的企业更易于出现流程创新。

管理：采用新的管理实践、流程和技术

商业模式创新要求企业重新调整其活动、资源和关系（e.g.

Johnson et al.，2008）。企业管理层在应对这些变化方面发挥着基础性作用（e.g. Doz & Kosonen，2010；Smith et al.，2010），但同时还得克服由此引起的挑战和障碍，比如组织惰性、政治力量以及对品牌替换侵蚀效应的恐惧等（Cavalcante，2011；Chesbrough，2010）。例如，与现有产品销售相关的激励制度鼓励销售人员销售现有产品，而不大可能是与新商业模式相关的新产品。要确保商业模式创新更顺利地进行，就需合适的销售培训和恰当的激励制度等管理实践。令人吃惊的是，管理实践在实现和发展商业模式方面（Mason & Spring，2011）的作用所受到的关注相对比较有限（Baden-Fuller & Haefliger，2013；Volberda et al.，2014）。

新的管理实践可以定义为"相对于目前工艺水平来说，一项新的管理实践、流程或技术的产生和实施"（Birkinshaw et al.，2008），目的在于改进现有商业模式或发展全新的商业模式。从根本上来说，这包括管理者工作方式的变化（Hamel,2006），以及管理者在定方向、做决定、协调企业活动和鼓励员工方面"做什么""怎么做"的变化（Birkinshaw，2010；Hamel，2006；Van den Bosch，2012）。新的管理实践比较模糊，也难以复制，因而成为重要的竞争优势来源。

管理实践指企业管理者日常工作内容的一部分，包括制定目标和相关流程、安排任务和职责，培养人才以及满足股东的各种要求（Birkinshaw et al.，2008；Mol & Birkinshaw，2009）。例如，管理层可以鼓励员工为商业模式创新提出想法，开拓理念。谷歌的"20%时间制"理念就是个很好的例子。谷歌鼓励员工将 20% 的时间投入他们认为能让公司受益的工作。一般来说，在一个项目的初始阶段，员工会先投入 5%～10% 的工作时间；若项目有成功的迹象，自愿加入该项目的其他同事就会投入更多时间。此举目的在于给员工赋权，以激发员工的创新性和创造力。谷歌前人力资源负责人拉斯兹洛·波克（2015）表示，这 20% 的时间"或多或少处于正式的管理监督之外，多数情况下都是这样，因为你无法强迫那些最有天赋和创造力的人去工作"。谷歌广告联盟、谷歌邮箱和谷歌新闻等商业模式创新都是在"20% 时间制"政策带来的一些有趣项目的基础上发展起来的。

管理流程指企业管理者在工作中要遵循的日常惯例，主要包括绩效评估、战略规划和项目管理（Birkinshaw et al.，2008；Hamel，2007）。例如，家用电器的领先制造商之一惠而浦，引入了新的管理流程来改善其运营。惠而浦采用了时任 CEO 戴维·惠特万姆"处处有创新，人人可创新"的思想，通过对管理流程做出重大改变来提高公司的运营效率（Hamel，2006）。通过组合使用一系列创新性的内部管理流程，将创新放在领导层发展计划的核心位置，将创新作为高管长期分红计划的一部分，建立创新导师计划等，公司每年增加了 5 亿美元的运营收入。惠而浦通过创新性地调整其管理流程和常规做法，使其商业模式与众不同，增强了公司的品牌忠诚度，并成功研发了一系列新产品（Genc et al.，2017）。

另外还有一些公司，比如银行业的汇丰、人力资源领域的任仕达以及保险业的荷兰全球保险集团都选择通过在非核心部门采用新的激励计划和内控制度，来补偿其专注于商业模式复制的严格管理流程。新的激励计划鼓励这些部门进行试验，质疑现有假设，并与外界合作，从而带来了全新的商业模式（Markides，2015）。汇丰银行此举促成了旗下网络零售银行 First Direct 的产生；任仕达开始为大型制造业公司提供专属内部服务；荷兰全球保险集团则启动了 Kroodle 平台，采用基于各种应用和社交媒体的在线投保商业模式。

还有很多不同的管理技术可以用来支持商业模式创新，最常见的例子要属平衡计分卡和情景规划了（Waddell & Mallen，2001）。平衡计分卡鼓励管理者不仅看重财务指标，而应同时更加强调客户和创新目标。它作为一个参照标准，将战略目标转化为与之相一致的绩效指标，以便刺激企业在产品、客户群以及市场定位等方面的进步（Kaplan & Norton，1995）。例如，宝洁制定了一个目标：创新的一半要来自企业外部（Huston & Sakkab，2006）。这使得宝洁围绕旗下的玉兰油抗衰老新生塑颜系列化妆品、速易洁静电除尘掸和佳洁士电动牙刷发展了新的商业模式（Huston & Sakkab，2006）。

情景规划有助于增强企业对相关信号的预测和应对能力（Schoemaker et al.，2013），而这些信号可以在推动企业进行商业模式创新方面发挥重要作用（e.g. Nunes & Breene，2011）。这一点我们在第 7 章会详细谈到。壳牌公司通过使用情景规划，对公司将来可能的发展情况产生了长远看法。对壳牌来说，这一管理技术的价值主要在于帮助摧毁了根植于大多数企业规划中的习惯：认为"未来与现状非常类似"（Wilkinson & Kupers，2013）。由于这些场景仅仅是假设出来的，不会带来直接威胁，因此壳牌公司高层能够敞开心扉去接纳他们此前从未考虑过或从未赞成过的新进展。这促进了对话，让管理者的假设被公开、被挑战，从而有助于减少碎片化思维和群体思维。此举可以带来战略性对话，而非仅仅是轻松、熟悉的渐进式进展（Wilkinson & Kupers，2013）。挑战管理层的假设以及超越渐进式进展恰恰是商业模式创新，尤其是商业模式革新所需要的。壳牌公司的情景规划让管理层能更多地基于假设的未来做决定，使得公司的适应性更强。例如，2015 年，壳牌收购英国天然气集团。壳牌相信，天然气将对构建可持续能源的未来至关重要。壳牌宣称自己是液化天然气行业的领导者已有 50 多年历史（Shell，2016a），这一收购行为应该会让壳牌在全球 LNG 市场发展得更快，从而进行商业模式复制。就在最近，壳牌规划了一个低碳未来的情景，认为"到 21 世纪 60 年代，太阳能、风能等可再生能源将占全球能源的 40%"（Shell，2016b）。这一规划促使壳牌超越其一贯主导的石油和天然气业务，在离岸风电等新型可再生能源领域也变得活跃起来。

新的管理实践对商业模式创新起着基础性作用（e.g. Foss & Saebi，2015）。它们推动企业认识到商业模式创新的必要性或机会，并使得企业能够相应地满足此需求（Doz & Kosonen，2010；Gebauer，2011）。再者，需要有像丰田精益生产系统一样的新型管理实践来推进公司内外的工作组织和信息流动，以便更好地为客户服务（Itami & Nishino，2010）。例如，喜利得集团——建筑业高端电动工具制造商，从产品驱动型商业模式转型为服务驱动型商业模式，这需要喜利得引入新的仓储和库存管理系统等（Johnson et al.，2008）。

如果想要在一家企业建立新的商业模式，新的管理实践也很重要。这涉及任命管理者承担起管理新商业模式的责任，还需要采取新的管理实践来建立对全公司目标和愿景的认同（e.g. Markides & Oyon，2010；Smith et al.，2010）。这些新的管理实践同时也提供了一种学习更多关于企业运营和客户知识的方式（Itami & Nishino，2010），使得商业模式创新成为可能（Dunford et al.，2010）。

我们的研究显示，新的管理实践更多地出现在商业模式革新程度较高的企业，而非商业模式复制程度较高的企业。在商业模式创新的四种杠杆中，管理实践对商业模式革新和复制的影响最大（图 4.1），对二者的相对贡献率都达到了 50% 以上。因此，管理是商业模式创新的重要引擎。不好的一面是，管理不力会导致企业的失败——无论是有意为之，还是无意之举。例如，雷曼兄弟的高层奖励制度——以高额个人奖金为特点的"论功行赏"薪酬体系，导致了目光短浅、贪婪、内部竞争以及对风险的低估。

新的项目管理实践：奥迪康的意大利面条式组织 [①]

20世纪80年代，丹麦助听器生产商奥迪康是一家成功但传统的层级制企业。1988年，CEO拉尔斯·科林德上任后，认为奥迪康需要更好地以客户为中心，同时增强自我更新的能力。科林德及其同事——1991年接任公司CEO的尼尔斯·雅各布森，引入了一个基于自我管理项目组的新型管理实践。奥迪康关闭了所有部门，用项目取而代之。由此产生了一个矩阵结构，不过这一矩阵是临时性的、非正式的，其独特之处在于公司管理项目的方式。科林德自己谈到了"意大利面条式组织"，因为他自己在表面的无序中看到了相互之间的联系。员工可以自主决定是去启动一个项目，还是去加入一个项目组。项目组有项目经理，但是项目经理无权强迫任何人加入一个项目组；他们必须通过市场活动，让自己的项目具有吸引力。公司实行了"自主订阅"制度，因为科林德相信，如果让员工自己选择工作任务，他们就会工作得有动力。公司没有正式的职能部门，甚至还禁止员工仅专注于某一项工作。之所以采用这样的措施，是为了促进各项目的多样性。公司只剩下了两个层级：一是CEO和他的10位经理组成的团队，二是各项目组。同时也进行了实体性的变化来适应新的结构：新的公司总部没有固定办公室，办公桌椅可以自由

---

① 资料来源：沃尔伯达，等，2011。

移动，以方便项目团队坐在一起。公司实行无纸化办公，并为员工配发了电脑，可供员工在家使用。早在谷歌之前，奥迪康就在总部中央安装了一块透明巨幕，彰显了速度和开放。在实行这些新管理实践的同时，公司喊出了"想无法想象之事"等口号。通过更重视员工的个人发展，给员工更多的项目责任、更大的自主权，公司更好地激发了员工的内驱力。一方面，由于管控及协调需求减少，公司成本有所降低；另一方面，创新和新业务发展显著增长。新产品投放市场的速度是之前的两倍，利润率进而增至此前的十倍。这让奥迪康成为通过新的管理实践实现商业模式革新的典范。

　　一家企业目前的管理、营销实践和有效竞争所需要的实践之间的差距可以通过引入新的管理和营销实践来弥合（cf. Capron & Mitchell，2009）。我们的研究明确表明，对商业模式革新来说尤是如此，即企业在革新商业模式时，需要引入更多新的管理实践和营销实践（表 4.1）。换句话说，企业现行的管理和营销实践更适合商业模式复制，而非商业模式革新。

表 4.1　商业模式复制和革新程度较高的企业之间的不同

类项	复制	革新
现行管理实践与所需管理实践之间的一致程度	高	低
现行营销实践与所需营销实践之间的一致程度	高	低
对流程创新的关注程度	高	低
决策	分散	更集中

对于商业模式革新来说，很重要的一点是，管理层应该能够以不同的方式迅速行动，因为不能让企业退回到现行管理实践上。这同样适用于营销实践。

商业模式革新也需要更多资源来开发营销方式和销售渠道，还需要资源来接近新客户、新市场。

组织结构：全系统的组织性变革

在企业内部实施新的组织结构是商业模式创新的第三种杠杆。组织结构明确指出了企业匹配员工工作、安排企业沟通的方式（Birkinshaw et al. ; Hamel, 2007 ; Volberda, 1996）。过去不乏在新的高适应性、高敏捷度组织结构方面的研究，这些组织结构可以快速吸收颠覆性技术，催生新的商业模式：双元组织（Tushman & O'Reilly, 1996 ; Gilbert, 2006）、结项即散的一次性组织（March, 1995）、"随时准备着"组织（Kauffman, 1995）、"无序边缘"型组织（Brown & Eisenhardt, 1998 ; Kauffman, 1995）、耗散结构（Prigogine & Stengers, 1984）、半结构（Brown & Eisenhardt, 1997）、超文本形式（Nonaka & Takeuchi, 1995），或者是更为普遍的灵活性组织（Volberda, 1997）。然而，很多企业仍采用传统的层级制组织结构，这严重限制了它们发展新商业模式的能力。为推进商业模式创新及新商业模式的开发，需要对这些传统的组织结构进行微调或彻底的重新设计（Foss, 2002 ; Foss et al., 2009）。合弄制是一种新型的组织设计，其基础是自我管理而非任何层级制结构。这种制度下，高管的权力体现在内容详细的"成文宪法"中。这一"宪法"规定了公司的组织、治理和运行方式，随着时间的推移而不断发展，是公司成员的一本重要的规则手册。这样，权力就分布在公司的各个层级，因此减少了高层管理者的权力负担。经理成了"链长"，员工有各自的"职责"，而非"工作"。这使得"自组织"成为可能（Robertson，2015）。

美国在线服装零售商美捷步就采用了合弄制的运营方式。无论员工在企业中担任什么职位，都有权做出有意义的改变，来处理紧张局面、解决问题、应对机遇。这激发了员工的创业者心态，他们会不断受到激励提出这样的问题："如果这是我的公司，我会怎么做？"（quote adapted from Robertson，2015）在美捷步，合弄制是这样运行的：如果某个特定的商业问题经常出现，每次都由不同团队的员工聚集在一起，去努力解决问题。该做法背后的理由是，问题重复出现就意味着市场需求未得到满足，这就为公司创造了一个机会窗口，来给出创新性的回应（Robertson，2015）。如果这一方法成功的话，美捷步就可以抓住现有商业模式之外的机会，而非仅专注于关系营销和免运费服务（Vazquez Sampere，2015）。

企业一开始可以在某个部门中引入新的组织结构，如果证明这种组织结构是成功的，接下来就将其推广到整个企业。这一方式可以允许企业将新出现的商业模式与企业的核心分离开来；由于这种变化是渐进式的，即便新的商业模式不成功，整个企业的生存也不会有风险。美捷步在一个小部门进行了合弄制试点之后，决定将这一模式推广到整个企业。转变为新的合弄制、更加习惯这种工作方式之后，美捷步人也更能接受企业新的管理机构了。

爱立信、任仕达等公司也以类似的方式成立了新的部门，致力于开发基于云技术（爱立信）和企业内部人力资源服务（任仕达）的新商业模式。这些新的部门也作为商业模式推进器，推动着新商业模式的发展。卡普兰（2012）提到了"商业模式创新工厂"，这样的工厂进行商业模式创新方面的研发，并探索、测试新的商业模式。

例如，在寻求新商业模式的过程中，任仕达启动了一项"创新基金"，为初创公司提供支持或用于收购新公司。任仕达注意到，公司在欧洲 85% 的营业额仍来自提供临时性派遣工业务——即便这一传统市场的利润率在降低，同时也面临着来自灵活就业人员和在线公司的更多竞争。为开发人力资源技术方面的新型商业模式，任仕达"创新基金"选择了社交招聘及参与、在线平台和移动解决方案等领域的一些处于发展早期或扩张期的公司。例如，"创新基金"投资了基于聊天的平台 Brazen，一体化协作招聘平台 gr8 people，以及快速收集职位候选人推荐材料的网络参考工具 Checkster。"创新基金"还收购了位于硅谷的新职介绍服务提供商 RiseSmart，以及德国在线自由职业者平台 Twago——全球性的雇主和自由职业者交流平台。这些新收购企业在技术引领的创新性职业服务方面遥遥领先，使得任仕达的业务组合更为多样化，同时也推动了其全球人力资源服务领域的技术革新。任仕达努力将其创新基金打造成商业模式推进器，把人力资源服务转移到线上；除此之外，任仕达还推动了一些新商业模式的内部发展，比如"销售指引"应用——这是一款旨在找出哪些公司需要新员工的在线工具。

企业还可以成立微结构化团队或浸入式团队来提升员工对"我们的市场边缘在发生着什么"这个问题的认识（Cunha & Chia，2007），这可能会加速商业模式创新过程（Nunes & Breene，2011）。微结构化团队有一种内在的灵活性，因而可以针对特定需求、特定情况进行调整。这样的团队运行规则极少，团队有共同的社会目标，但不会立即有成果产出。耐克用"女神队"创造了一个新的女性运动装市场，这是微结构化团队的一个案例。该团队无正式规则，团队的研究人员和设计人员有很大的自由，他们在时尚健身领域花费了大量时间，不断锁定新的潮流。"女神队"所做的重要工作之一就是让耐克的零售店女性化一些。很多商店都装饰一新，设计更加柔和，对女性更有吸引力；商店不再播放喧闹的音乐，女性也不再需要在放满篮球、高尔夫球和冰球装备的货架间走动。耐克还聘请了设计师来扩大公司的产品范围，同时增加其女性特点，就这样耐克的第一双瑜伽鞋 Air Kyoto 产生了。耐克还改变了其广告宣传活动，以便更加适应女性价值观和风格（De Pelsmacker et al.，2007）。除了微结构化团队，有的公司也使用了浸入式团队，团队任务是集中精力了解公司的市场边缘正在发生什么，以及如何将其转变为公司的新机会。乐高就使用了这种团队——"心智风暴团队"，来振兴其产品组合（Cunha & Chia，2007）。

相比商业模式革新，新的组织结构对商业模式复制的贡献率更大。对于商业模式复制来说，新的组织结构比其他几种杠杆更为重要，占到了 39%；但对于模式革新来说，新组织结构的作用就没那么明显了，仅占 14%——这些可以在图 4.1 中看出。图 4.1 显示了我们对一些企业的调研结果。当一种经证明有效的商业模式扩展到其他市场时（地理复制），很可能同时有组织结构方面的变化和改进。在成熟的机构中，组织结构方面的变化更有可能将商业模式的渐进式改进作为目标（纵向复制）。

我们的研究表明，新组织结构对商业模式复制的积极作用在不断增强。因此，对现有组织结构进行微调不如大范围变化给商业模式复制带来的回报多。必须以协调同步、独一无二的方式对组织结构进行调整。这就要求以全系统范围的方式进行：在对机构某个特定部分组织结构进行调整的同时，还要对其他部分进行调整，以便实现更高程度的模式复制。打个比方，如果你去拉蜘蛛网的一个角，那么整张网都会变形（Whittington & Pettigrew，2003；Zhou & Wu，2010）。

Zara 的垂直整合组织结构：低价时尚

与其竞争对手贝纳通、Gap 和 H & M 不同，时尚连锁店 Zara 采取了比较激进的措施：使用高度垂直整合的组织结构。Zara 控制了从设计决定到最终销售的产品过程，并且有自己的设计师关注时尚新潮流。一般来说，业内新的时尚单品上市需要 9 个月；而因得益于"及时生产"，Zara 仅需 3 周就可以做到。Zara 在西班牙有一个中央分销系统，正是得益于这一高效的供应链，Zara 可以在 24 小时之内向欧洲商店提供新的时尚商品，48 小时之内向欧洲之外的零售商提供新品。这一垂直整合的组织结构保证 Zara 能够控制库存、协调及营销的成本，提供低价。Zara 已经成功将此商业模式推广到了中国和俄罗斯等至少 72 个国家。Zara 是通过在全系统范围实行垂直整合的组织结构来实现商业模式复制的一个典例。

企业的决策机构对启动商业模式创新来说也非常重要。决策是集中还是分散的？对分散的决策来说，更多的决策权被授给企业更"低"的决策层和专家（Bloom et al., 2010）。相比商业模式革新程度较高的企业，商业模式复制程度较高的企业决策更为分散，比平均水平高出 2%。这表明，相对于商业模式复制来说，商业模式革新更多的是一种自上而下的过程。

例如，招募中层管理人员往往为了遵循高层管理者根深蒂固的观点，强化企业普遍流行的逻辑（Sheaffer et al., 1998）。强化现有逻辑非常适用于商业模式复制，但却不符合商业模式革新的要求。在确保员工认识并理解商业模式革新的需求或机会方面，企业高层发挥着决定性作用：高层要承担起责任，利用手中的权力来确保采取合适的行动（Govindarajan & Trimble，2011；Levitt & Snyder，1997）。

共创：优势和局限

共创可在一系列外部合作伙伴的配合下进行，且与不同伙伴合作的程度不同（e.g. Foss et al.，2013；Laursen & Salter，2006），合作所处的商业模式创新阶段也不同（e.g. O'Hern & Rindfleisch，2010）。为应对不断加快的变化、激烈的竞争和当今众多市场新参与者所带来的颠覆性变革，很多企业都努力通过与外部伙伴"共创"来一起创造价值（e.g. Chesbrough，2003；Vanhaverbeke et al.，2008）。在共创过程中，企业更加关注客户这个维度（e.g. Prahalad & Ramaswamy，2004；Teece，2010；Vargo & Lusch，2008）。普拉哈拉德和拉马斯瓦密（2004）强调了与客户合作在确保竞争力方面的重要性："然而，竞争的未来在于以一种全新的方式创造价值——以个体为中心，客户和企业之间共同创造价值。"与客户共创可以让企业吸引客户，同时发展、维持和保护与客户的关系（Harker & Egan，2006；Jean et al.，2010），以便增加销量（MacDonald，1995）、增强盈利能力（Kalwani & Narayandas，1995；Selnes & Sallis，2003）。

这样的关系也可以让企业接触外部的知识库，增加自身所拥有的技术知识价值（e.g. Chesbrough，2003；Prahalad & Ramaswamy，2004）。企业与客户的知识库内容、组成都不同（Danneels，2003；Vargo & Lusch，2008；Von Hippel，1998）：企业更了解如何去实现特定的解决方案，更专注于规范和特征；客户则更了解自身的环境、需求和偏好，或者说更了解在他们看来产品应该具备哪些重要特征（Chatterji & Fabrizio, 2014; Griffin et al., 2013; Von Hippel, 2009）。当企业知识库与客户知识库高度重叠时，企业就更有能力对客户知识做出认同、选择，并将其融入自身的知识库（Cohen & Levinthal, 1990; Jean, Sinkovics & Kim, 2012）。然而，当二者的知识库重叠度较低时，企业则受益不大，因为企业获取的知识不是那么有用，对企业也提供不了多少有价值的新见解（Gilsing et al., 2008; Holmqvist, 2003）。

不少学者已表明，企业与客户的关系嵌入有利有弊（e.g. Andriopoulos & Lewis, 2009; Danneels, 2003; Uzzie, 1997）。也有人将此表述为"嵌入悖论"（e.g. Meuleman, 2010; Uzzie, 1997）。企业与其客户之间更强有力的关系可以带来更强的动力、更多的信任，以及以更有效的方式交流更复杂、更丰富知识的经历（Bonner & Walker, 2004; Meuleman et al., 2010）。为满足客户需求，这种更强有力的关系是必要的；这样企业就可以"强化客户满意度和忠诚度"（Andriopoulos & Lewis, 2009），但这同时也减少了企业对市场的了解，妨碍了企业的试验行为（Andriopoulos & Lewis, 2009; Danneels, 2003; Uzzie, 1997）。

共创相对较少的企业使用的外部关系数量有限，与外部合作伙伴的知识交换程度也低（e.g. Bonner & Walker, 2004; Venkatraman & Henderson, 2008）。不过，更多的共创也并非总会带来更高程度的企业模式复制和革新（图4.4a和图4.4b）。这里应该注意的是，企业需要平衡同外部机构合作达成的外部增长与自主性的有机增长二者之间的关系。高程度的外部增长意味着低程度的内生增长，反之亦然。尤其是对于商业模式复制来说，企业应该较少地参与和外部机构的共创，而应该更多地专注于内生的有机增长。商业模式复制就是重复相关概念，而企业自身最清楚这个概念。内生增长常常会带来规模经济，这对企业现有的竞争地位来说是有利的。不过，这并非意味着，追求商业模式复制的企业应该避免在共创方面下功夫。与外部机构进行合作，比如通过共享资源，可以带来额外的规模经济；通过与当地分销商或销售代理商合作，可以让企业更好地服务当地的新市场。法航荷航加入天合联盟就说明了这一点。

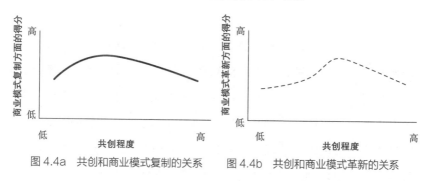

图 4.4a　共创和商业模式复制的关系　　图 4.4b　共创和商业模式革新的关系

无印良品：顾客参与设计

日本企业无印良品销售风格简洁甚至几近斯巴达式的简朴服装及家居用品。这种"少即是多"的做法不仅在日本获得了成功：无印良品目前在亚洲、欧洲和美国已开设了数家店面。无印良品的顾客年龄主要在二三十岁。无印良品因其设计部门出名，然而很多成功的产品都是公司与顾客共创的结果。顾客可以通过网络提出他们的想法，然后在所提议的产品投放市场之前对产品进行评估。约有50 万人经常性地参与这项工作。随后无印良品更详细地研究最受欢迎的想法，并根据产品反响估计预期销售额。这种方法不仅适用于服装，也适用于家具、灯具以及类似物品。在最后阶段，顾客有机会下单预约。一旦订单达到了指定的最低限度，无印良品就会开始生产和销售。这种方式效果显著。与顾客合作设计的一些产品比传统方式设计的同类产品销量要高。这是与客户共创的一个非常好的案例。

————◆——————◆————

商业模式革新比复制需要更多的共创。当共创和内生增长达到均衡时，商业模式革新程度就比较高。企业之间可以通过合作分享知识和资源、共担风险，同时不同企业的知识库之间也可以产生协同效果（e.g. Takeishi，2001；Tsai，2009）。挖掘不同的知识来源可以让企业打破现状，达成全新的解决方案（Chesbrough，2007）。在某些领域，综合利用内外两种信息可能成为企业竞争优势的关键来源（Harker & Egan，2006）。然而，如果一家企业过度使用外部知识，可能就无法利用自身长期建立起来的独一无二的知识。这也会增加寻找合作伙伴、协调及监督合作伙伴所带来的成本（Hodgkinson et al.，2012；Laursen，2012）。因此，过多共创的代价可能会是放弃商业模式革新。

商业模式革新所需的内生增长可以在一定程度上来自外部资源。那些成功实现了商业模式革新的企业，其内外部沟通网络也被证明发展程度更高一些，这种高度发展的沟通网络可以让企业更好地利用外部知识。将内部的基础研究和外部的技术知识资源结合起来，对企业成功实现商业模式革新非常重要。这意味着，企业要发展自己的内部知识库，以便更好地理解和应用外部知识。同时，企业还需要内部知识来选择可能的潜在项目，了解如何有效利用外部知识（e.g. Berchicci，2013；Cassiman & Veugelers，2006；Laursen，2012）。正如在典型的研发领域一样，知识一旦产生了，就要被采用，进而融入企业。

表 4.2 再一次总结了四种杠杆对商业模式革新和复制影响方面的研究结果。

表 4.2　为实现商业模式革新和复制，企业需要在几种杠杆上投资到什么程度？

投资的杠杆	技术	管理实践	组织结构	共创
复制	一般	高	高	低
革新	一般到高	高	一般	一般

商业模式创新杠杆：行业的影响

我们现在知道了不同杠杆对商业模式革新和复制的影响。那么，哪个行业在哪种杠杆方面得分较高？

生命科学和信息通信技术在商业模式革新和复制两方面都处于领先地位（双重关注），在四种杠杆中的三种得分都高于平均水平（图 4.5）。新的技术、管理实践和组织结构尤其有助于以上两个领域的企业发展更好的新商业模式。

商业模式革新和复制程度较低的领域（陷于僵化之中）——尤其是政府和政府相关部门以及能源供应领域——在管理实践方面的得分相对低一些，分别比全国平均标准低 15% 和 10%。较低的得分可以解释为什么这些领域在商业模式创新的两种形式上都比较落后。

我们发现，金融服务领域的企业尤其注重商业模式复制。这一行业使用的创新杠杆主要是技术——比平均水平高 6%，以及组织结构——比平均水平高出了 6%。管理实践和共创的使用则少得多，分别比平均水平低 7% 和 6%。因此，在金融服务行业，商业模式创新似乎主要发生在熟悉的领域，使用的也是可靠的信息通信技术和技术杠杆，以及对业务运营的调整。

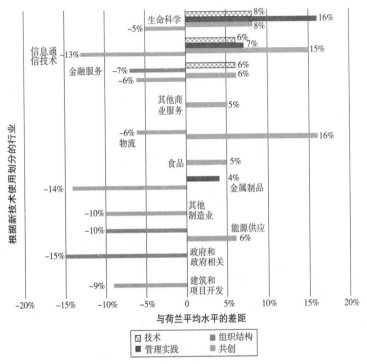

注：条形图缺失代表数值没有显著低于或高于全国平均水平。

图 4.5　商业模式创新杠杆在各行业的表现

物流行业此前已经因其相对稳定性受到了我们的关注。物流行业还有一个比较引人注目的发现：研究中涉及的物流企业在共创方面的分值都比较高，高出平均水平 16%。与客户以及供应链中的其他环节进行合作看起来是自然而然存在的，但是却没有产生新的商业模式。表 4.3 再次总结了涉及的各行业使用各个创新杠杆的程度。

表4.3　涉及的各行业对四大创新杠杆的使用程度

杠杆	行业及使用程度
技术	生命科学、信息通信技术以及金融服务行业表现出比平均水平高的分值
管理实践	高分值再次出现在生命科学和信息通信技术行业，但并未出现在金融服务行业。能源供应、政府和政府相关部门分数明显较低
组织结构	高分值再次出现在生命科学、信息通信技术和金融服务行业。物流、建筑和项目开发行业在这一杠杆得分明显较低
共创	物流和能源供应行业分值极高，而使用了其他三种创新杠杆的生命科学和信息通信技术行业在这一杠杆的得分明显较低。金融服务行业和其他制造业看似并未频繁使用共创杠杆

几种杠杆对商业模式革新的互补作用

本章前几节，我们描述了几种杠杆各自对商业模式革新和复制的影响。不过，这四种杠杆并非彼此独立地在真空中作用，而是可以同时起作用。这在实践中的确经常发生。当不同的杠杆同时起作用时，很明显它们会彼此强化，而且通过这种彼此强化，商业模式创新会得到加强，这被称为"互补效应"。可以将其比作拼图，各种杠杆便是不同的图块，能以不同的方式在商业模式革新中组合，每次都会带来不同的效果。

在本节，我们将验证我们的研究所显示的各种互补作用。当使用正确的杠杆组合时，它们就会彼此强化，提高商业模式革新的程度。我们会讨论如果将技术与管理实践组合使用（技术导向型商业模式革新）会发生什么情况；再看如果加上组织结构（内部导向型商业模式革新），又会获得什么额外效果。接下来我们会看看，综合使用技术、管理实践，尤其是共创的话（外部导向型商业模式革新），需要什么条件来实现商业模式革新。最后，我们会思考同时使用四种杠杆（综合型商业模式革新）会产生什么结果。

技术导向型商业模式革新

新的竞争性技术常常会带来新的商业模式。宝丽来的案例表明，仅仅投资新的竞争性技术并不足以创造新的商业模式，获得竞争优势。新商业模式的成功主要依赖于管理层使用新技术、知识和资源的方式（Chesbrough，2007；Teece，2010）。因此，施乐帕洛阿尔托研究中心的研究人员开发了很多种不同的软硬件，比如以太网和图形用户界面。然而，他们的管理层并未从中看到发展前景，公司当时以复印机和打印机为主营业务。结果其他公司利用了这些发明，或是将这些发明商业化了。GUI 这个概念最终应用在了苹果电脑和 Windows 中（Chesbrough，2011b）。

企业不仅要获得知识和其他组织资源，而且要组合使用这些资源，并在此基础上将这些资源加以整合、有效使用，这一点非常重要（Hansen et al.，2004；Eisenhardt & Martin，2000；Sirmon et al.，2011；Teece，2007）。独特而先进的管理实践对完成这一任务非常关键（Bloom & Van Reenen，2007）。与新技术相比，管理实践（Bloom & Van Reenen，2007）更难以评估和量化。很多实践来自生产、营销和人力资源管理等功能性领域，但由于更复杂的实践涉及整个价值链，因而基础也就更宽泛。就拿产品开发实践，或者流程创新实践来说。这些管理实践需要广泛、深入的知识基础——技术知识、市场知识、产品知识和分销知识，以及管理方面的各种专业知识（Volberda，1996，1998）。现今新的商业模式常常来自不同专业交叉领域的创新（De Boer et al.，1999；Hacklin，2007）。这些利用了不同知识库的先进管理实践往往是商业模式革新区别于商业模式复制的地方。

管理者必须能够识别出新的想法并去支持这些想法，而不是墨守成规，一遍又一遍地遵循现有的惯例。如果仅靠从事日常性活动来获得知识，那么管理者进行试验的空间就非常有限了。常规做法就如磨损严重的沟槽一样，引导着各种活动，吸引着管理层的注意力。依靠这些做法，管理层专注于自己的专业领域，并不需要知道不同领域的活动怎样整合在一起——以及新的活动如何融入整体之中。因此，常规做法就会加剧各功能领域的分化，阻止学习过程，通过强化既定的思维方式限制新商业模式的发展（Volberda，1998；Sosna et al.，2010）。

试验以及创建宽泛的框架可以为商业模式创新带来更多新的先进管理实践。在这方面，全美现金出纳机公司和通用汽车的经历发人深思。由于这两家公司不愿尝试，而是继续将精力放在已有业务上——分别是机电现金出纳机和大型车，曾有一段时间它们被竞争对手超越了。同样，缺乏经验的夏普能够在电子计算器市场开发新的管理实践，而起步于半导体行业的更大型的德州仪器公司却没能做到。这是因为德州仪器管理层的思维局限，他们仅仅狭隘地专注于半导体市场。同样，本田在美国摩托车市场的成功首先就是因为其注重试验、重视发展互补性管理思维。本田公司的创始人本田宗一郎自我意识强、性情多变，非常迷恋摩托车技术，而他的创业伙伴藤泽武夫则主要专注于市场、销售和财务知识（Volberda，1998）。

企业无法为了开发新的商业模式，在一夜之间就发展出精益生产、灵活生产或快速产品开发等管理实践。这些管理实践不是一蹴而就的，而是需要战略愿景、长期发展以及持续投资。在整个企业中对管理实践进行确定、发展和运用需要大量时间。一般来说，管理实践并不是一种随用随弃的能力。企业只是缺乏快速开发新管理实践的能力。尽管常规做法也需要学习，也需要花时间去形成，但往往可以在推断发展趋势、效法他人、模仿以往经历等的基础上建立起来（e.g. Teece，2007；Teece et al.，1997）。相比之下，新的管理实践需要从根本上挑战盛行假设和常规做法的能力。总而言之，我们可以说，为进行商业模式革新而发展新的管理实践需要具备以下几点：

- 广泛而深厚的知识基础以及有多个专业背景的管理团队（以便做出恰当的应对）；
- 试验的热情以及宽广的管理思维（以便扩大管理实践的范围）；
- 很强的学习能力（以便发展和扩展管理实践的范围）。

正是新技术和新管理实践二者的结合，使得企业能够从商业模式革新中获益。互补性的管理实践可以为市场开辟新技术。在这一点上小企业的表现往往比大型企业更好一些（e.g. Nooteboom，1994）。老牌成功企业在推广全新商业模式时，会受企业存在时间和传统惯例的限制（Chesbrough & Rosenbloom，2002；Sosna et al.，2010）。尽管技术突破常常发生在大型知名企业的实验室里，但这些技术突破的成功上市往往都是由小型新企业来完成的（Christensen，1997）。这样的例子有：个人电脑取代微型计算机，网络电话取代固定电话，小型环保车取代大型车，轻便灵活的摩托车取代大型的强马力摩托车，LED 灯取代白炽灯，以及数码摄影取代胶卷等。亨利·彼得里在任联合利华研发部门主管时成功研发了即热式自来水龙头Quooker，但其最终决定自己把这一产品推向市场。很明显，一个大型公司不可能推进这一技术。彼得里的家族企业目前是他的两个儿子在管理，公司拥有 Quooker 的全球专利，并在全欧洲设有分支机构，产品有 2 500 多个分销商。相对较小的企业往往采用适应性强的管理实践，因而可以从突破性技术中获利。另一个案例是克莱蒙德。克莱蒙德从一个插头电缆供应商转型成了综合性解决方案提供商，在价值链中占据了不同的位置。正是由于企业先进的管理实践，克莱蒙德才能做出这样的转型。

技术导向型商业模式革新：几种 杠杆的组合	新技术 新管理实践
	技术导向型商业模式革新　+

内部导向型商业模式革新

管理层必须能识别新技术，并明白他们需要完全不同的组织方法，但比较大型的企业往往忽视这一点。新技术、新管理实践和新组织结构的组合对商业模式革新有很强的互补性作用。有效使用新技术需要调整互补性的管理实践和组织结构，并与之相联系（Bloom & Van Reenen，2007；Taylor & Helfat，2009）。

仅从细枝末节更新管理实践和组织结构无法从根本上革新商业模式。不同的管理实践在企业层面都是紧密交织的，仅从一定程度上更新这些管理实践甚至可能会适得其反（e.g. Siggelkow，2001；Whittington et al.，1999）。

诸如全面质量管理、精益生产、六西格玛、作业成本法、品牌管理以及情景规划等新的管理实践需要企业上下勠力同心，有时还需要企业外部伙伴的参与。当存在高度匹配的优秀管理实践和新组织结构时，新知识就可能与知识和技术的其他互补性领域联系起来；这对依赖新技术的成功来说非常重要（Damanpour & Evan，1984；Damanpour et al.，2009）。

采用先进的管理实践并重新设计企业能确保新技术的潜力得到更有效的开发。企业的组织结构、内部沟通以及员工之间共享知识的程度决定了员工能否获取和使用现有知识（Grant，1996；Hitt et al.，2000）。新的组织结构影响人与人之间的协调和沟通，进而影响人们对知识的获取（Hamel，2007）。分散的组织结构确保信息能够得到更有效的处理（Tsai，2002）。这种结构中的授权决策可减少管理者的信息过载（Bloom et al.，2010），而信息过载恰恰是企业无法有效应对新技术的一个原因（Katila & Ahuja，2002）。

一个传统的观点是，如果某项新技术与新管理实践和新组织结构结合起来，就会带来新的商业模式，从而将该项新技术商业化（e.g. Baden-Fuller & Haefliger，2013；Chesbrough & Rosenbloom，2002）。与我们在本章即将讨论的组合相比，这种方式很少有外部力量参与。新的商业模式在企业内部发展起来，没有其他潜在窥探方的过多介入。此处新技术可能是个重要的触发因素，但也可能是由新管理实践或新组织结构触发的。这就是我们所说的内部导向型商业模式革新。

爱立信就是一个很好的例子。这家瑞典企业因为云计算曾在电信领域引起过一阵轰动。基于云计算这项新技术，爱立信打造了一种新的商业模式，除了软硬件之外，也开始从服务等方面创造收入。这些并非自动发生的。爱立信组织架构的惯性以及管理层的循规蹈矩都成为其很大的障碍，而云计算则需要不同的思维方式。毕竟，云计算正在一定程度上侵蚀爱立信一直以来的收入来源——传统的软硬件销售。爱立信只有通过在公司的一个独立部门内发展这项活动，并引入新的管理实践，才能打破内部壁垒，成功推广新的商业模式（Khanagha et al.，2014）。

技术也可以来自企业外部，像云计算这样的外部技术发展需要新的技术。在企业内部引入这些技术往往要求企业进行组织方面的变化（e.g. Hollen et al.，2013）。新技术也会改变企业的外部环境、竞争强度、客户偏好以及进入该行业的壁垒等。所有这些变化都需要新的管理实践、营销实践和组织结构，也会带来这些方面的改变（Foss & Saebi，2015；Van den Bosch et al.，1999）。例如，信息通信技术使得及时管理成为可能，而互联网则让虚拟企业应运而生，并催生了网络组织（Currie，1999）。正如之前提到的那样，主要是在商业模式革新上技术才以这种方式起催化作用。

技术并非总能推动商业模式革新——管理实践和组织结构也可能是商业模式革新的推动因素。管理实践让无数的企业变得更加扁平，并形成不同的架构（e.g. Camisón & Villar-López，2014）。ABB更加有机的架构就是这样的例子。咨询公司 Finext 实际上没有层级，还给员工高度的自主性——这给我们提供了管理实践和组织结构相互作用的另一种示例。拥有一种基于信任的管理理念和一个由自组织团队构成的体系，Finext 公司就类似于同一个网络架构之下很多微型企业组成的集合。负责公司利润的团队行动空间更大，比那些有部门架构的大型竞争对手能更快拿到新业务。没有现代化的信息和沟通体系，要创造这样的机构并不容易，这再次强调了几种创新杠杆的互补性。

内部导向型商业模式革新：几种杠杆的组合	新技术 新管理实践 新组织结构
	内部导向型商业模式革新 +

戴尔革命性的"非居间化"商业模式是建立在一种引入时还非常新颖的组织形式基础上的——取消了传统的 PC 分销商。这一商业模式同时也要求具备卓越的技术，尤其是信息通信技术，不过改变戴尔商业模式的主要杠杆是供应链组织形式。宜家在家具行业直接交付和自组装的商业模式也是受到独特的管理实践和组织结构所驱动的（Jonsson & Foss，2011；Volberda，1998）。总之，技术、管理实践和组织结构这几种杠杆之间的互补作用可以推动商业模式革新。

这几种杠杆发挥作用的顺序不是那么重要：新技术、新管理实践或组织结构都可以发挥第一推力的作用。第 6 章我们再详细讨论这些问题。

外部导向型商业模式革新

外部合作伙伴可以成为企业商业模式革新的重要推动因素。共创能让企业与客户、供应商等外部合作伙伴一起思考出新理念（e.g. Chesbrough，2007；Prahalad & Ramaswamy，2004）。在本章前面，我们展示了商业模式革新为什么需要在共创和内生增长之间寻求一个平衡。与新管理实践和新组织结构结合使用时，共创对商业模式革新有很强的互补效应。

外部导向型商业模式革新： 几种杠杆的组合	共创 新管理实践 新组织结构 ————————————— + 外部导向型商业模式革新

与外部伙伴的合作让企业能有机会进行无法独立进行或者只能以更慢速度进行的价值创造（e.g. Dyer & Singh，1998；Lavie，2006；Tsai，2009）。企业需要具备选择正确合作伙伴的能力，以及维持与其紧密关系的技能（Capron & Mitchell，2009；Cassiman & Veugelers，2006）。成功进行外部合作需要企业采用新的管理实践和组织结构。可以在这方面提供帮助的做法包括任命乐于奉献的战略合作经理，提供联盟合作培训，并使用正式的方式评估合作联盟，以便积累、存储、整合及传播关于战略合作管理的组织知识。此外，对知识共享、与客户互动创造价值的鼓励，以及良好的内部沟

通也很重要（Draulans et al.，2003；Foss et al.，2011）。这种共创、新管理实践和新组织结构的结合就是我们所说的外部导向型商业模式革新。

宝洁：从内部研发到开放式创新 [①]

21世纪之初，宝洁公司发展开始下滑。宝洁集团想要刺激增长，但意识到其内部导向型商业模式已经过时了。该商业模式形成于20世纪80年代，主要基于公司强大的内部科研能力来创造引领性品牌。一直以来，宝洁通过建立并利用全球性科研机构、聘请世界上最优秀的人才、在实验室中进行创新等方式创造了大部分增长。然而，宝洁发现，新产品越来越频繁地由小型创业公司和初创公司，或通过开放式创新创造出来。宝洁的研发生产力停滞，创新成功率仅为35%——宝洁面临着前所未有的竞争，这导致其财务表现欠佳，市值锐减。新任CEO阿兰·乔治·雷富礼要求管理层向外看，并重塑宝洁商业模式。接下来，宝洁创造了开放式创新的极佳实践，与其强大的内部资源结合起来。宝洁改变了创新方式，通过"联系与发展"的口号将内部研发扩展到集团外部。此后，宝洁的设计和研发人员与约200万名活跃在宝洁相关领域的外部研究人员进行了合作。宝洁任命了一位外部创新经理，并树立了一个目标：五年内，宝洁所有创新的一半必须来自企业外部，而此前，仅有1/5是外部创新。宝洁达到了这个目标。通过这种方式研发的产品之一就是炫

---

① 资料来源：休斯敦，赛卡伯，2006；切萨布鲁夫，2003。

洁——目前在美国非常畅销的电动牙刷。这个想法是由美国克利夫兰市的四位创业家提出的。宝洁规定，集团内部实验室的任何想法，如果三年内未经采用，应该向第三方开放——必要时甚至可向竞争对手开放。这一规定是为了加快创新，防止一些有前景的产品在酝酿中夭折。

综合型商业模式革新

在前几部分，我们讨论了企业可以采取的三种商业模式革新方式：一是技术导向型路径，企业管理层可以通过采用新管理实践来开发新技术；二是基于技术、管理实践和组织结构方面变化的内部导向型路径；三是基于共创的外部导向型路径。我们的问题是：采用全部四种杠杆，是否会带来特别的好处？我们的研究表明，关键在于要有良好的吸收能力。

吸收能力强的企业更善于识别技术发展和利用环境中的机会（Cohen & Levinthal，1997；Van den Bosch et al.，1999；Zahra & George，2002）。这些企业同时也能利用这项能力，先人一步在其所在环境中进行颠覆性变革，并能更加准确地预测技术变革的性质和商业潜力。以这种方式做好准备的企业在行业里更有远见，也能更好地预测何时会出现颠覆性变革。这些企业良好的感知能力有助于其更好地理解颠覆性变革中的微弱信号，做出更快速的回应。

大型企业对这些微弱信号往往不够敏感，因为这些企业过于注重倾听现有客户的心声，常常忙于捍卫现有的产品和市场（Christensen et al.，2015；Govindarajan et al.，2011）。管理者识别外部新信息的价值、吸收这些信息，并将其应用于商业的能力，对促成与外部合作伙伴的有效研发和共创至关重要（Zahra & George，2002）。如果企业善于从其自身商业环境中识别知识、利用知识，那么综合利用四种杠杆就对商业模式革新有更强、更有益的效果。

综合型商业模式革新：几种杠杆的组合	新技术 新管理实践 新组织结构 共创	+
	综合型商业模式革新	

荷兰皇家帝斯曼集团的案例清楚地表明了为什么好的知识吸收能力很重要。

— ❖ —

帝斯曼的知识吸收：综合型商业模式革新

20 世纪 90 年代末，帝斯曼经历了一场彻底的改变：卖掉了其当时的核心业务——石化业务，转而投身于生命科学领域。这使得帝斯曼进入了一个更具活力的市场。帝斯曼自身在生命科学领域的专业知识非常有限。这家企业通过合作和收购等途径增强了自身在此领域的专业知识，比如它收购了生物技术公司吉斯特，后者在青霉素、酵母菌、酶等临床医药产品方面非常专业。这一变化是由变革型领导所带来的。由于管理者需要承担不同的职责，需要获取不同的新能力，因此对外部的认识和知识吸收就变得更加重要。帝斯曼遵循之前吉斯特的实践方法，采取了一种更加分散的、探索性的创新方式。传统上主要是内向型的知识吸收，变得更加外向型。帝斯曼并非想凡事都通过封闭的研发途径进行自我研发，而是推崇一种"自豪地在别处发现"的理念。

　　从我们关于共创对商业模式革新和复制影响的讨论来看，有一点很清楚：共创和内生增长需要很好地平衡，在商业模式革新中尤是如此。企业应该善于从外部获取信号，这一点很重要。知识吸收能力要求有渗透型边界来广泛搜寻新的软信息，同时还要求有能力识别出作为企业"守门人"的员工和跨边界人员，并有效使用这些人员（Volberda et al.，2010；Anthony & Christensen，2005；Ofek & Wathieu，2010）。例如，成功的新生物技术公司能开发出新产品，是因为管理层高度重视知识吸收能力。他们通过组织研讨会和小型讨论会投资社交网络，并通过建立合资企业和企业联盟来扩展企业范围。这种知识吸收能力有助于这些企业快速从高校和研究机构获取新知识——这种知识无法在企业内部形成，也无法通过利用企业现有知识基础或经验取得，而是需要对新的思想和价值观持开放态度。企业一定的歧义容忍度可以让员工不会对新发展视而不见。

　　好的知识吸收能力有助于企业识别内部和外部的新知识，并对这些知识进行加工，将其转变为新的商业模式。同时采纳新的管理实践和新组织结构使得新知识能更加容易地转变为新的商业模式（Foss & Saebi，2015；Van den Bosch et al.，1999；Volberda et al.，2010）。表 4.4 显示了组合使用不同的商业模式创新杠杆能达成的互补性效果。第 6 章将讨论企业同时或先后采用不同的杠杆时，会经历什么样的变化轨迹。

表 4.4　对商业模式革新有互补性效果的杠杆组合

技术导向型 商业模式革新	内部导向型 商业模式革新	外部导向型 商业模式革新	综合型 商业模式革新
新技术 + 新管理实践	新技术 + 新管理实践 + 新组织结构	共创 + 新管理实践 + 新组织结构	新技术 + 共创 + 新管理实践 + 新组织结构

本章小结

本章我们展示了不同的创新杠杆如何影响商业模式创新、如何相互联系，以及使用不同的杠杆组合能如何进一步推动商业模式革新（互补作用）。这种驱动力有时是新技术，有时是新管理实践或新组织结构的采用，有时则是共创。

下一章我们将研究促进或减缓商业模式创新的因素。哪些因素起着催化剂作用？哪些又阻碍着商业模式创新？

第5章

商业模式创新的推动和阻碍因素

2008年荷兰皇家电信前CEO埃德·舍普鲍尔
曾称iPhone是"相当没用的手机"

2013年2月初，荷兰前国有电信供应商荷兰皇家电信经历了自上市以来最严重的股价下跌。荷兰皇家电信CEO艾尔科·勃洛克带领集团进行了在4G网络和光纤领域的大额投资。荷兰皇家电信面临的部分问题是，很多用户不再通过电话或短信来通信，而是使用Skype或WhatsApp。

尽管智能手机市场以一种惊人的速度增长，但事实上很少有企业在这方面做得很好。三星和苹果占了这一市场60%的份额，将全世界90%的利润收入囊中。大多数传统手机制造商——比如LG、HTC、摩托罗拉、诺基亚等，目前仅占有该市场份额的很小一部分，比荷兰皇家电信、西班牙电信和沃达丰等身陷困境的欧洲电信供应商强不了多少。

这些企业都不相信苹果这样的局外企业会如此迅速而彻底地打破他们的权力集团。这些手机制造商将其在各国的手机研发速度与当地的网络能力匹配起来，因此荷兰皇家电信这样的公司就不会由于数据流量过大而突然承受压力。这样利润也能得到合理的分配：手机制造商能以一种可控的速度进行创新，而不至于侵蚀替换现有的产品；服务供应商也可以继续从电话和短信获得利润，而不用立刻投资于超高速光纤。

苹果在 2007 年发布 iPhone 时打乱了这种局面。iPhone 不仅仅是一个革命性的设备，其背后的商业模式也是独一无二的。iPhone 满足了人们自由沟通的愿望，为人们展示了他们从未想象过的，或至多从电脑上才了解到的许多功能（应用）。历史上几乎没有新产品能如此之快地满足如此之多的需求。

到 2010 年，iPhone 已经开始侵蚀传统网络供应商，尤其是荷兰皇家电信的利润。鉴于此，荷兰皇家电信可能会后悔 2008 年 iPhone 在荷兰发布前夕，其前 CEO 埃德·舍普鲍尔将 iPhone 称为"相当没用的手机"。他大声抱怨 iPhone 的触屏和较短的续航时间。或许他一直为这一想法所困扰：要是每部手机他都要预先做好 600 欧元的经济安排，手机业务对荷兰皇家电信来说就成了一个昂贵的商业命题。

多种因素阻止了荷兰皇家电信革新其商业模式，还有一些因素则帮助荷兰皇家电信复制了其目前的商业模式。舍普鲍尔是典型的"股东友好型"管理者。他的交易型领导风格目的在于降低成本、对企业进行重组，最终使股价上涨。在他任期内，荷兰皇家电信致力于追求短期业绩表现。

保守的公司文化也减慢了荷兰皇家电信开发新商业模式的步伐。荷兰皇家电信对开辟新市场特别谨慎，因为它不想损害自己已占有的一席之地。只有当客户开始流失时，荷兰皇家电信才决定提高竞争力，考虑开发新业务。

舍普鲍尔领导下的荷兰皇家电信坚持了很长时间旧的商业模式，

但在现任 CEO 艾尔科·勃洛克的领导下，公司开始大笔投资，努力追赶。这在短期内对荷兰皇家电信的业绩表现造成了负面影响。对此，股东并不乐意，尤其是新任大股东——墨西哥人卡洛斯·斯利姆。作为美洲电信公司 CEO 的卡洛斯·斯利姆，当时拥有荷兰皇家电信28% 的股权，但其后期收购荷兰皇家电信的尝试并未成功。

本章介绍

我们已经看到，环境动态性和竞争等颠覆性力量是如何迫使企业重新思考商业模式的；我们也讨论了可用于商业模式创新的各种杠杆。本章我们将拼起拼图的其他几块，研究促进或阻碍商业模式革新和（或）复制的因素。表 5.1 总结了最重要的促进和阻碍因素。本章我们将系统讨论这些商业模式创新的促进和阻碍因素。这里我们使用"转换"来表示从商业模式复制到商业模式革新，或从革新到复制的变换。

一方面，尽管有些企业可能已经使用了合适的杠杆，本章所描述的阻碍因素仍可能使得这些企业难以改变其商业模式。因此，当日本汽车制造商正在推出更小型、更省油的汽车时，通用汽车仍继续制造大型耗油汽车。管理层不愿设计和制造小型汽车，因为他们担心这会损害现有市场。

表 5.1　商业模式创新的促进和阻碍因素

因素	对商业模式复制的影响	对商业模式革新的影响
变革型领导	促进因素	促进因素
组织认同	促进因素	—

续表

因素	对商业模式复制的影响	对商业模式革新的影响
创新性文化	—	促进因素
CEO 任期长短	—	先促进，后阻碍
知识吸收能力	促进因素	促进因素
倾听客户心声	促进因素	阻碍因素
内部合作	促进因素	阻碍因素
企业规模	促进因素	—
公司治理	促进因素（对股东导向型公司来说）	促进因素（对家族企业来说）
法律法规	因情况而异	因情况而异

注："—"指"几乎无影响或无影响"。

通用汽车仍然坚持一种过时的想法，认为汽车是身份地位的象征，款式要比质量重要。财务也在整个企业中占据了主导地位。通用只看重数量，而忽视了质量。对现有客户的过分偏爱，再加上保守的企业文化，导致了通用的自满和缺乏远见，最终使企业衰退；经证实的成功导致了教条的方法，保持现状就成了常态（Tellis，2012；Tushman & O'Reilly，2013）。

另一方面，促进因素明显提高了上一章所讨论的几种杠杆的效果，有助于企业转向不同的商业模式。例如，本田的创新性文化和变革型领导让该企业在传统的摩托车市场开发出了一种新的商业模式。本田给予年轻员工责任感，并且鼓励不同意见。与通用汽车的"按层级享受特权"不同，本田宣扬"领导即服务"。本田主张，老板的职责是给下属空间。本田鼓励员工独立思考、试验、落实改进措施（Hutzschenreuter et al.，2007；Pascale，1990）。正是这种反思能力让本田得以开发出一种新的商业模式。

本田敢于抛弃这样一种观念：美国人只对重型摩托车感兴趣，

生产轻型摩托车会损害本田在男性化摩托车市场中的形象。尽管在250cc 和 350cc 重型机车发动机生产过程中遇到的技术问题、有限的现金储备等也有一定的影响，但创新性文化和变革型领导对本田在美国市场上引入轻型摩托车发挥了至关重要的作用。本田在 50cc 摩托车上进行了大笔投资，开发了体育用品店等新的分销渠道，并启动了一个口号为"你会在本田摩托上遇见最好的人"的积极的市场营销活动（Pascale，1996）。

变革型领导：商业模式革新和复制的催化剂

我们的研究表明：变革型领导是商业模式革新和复制的重要推动力。通过他们的远见、全力参与和信念，可以促成商业模式或大或小的变化。变革型领导者通过激励员工认同机构目标来达成这些目标（Bass，1985）。就商业模式复制来说，变革型领导鼓励员工致力于企业目前的活动；而就商业模式革新来说，领导者帮助员工设想其能承担不同职责的未来（Dvir et al.，2002）。他们的领导方式由四个元素构成（Avolio et al.，1999）：

· 理想化影响力

· 鼓舞性激励

· 智力激发

· 个性化关怀

理想化影响力是指领导者受钦佩、受尊敬和受信任的程度，包括可以得到下属认同的富有魅力的行为，这些行为能增强下属达成目标的内在动机。领导者可以带头带来改变（Crawford et al.,

2003），从而带动下属更努力地实现特定目标和重要愿景。这是实现商业模式创新的基础（Smith et al.，2010）。鼓舞性激励则会增强下属的团队精神，并鼓励他们展望美好的未来（Vaccaro et al.，2012a）。这赋予商业模式意义，同时也在挑战着商业模式。智力激发鼓励员工以超越传统的方式思考问题、提出假设以供讨论以及变得更富有创造力（Avolio et al.，1999）。只有在存在愿景和现有假设得到质疑的情况下，商业模式创新才能实现（Clife，2011；Mullins & Komisar，2009）。个性化关怀是指通过关心员工个人需求、为员工创造学习机会和有利于成长的支持性环境等，开发员工潜力的程度。变革型领导者会激发出员工的这种潜力，从而以新的方式审视现有问题，并找到创造性的解决方案（Avolio et al.，2009；Bass et al.，2003）。这样，变革型领导就可以帮助企业找到创造和占有价值的新方法（Vaccaro et al.，2012a）。

要应对商业模式创新在企业内部的阻力，需要有强有力的领导和锲而不舍的精神。变革型领导通过设立具有挑战性的愿景来推动商业模式革新，同时也通过创造有利于革新的环境进行推动，例如，将现有假设提出来讨论、消除组织惰性等（Chesbrough，2010；Roberts，2004）。

变革型领导能强化员工吸收企业之外知识的能力，从而增强了整个企业的知识吸收能力。这提升了企业识别新的外部信息价值的能力，反过来可以让企业更好地适应环境变化（Aragón-Correa et al.，2008）。另外，变革型领导有助于打造企业的变革能力（Yukl，1999）。

我们的研究表明，变革型领导对商业模式革新和复制都有利（表 5.1）。例如，变革型领导可以促进新管理实践和组织结构的采用（Vaccaro et al.，2012a）。第 4 章我们展现了这两种杠杆如何对商业模式革新和复制起到重要作用。在接下来的例子中，我们可以看到变革型领导是如何成为帝斯曼抗感染业务集团商业模式革新最重要推动力的。在面向帝斯曼高层的变革型领导计划下，公司建立了自我管理团队和扁平化组织结构。

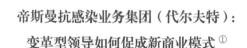

帝斯曼抗感染业务集团（代尔夫特）：
变革型领导如何促成新商业模式 [①]

　　公司高层发起的一项变革型领导倡议促使荷兰代尔夫特的帝斯曼抗感染业务集团引入一种新的商业模式。为了同中国的对手竞争，越来越多的欧洲和北美公司将生产部门搬到生产制造成本更低的亚洲。青霉素全球工业生产的特点是过度供给，其中大部分都产于中国——由帝斯曼与中国合作伙伴组成的合资企业生产。然而，皇家帝斯曼集团却继续其在欧洲的部分生产业务，其中一个原因是帝斯曼抗感染业务集团的新商业模式，该模式是建立在用革新性工序生产一种抗感染药物基础上的——生物技术而非化学技术。不过，要让新技术更有效地运行，就必须同时对管理实践做出改变：精简掉某些管理职位，实施自我管理团队。高管层给予操作团队自由，让他们获得工作范围之外的职责经验。在取消了团队主管的职位后，高管层就赋予了各团队自己决定如何去完成任务的权力。通过这种领导方式，领导者激励具体工作人员认同企业目标，鼓励他们为自己的工作负起责任，并变得有创造力。各团队以不同的方式组织工作，应对了这一智力挑战。他们将自己的行动同企业目标结合起来，

---

① 资料来源：巴卡罗，等，2012b。

很好地阐释了高层的愿景。与此同时，高层管理者根据新的工作方式调整了企业架构，将企业变得更加扁平化。此举带来了一种成本效益好的商业模式——生产率年增长 12%，通过这一模式帝斯曼可以应对其竞争对手。尽管荷兰的劳动力成本要高得多，但被提高的生产率已远远补偿了高额劳动力成本。

组织认同：商业模式复制的促进因素

企业特性是指企业的主张及运作方式（Berg，1986）。这种特性通过企业价值观和文化实践表现出来（Hofstede et al.，1990），比起企业结构或技术更能在员工之间建立起强烈的联系。企业特性决定着一个企业如何区别于其他企业，以及如何与客户、竞争对手和其他利益相关方进行互动（Albert et al.，2000）。组织认同影响着该组织中包括领导者在内的所有人——如何理解威胁与机会、如何解决问题、如何制定具体目标，以及如何定义客户目标群体（Foreman & Whetten，2002）。

认同形成的最深层次是价值观。文化实践是这些价值观更为表面的体现方式，涉及符号、英雄和仪式。尽管文化实践的意义在于它们如何为企业内部人士所理解，但它们也可以为外人所见。从表面上来看，符号是有独特意义的文字、手势、图片或者物体。为了创造可持续、强有力的认同感，符号必须是该机构独一无二的（Hofstede，1990）。

英雄——无论是生是死，无论是真正存在还是仅存于想象中——都是理想行为的光辉榜样。英雄的特征在组织文化中被高度珍视，并充当行为榜样。在更深的层次上，我们能看到仪式和仪式行为。这些集体活动对企业并没有什么特殊的实际价值或功能性价值，但在社会意义上对组织认同却非常重要。与这些文化实践相比，一个企业特性的核心价值观往往是很少被谈及的，是无意识的感觉；核心价值本身一般不为人所注意，但却最终体现在企业及其员工的行为上（Hofstede et al.，1990）。这些核心价值主要是由企业的历史和使命所塑造的。

有高度认同感的机构有一套连贯的、共同的信仰和价值观，有共同语言，对于合适的行为做法也有完全一致的认识。所有员工都尽力以最好的方式完成企业目前的使命。在这样的机构中，认同是一个完整的机制，留给不同声音的空间极小。这样，强烈的认同感就发挥了过滤器的作用。这种认同感鼓励员工继续以既定的方式做事，而由于盛行的逻辑，对当前情况提出质疑的想法就可能会受到漠视（Perra et al.，2017）。

我们的研究表明，强烈的组织认同有益于商业模式复制，但对商业模式革新却没有显著影响（表5.1）。与商业模式革新不同，商业模式复制在组织认同度高的机构中尤为常见。组织特性的同质性对深化和改进现有商业模式至关重要，但对提高或彻底改变商业模式却于事无补。对于半导体公司恩智浦来说，公司强烈的认同感在企业使命宣言"专注客户，激情制胜"中得到了充分体现；甚至在公司名称中也得到了体现：NXP源于英文Next eXPerience（新的体验）。这种新的认同感进一步强化了该企业客户驱动型商业模式的复制。

通用汽车、IBM和飞利浦等充满自信的大型企业，企业认同感非常强，以至于未能注意到环境中的巨大变化。而当他们认识到这一点时通常为时已晚。这种过度强烈的认同感带来的不良后果就是仇外——不容忍一切外来事物（Ouchi，1981）。这样的机构不会容忍任何偏离机构规范的想法，它们拒绝改变，往往缺乏创造力、妨碍独立思考。大体上说来，强烈的组织认同与商业模式革新是相矛盾的，因为变化和创造力仅仅得到机构最高层的采纳，而非较低职位的人员（Burgelman，2002）。

创新性文化：商业模式革新的促进因素

一个企业的特性一定程度上隐藏在其文化中——员工普遍接受并认为理所当然的一系列信念和认识。这些信念和认识在员工心中是绝对的，一定程度上是彼此认同的。企业文化在如何解释核心价值观方面发挥着作用（Schein，1985）。员工能做出哪些主动行动，不大可能做出哪些行动，共同价值观是决定因素（Anthony & Christensen，2005；Zook & Allen，2011）。

文化保守的机构会有很强的同质化特性，关注点也比较集中。在这种文化环境中，有特定行为准则统领下的诸多不成文规则，有让个人遵规守纪的同侪压力，以及很低的歧义容忍度。同时还有一种很强的内部导向，这种导向主要是短期的、被动应对性的（Leonard-Barton et al.，1994；Volberda，1998）。的确，在麦当劳、美国西南航空公司和华特迪士尼公司等服务型企业，深厚的企业文化给了员工很大的压力来遵守规定，而员工则不知不觉地选择集体遵守规定。

尽管可以证明文化主导和文化内聚性是这些优秀机构的重要品质，但深厚的文化也很容易产生不良影响。例如，柯达强大的职业文化阻碍了新商业模式的发展（Leonard-Barton，1992）。化学工程是柯达的主导性学科。由于人们认为化学工程师地位较高，因此地位较低的机械工程师和生产工程师做贡献的机会就非常少了。这限制了柯达的产品开发，也限制了对商业模式革新非常必要的多种知识的交叉整合。

同样，在美国数字设备公司和惠普公司设计工程师占据主导地位，因此这两家公司在设计方面非常强大，而在市场营销和制造技术方面则比较落后。一种根深蒂固的看法认为，生产和市场营销专家与其利益毫不相关。这成了这两家公司无法调和的问题（Leonard-Barton et al.，1994）。

在创新性文化里，对企业的认同感是弱化的、不太集中的（Volberda，1998）。这种机构中的领导者比较倾向于即兴的风格。机构中一般没有某个占主导地位的专业或学科，也很少有什么规则。即便存在一些形式性的规则，也会遭到破坏。这有助于留住有才华的员工（Hamel，1998），对推动商业模式革新非常重要（Nunes & Breene，2011）。知识和信息可以在不同学科背景的人员之间得到自由交流，机构的歧义容忍度也非常高（Bock et al.，2012；Perra et al.，2017）。专家或功能学科之间的这种知识横向交流可以带动专业人员跳出舒适区，增强他们的创造力水平、风险承担能力和试验能力（Dombrowski et al.，2007；Menguc & Auh，2010）。这样的机构有很强的外部导向性，主要专注于长期表现。

创新性文化比较灵活，能更好地适应不断变化的市场环境（Bock et al.，2012），并且允许冒险和犯错。这一点可以通过一些标语表达出来，比如"不得扼杀创意"（3M）；"请求原谅，不要请求许可"（帝斯曼）。要彻底改变企业路径，这种态度是必要的（Volberda & Baden-Fuller，2003）。我们的研究表明，更具创新性的企业文化会明显提高商业模式革新水平，但对商业模式复制却没有显著影响。

CEO 任期长短：既不能过长，也不能过短

很多 CEO 都面临着很大的短期表现压力。造成这种情况的因素有多种：不愿侵蚀企业的现有业务，厌恶风险，以季度业绩为重

心，想依靠现有能力进一步发展，依附于现有客户，专注于现有竞争对手，等等（Chesbrough，2010；Voelpel et al.，2005）。这使得企业继续保持现有业务，引起商业模式复制，甚至可能导致模式僵化，对企业的长期生存不利。CEO 最重要的任务之一是在保留现有活动、放弃某些以往活动，以及推动未来活动之间找到一个平衡点（Govindarajan & Trimble，2011）。

我们的研究表明，CEO 在一家企业的任职时间长短会尤其影响商业模式革新。一方面，在同一家企业任职过久的 CEO 更倾向于在商业模式革新上花费较少的时间；相反，他们会继续依赖曾带来过成功的模式。另一方面，如果 CEO 在企业任职的时间相对较短，就没有足够的时间关注更长期的表现。等到对全新商业模式的投资有了回报，很多 CEO 已经离开了（Govindarajan & Trimble，2011；Wu，Levitas & Priem，2005）。CEO 在一家企业的最佳任期大约是 13 年。这意味着，如果 CEO 在一家企业任职的时间长于或短于 13 年，企业的商业模式革新程度往往较低。特别是，我们的研究表明，如果 CEO 在一家企业任职时间少于 3 年，往往会把主要精力放在商业模式复制上，以促进短期业绩；任职时间在 3～13 年的 CEO 通常会在企业内部创造大量经济效益，也可以实现商业模式革新；而那些任职时间超过 13 年的 CEO 多数没有意愿去改变现有的商业模式，企业会明显处于一种商业模式僵化的状态。

荷兰联合出版集团商业模式革新及其 CEO 任期

2000 年，荷兰联合出版集团还是荷兰一家报纸和大众杂志出版商，正朝着该领域欧洲最大出版商的方向发展。当新 CEO 罗布·范德博格在 2000 年 4 月任职后，他开始重新调整公司的核心业务。这样公司就开始革新其商业模式，目的是朝着市场营销和媒介资讯的方向发展。2000 年前后，荷兰联合出版集团收购了尼尔森媒介研究以及向世界上大型批发商提供客户信息的 AC 尼尔森。2005 年，在收购美国一家为医疗行业提供资讯、服务和技术的企业——艾美仕市场研究公司失败后，范德博格离开了公司。2006 年，荷兰联合出版集团被美国几家投资公司收购，更名为尼尔森公司。公司最后一位荷兰籍首席财务官罗布·瑞吉儿于 2007 年卸任。目前荷兰联合出版集团主要从事商业资讯业务，80% 的营业额都来自美国，而且已经多年没有出版过报纸了。它将大众杂志业务出售给了芬兰萨诺玛集团。尼尔森现在是商业资讯领域的市场引领者。商业资讯市场潜力巨大，因为企业总会需要市场数据。杂志出版已经成为该公司的一项边缘业务，这样尼尔森对不断变化的经济环境就不再那么敏感了，尤其是对广告市场不再那么依靠了。

一方面，一般来说，如果任期过短，就不会吸引 CEO 去冒险、去进行更长期的投资。集团前 CEO 罗布·范德博格明显是个例外。尽管任期很短，但他可能并未预见自己的离开，因此也未能收获成果。另一方面，任职时间很长的 CEO 可能会将自己限制在已经带来成功的商业模式范围内（Wu et al., 2005）。这会降低他们的适应能力，让商业模式革新的可能性降低。

知识吸收能力：一种商业模式革新和复制的催化剂

在第 4 章，我们讨论了知识吸收能力强的企业如何实现四种创新杠杆之间的协同。知识吸收能力是指从环境中识别、吸收、加工和使用知识的能力（Cohen & Levinthal，1990）。这一能力对商业模式革新和复制都有很大的强化作用，但相对而言对商业模式复制的作用更大一些，很可能是由于具备知识吸收能力的企业利用现有客户和市场知识来孕育新的知识。这使得进行商业模式复制的企业能更快地识别、吸收、加工和使用自然而然的来自企业目前知识库的知识（Volberda et al.，2010）。

对于商业模式革新来说，现有知识和新知识之间存在很大区别（Capron & Mitchell，2009）。恰当地识别和有效使用外部的新知识对于企业来说更难一些，但知识吸收能力对商业模式革新来说仍然有积极作用。拥有更多专业知识、更强知识吸收能力的企业能更好地发现新机会，而这又会增强企业利用这些新机会的决心（Ben-Menahem et al.，2013）。这也解释了知识吸收能力强的出版商为什么能更好地做出从线下出版到线上出版的改变（De Boer et al.，1999；Van den Bosch et al.，1999）。渗透型边界、广泛搜寻新信息、识别出并充分利用企业"守门人"和跨边界人员等，有助于帮助这些先行先试的企业革新商业模式。

荷兰金融类报纸《荷兰财经报》是荷兰早期成功做出这一改变的报纸之一。该报纸已经摆脱了传统的出版思维，与一家软件公司展开了积极合作，并成立了一些多功能小组，以内化与多媒体市场发展相关的新知识。该报纸也通过与无线电台 BNR 合作、组织商务辩论和会议、与饭店和健身中心共享一楼等方式开辟了其他收入途径。

较强的外部信息吸收能力以及识别市场初期变化（微弱信号）的能力，有助于企业员工先于竞争对手掌握新趋势。企业常常忽略那些管理者认为对核心市场来说不重要的趋势。因此，他们可能会错失新的盈利机会，甚至该领域也会被竞争对手所改变，从而使得整个企业遭受危机（Ofek & Wathieu，2010）。能快速吸收大量知识的企业可以改变一个领域的游戏规则（Anthony & Christensen，2005；Christensen et al.，2002）。

TomTom 极强的知识吸收能力如何推动商业模式革新和复制

TomTom 是全球领先的地图和导航产品企业，知识吸收能力非常强。有创新能力的人才能成为公司的一员。TomTom 公司有一种开放和创新的氛围，人们能提出新想法、敢于同领导持不同意见。公司给予员工相当大的自由和信任。对于员工是否在办公室工作、工作多久，公司持宽松态度：对很多人来说，在家工作非常正常。

当被问及他所在的公司能类比成什么类型的"人"时，TomTom 负责交通解决方案业务的副总裁卡洛·范德韦耶回答说："不管怎么说都是个有趣的人，是个溜冰者、艺术家、裁缝。踏进我们的电梯，你会听到各种语言，看到各种肤色的面孔。我们的员工中有一半以上不讲荷兰语。与宗教、性别和取向一样，国籍也不是什么问题。典型的 TomTom 员工开始跟你交谈，你们立马就会相谈甚欢。"

这种探索性的环境一定程度上是由这种巨大的多样性创造的，而现在这种氛围没有得到鼓励，反而受到了遏制。随着向车辆内置导航设备业务的转移，TomTom 进入了一个动态程度较低的环境。与公司一开始经营的 B2C 市场相比，这种 B2B 市场的变化本身更慢一些，周期也更长一些。TomTom 现在更加重视开拓业务，因此开始将开发和销售分离开来。

倾听客户心声：促进商业模式复制，阻碍模式革新

尽管客户，尤其是终端客户，可能是新想法的主要来源（Von Hippel，1997），但过多地倾听客户想法也很危险（Atuahene-Gima et al.，2005）。克里斯坦森（1997）将关注现有客户和获取新客户的愿望这二者之间的紧张关系描述为"创新者的窘境"。甚至还有一种说法，长期来看，让客户完全满意可能会导致企业破产（MacDonald，1995）。一家企业最大的客户往往是不想要商业模式革新的落后者，他们常常会抵制新技术和新产品，要求对现有产品和服务做出小幅改善。企业往往会做出妥协（Bower & Christensen，1995；Chandy & Tellis，2000；Govindarajan et al.，2011）。

起初，这可以带来积极作用；但从长远来看，企业面临着掉入能力陷阱的巨大风险。企业不断地完善现有技能以更好地服务现有客户，因而无法发展新的技能。核心僵化就是这样产生的。结果，企业无法发现新机会，或者无法对市场中的变化做出及时应对（Hamel & Välikangas，2003；Slater & Mohr，2006）。因此，过于关注最大客户常常会引起商业模式复制，但会阻碍商业模式革新。

多数日报的战略行为可以给我们提供很好的案例。日报现在必须应对老龄化的读者群体，他们不像年轻人那样喜欢"数字"阅读。

鉴于此，同时也因为担心以数字化形式或者在线提供日报内容会侵蚀其目前的商业模式，很多日报出版商发现自己难以转向不同的商业模式——尤其是数字化模式。在数字化内容方面，各日报多年来也曾在多种收入模式之间来回反复。起初，日报内容往往需要付费才能阅读，之后免费开放，再后来又开始收费。荷兰主要面向年轻读者的印刷类报纸 CNR（晨报）及著名的数字报纸《赫芬顿邮报》目前在商业方面也发展迅速）的成功表明，报纸业的商业模式创新可以带来预期收益（Smith et al.，2010；Teece，2010）。

内部合作：商业模式复制的促进因素

知识在一个机构中的分布通常是不对称的（Tsai，2002），因此内部合作对知识共享来说往往是必要的。内部合作指一个机构内部成员之间个人直接联系的程度（Jaworksi & Kohli，1993），有助于具备不同知识和经验的员工交流想法、互相学习，更好地推动知识的利用（Hansen，2002；Tsai，2002）。与其他员工的合作也是一座桥梁，可以让人们获取他们无法直接接触到的外部知识（Ritter et al.，2004）。更高程度的内部合作也会增加内部协调性，减少重复活动的数量（De Luca et al.，2010）。

我们的研究表明，员工之间的互联互通可以强化商业模式复制。更多的内部合作有助于在机构内建立一套规范，有助于该机构更好地专注于其主流业务活动（Hill & Rothaermel，2003）。然而，在内部合作程度较高的环境中，保护新商业模式的发展却更难（Benner & Tushman，2003；Burgers et al.，2009）。较多的内部合作也可能会减少企业对获取外部知识的关注（Jansen et al.，2005；Laursen & Salter，2006）。

　　促进内部联系与合作的原因有很多。例如，在组织单位、学科或专业知识方面，可能会发展起一种岛国心态；或者由于发展、国际化或收购，机构可能会被拆分。不少传统报纸企业都有很多功能性"筒仓"，各部门间的知识交流非常有限。然而，新型在线业务瞬息万变，需要在这些职能部门之间有更多的整合及交流（Smith et al.，2010）。

　　一些大型机构已经开始努力增强内部合作，并在各种职能部门之间形成协同效应。它们为此目的所设立的项目名称中，"同一个"一词的出现频率高得惊人：同一个 ABB、同一个西门子、同一个飞利浦、同一个帝斯曼、同一个 IHC（见案例）。建筑公司海耶曼斯选择成立一个独立的单位——Heijmans Infra Integrated Projects，来获取、准备和协调一些内外方都参与的项目。该单位还在不同的专业之间发挥协调性作用。海耶曼斯还成立了 Spark——现有环境中的开放式创新中心。这是该公司与能带来新技术、新知识和创新的知识学院、城市、政府和初创公司之间的第一次交叉。

同一个 IHC

　　荷兰皇家 IHC 公司将内部合作确定为公司的战略支柱之一。公司前总裁古夫·哈默斯将其重要性描述如下："没什么比人员以及安排人员合作共事的方式——组织，更重要。"他意识到，达成这种合作是一个挑战。在 2010 年的一次采访中，他表示"一家大型的控股公司可能会退化成一个混乱可怕的蛇窟：员工宁愿彼此相争相斗，也不愿与市场战斗。我们公司根本不是这种情况，我们的战场在外面"（Management Scope，2010）。在 IHC 梅尔韦德，"同一个 IHC"项目的目标是统一公司的制度和工作方式。这一项目有利于促进内部合作，推动公司的商业模式复制战略。

通过流程标准化也可能达成更多的内部合作。这可以增加可靠性，也能推动个人之间的经验交流（Levinthal & March，1993）。流程标准化鼓励使用现有知识，可以缩小员工行动的范围，提高在某个领域的专业能力；还有助于确保企业内部更有效的知识交流、更多的互动和相互依赖。这样，渐进式改进可以较快实现（e.g. Benner & Tushman，2002；Galunic & Rodan，1998）。因此，流程标准化有助于实现商业模式复制。

同时，标准化减少了差异性和灵活性，会降低企业的适应能力，进而降低企业进行彻底商业模式革新的能力（Benner & Tushman，2002, 2003）。这意味着, 高度标准化会对商业模式革新起反作用——而灵活性、差异性和试验对模式革新是很必要的。在第 7 章，我们将会讨论想要革新商业模式的企业如何规避标准化过程。

企业规模：促进复制，阻碍革新

与小企业相比，大企业有很多优势。大企业常常信誉更好、客户信心更强、对外部环境的控制性更好、拥有更多资源。不利之处是大企业往往比较有惰性，倾向于强化其现有能力（Chandy & Tellis，2000）。这也被称为"历史和传统的不利"（Tushman & Anderson，1986；Hensmans et al.，2001）。小企业适应能力更强、沟通通道更

短、创造空间更大（Ebben & Johnson，2005）。大企业也面临着品牌
替换侵蚀的风险——引入新产品可能会对现有产品的收入造成损害
（Srinivasan et al.，2004）。品牌替换侵蚀会引起冲突，使得新商业模
式的开发受挫（Markides & Oyon，2010）。

　　我们的研究表明，企业规模越大，商业模式复制的速度就越快。
大企业利用其分销优势，可以更快地接触到现有客户、提供更好的
服务（Chandy & Tellis，2000）。大企业也拥有更多销售人员等资源，
来帮助提高其产品的接受率，这对于企业在市场上保持活跃至关重
要（Rubera & Kirca，2012）。然而，由于较大的企业也更加容易被
预测，久而久之，小型竞争对手就可以更有效地做出应对（Volberda
et al.，2011）。

　　竞争对手不只包括目前的市场主体，也包括新进入市场，可以
彻底改变市场游戏规则的企业。如果一家新进入市场的企业的初始
方案不占优势，但随着时间的推移渐渐吸引了主流市场的客户，那
么这家企业的商业模式就叫作"颠覆性商业模式"（Christensen et al.，
2015；Gans，2016；Govindarajan & Kopalle，2006；Govindarajan et
al.，2011）。因此，较大型的企业不能仅仅依靠现有模式，还需要努
力进行商业模式革新。在下一个案例中，我们会看到，荷兰最大的
临时就业中介机构任仕达是如何意识到必须对荷兰韦斯特兰地区很
多小型临时就业中介机构的出现做出应对的。

任仕达 vs 荷兰韦斯特兰地区的小型临时就业中介机构

　　荷兰韦斯特兰地区的园艺区雇用了很多波兰人。这些人中的

大多数都是通过一些波兰人经营的名为"爸爸妈妈"职介所入职的。就单个机构来说，这些职介所并非任仕达的强力竞争对手，但他们聚集起来，的确让市场引领者任仕达难以在该细分领域站稳脚跟。任仕达没有去模仿这些小机构的模式，而是决定以一种不同的方式渗透韦斯特兰地区这个大市场：专门为这一市场开发一种低成本的自助式概念。任仕达发起了一个创新性的在线计划系统——Randstad Direct，这一系统可以让任仕达更快、更简易、更低成本地部署临时工。或者，正如任仕达在网站上说的那样："假定您在接下来几个月需要100名包装工人进行作物采后处理。只需单击鼠标，您就可以组织到最好的临时工人，这不是很棒吗？有了Randstad Direct，现在就可以。"这种开辟市场的新方法——数字化招募商业模式非常成功，目前正被复制到其他领域。

———————————

小公司，尤其是初创企业，常常比大型企业有更多激进的想法，但往往没有途径将这些想法商业化。"新事物的劣势"使得成立时间尚短的小企业难以打入成熟市场（Hensmans et al.，2001）。大企业则更容易改进和强化突破性的想法。要将一个想法商业化，企业不仅需要资金，而且需要特定的专业知识或者分销渠道。大企业和小企业通过合作，可以利用彼此的优势；这种类型的合作迟早会带来并购。因此，规模较大的企业可以通过与小企业合作或者收购小企业，在商业模式革新和复制之间达到更有效的平衡。这就是我们下一个案例罗氏诊断荷兰公司所发生的事情。

罗氏诊断荷兰公司：联合小公司，推动商业模式革新

"我们非常庞大，这往往是个劣势，因为初创公司能想出更聪明的点子，"罗氏诊断荷兰公司媒体联络部经理约瑟芬·范德梅尔表示，"如果我们想保持创新能力，某些时候我们就要购买这些聪明的想法。我们承认，在一个有八万名员工的企业，有时创新要来自企业外部，来自还能自由思考的人。不过无论如何，最终我们确实在自己的企业中获得了这种创新。"

荷兰最大的三家金融机构——荷兰银行、荷兰国际集团及荷兰合作银行对这种实践方式非常了解：创造一种新的生态来从初创企业获益。荷兰银行正拿出 1 000 万欧元投资专注于金融产品和服务数字化的创新性初创企业。荷兰银行在积极接近有前景的金融科技初创公司——越来越多的金融科技公司正在开发有利于促进用户友好性的金融产品和商业模式，并能为荷兰银行的个人客户和企业客户提供更多的金融洞察力。再者，荷兰银行还开设了一个创新中心，在这里可以探索问题、收集见解和验证新商业模式。荷兰国际集团采取了一种更为彻底的方式。为了使银行更敏捷、反应更快，该集团正在将有 52 000 名员工的大型层级制银行转变为一个扁平化的网络。受到在线巨头声田和谷歌的启发，荷兰国际集团组成了"部落"和"分队"——工作小组的最新行话。具有不同背景（经历）的人共同致力于开发某一项新服务。成功的话，这种新的水平式方法将会在该银行内部得到更广泛的推广，以促进创新。此外，荷兰国际集团还大规模地投资初创企业、成立了创新工作室——一个企业促进计划，这个安全的环境有利于初创公司（所谓的"忍者"）和该集团的工作小组快速试验新的商业模式。荷兰合作银行也与金融科技行业一些小企业建立了联盟，同时还通过设立"毁掉你自己的银行"等训练营计划鼓励员工内部创业。

公司治理：短期 vs 长期

企业股东并不总希望改变企业的商业模式，他们不喜欢自己的企业四处散金，来换取不太确定的全新商业模式（McGrath，2012）。旨在为股东创造价值的治理模式被称为"盎格鲁－撒克逊公司治理模式"（Bezemer et al.，2015）。

为了研究盎格鲁－撒克逊模式过去几十年来在荷兰的传播范围，我们在分析了1992—2012年间荷兰排名前100的上市公司的2 000多份年报内容（Bezemer et al.，2012，2015）后发现，这种模式的使用有明显上升。在1992年的年报中，排名前100的上市公司中有13%提到了股东价值或类似的用词，到2012年这一数字增加到了83%（图5.1）。我们可以发现，在分析的最后几年，排名前100的上市公司中，以股东价值为重的公司数量从2007年的86%减少到了2012年的83%。这似乎表明，金融危机引起了企业对待股东价值态度的变化。这是否代表着企业关注点的永久性变化，时间将会证明。目前，盎格鲁－撒克逊模式依然是占主导地位的治理模式，自2010年开始这一模式的采用甚至又略有增加（Bezemer et al.，2012，2015）。

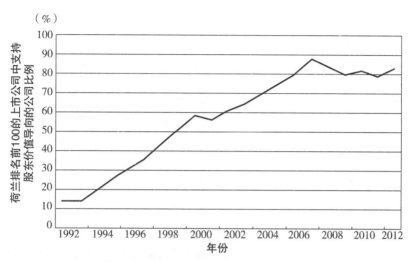

图 5.1　荷兰公司股东价值导向的扩散情况（1992—2012 年）

资料来源：改编自贝泽默，等，2015。

在荷兰排名前 100 的上市公司的年报中提到股东价值的公司也更多地采用了与股东价值导向相关的做法（Fiss & Zajac，2004）：基于价值的管理工具、认股期权薪酬计划、股份回购计划，以及根据国际通用会计准则展示年度报表数字。这似乎表明，荷兰排名前 100 的上市公司企业理念实际上发生了变化。

同一份研究表明，两种有影响力的股东在这一发展变化中发挥了重要作用（Bezemer et al.，2015）。首先，如果企业有银行、风险资本公司、对冲基金和养老基金等具有金融背景的大股东，就更有可能在年报中强调股东价值。其次，如果企业有盎格鲁 – 撒克逊模式背景的大股东，就会更频繁地在年报中提到股东价值。这使得荷兰企业对股东价值的关注不断增加不仅仅是一个金融现象（Christensen et al.，2008），采用盎格鲁 – 撒克逊模式投资者的期望也发挥了重要作用。这些投资者主要关注短期结果。股东要求利润稳定增长，并向能实现这一增长的 CEO 支付可观的报酬（Govindarajan & Trimble，2011）。

　　这种短期的方式通常只会推动商业模式复制，或是导致商业模式僵化，可能会以牺牲商业模式革新为代价。最近的一项研究证实了这一点。当采用盎格鲁－撒克逊模式的管理者执掌壳牌时，该公司产生的重大创新比采用莱茵模式的管理者经营公司时要少。以前，壳牌拥有诸多储备想法，可以作为新商业模式的基础。这些想法得到了相当多的投资。然而，壳牌最终却选择在太阳能、风能等其他可再生能源上撤资。壳牌目前的商业模式是建立在开采石油、天然气等化石燃料基础上的——这一商业模式得到了最大限度的复制（Kwee et al.，2011）。

　　图5.2显示了在对壳牌100年间所有战略活动分析的基础上，所得出的壳牌在这段时间的商业模式复制和革新程度。这种走势证明，我们离石油峰值越近，地位稳固的老牌市场参与者就越倾向于复制并坚持其现有的商业模式。如果壳牌继续这种复制模式，就可能掉入商业模式陷阱。那么，问题是：壳牌是否会成为下一个柯达或诺基亚？

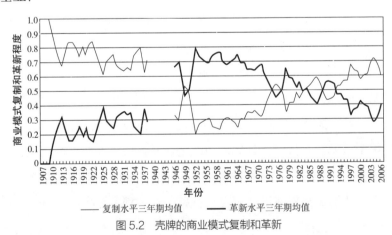

图5.2　壳牌的商业模式复制和革新

资料来源：壳牌年报的内容分析，1907—2000年；奎伊，2009；奎伊，等，2011。经作者同意，有所修改。

　　然而，为股东创造价值并非总会导致企业注重短期结果，引起商业模式复制。当企业表示想要成为技术引领者时，股东的反应一般都很积极。这也有助于让股东更乐意接受企业推翻现有商业模式的决定。有时商业模式革新对维持股价来说是必要的。如果企业商业模式不经历根本性革新，就会形成一种征兆：该企业没有能力将技术变化转化为价值。

　　有些企业会寻找有足够耐心等待回报的投资者。家族企业一般都认为：获得投资回报需要更长时间（McGrath，2012）。例如，弗雷迪·海尼根曾表示，喜力当时的董事会成员从年的角度思考，而他则从代的角度去思考。另一个关于纯正家族企业比较好的例子是博士。博士曾围绕家庭影院这一概念，花费五年时间开发了一种商业模式（Cliffe & McGrath，2011）。德国有较多以区域性、合作性方式运行的家族企业和家族银行，因此，德国企业并不过度关注短期表现，而是看得更长远。大型企业在德国市场上的主导性相对较小，因此，德国的商业领域极为先进、创新性极强，这并非完全出于巧合（Schwab，2017）。总而言之，比起主要目标在于为股东创造价值的企业，家族企业可以为商业模式革新提供更好的环境。

　　私有化或分拆也有利于商业模式创新。因此，原鹿特丹市政港在 2004 年便转变成了一个公众有限公司，鹿特丹市政府和荷兰中央政府先后为其公家股东。这一变化是由外部发展因素所驱动的，比如世界贸易量的增加、世界经济中心向亚洲的转移、集装箱化以及不断加剧的竞争等。这些发展需要高效率和相关基础设施，还需要愿景、领导力、创新能力和商业模式革新。鹿特丹市政港的私有化可以让新的机构——鹿特丹港务局更加灵活，能在资本市场独立运营，并在商业领域"内"采取行动——而非站在商业领域"旁边"。

这意味着，实现共创更加容易了。共创可以带来新的业务和收入，这一点我们将在第 6 章看到。

法律法规：商业模式创新的促进和阻碍因素

在第 3 章我们讨论了环境变化如何影响商业模式创新。然而，环境变化也可能来自法律和外部规则的变化——常常被称为"监管的不确定性"。这可能会迫使企业调整或替换掉自己的商业模式以保持合规。要应付大量外部规定的企业，革新商业模式的积极性要比那些相对不受外部规定影响的企业强 8%。

不过，在任一特定领域，现行法规同等适用于所有的市场参与者，因此，完全遵守外部规定并不会带来任何竞争优势。优步和爱彼迎等创新者都表明，不遵守行业规定和法规实际上可能非常有利可图（Klitsie et al.，2016）。例如，尽管遭到了政府、城市、出租车司机和工会等的强烈反对，优步仍继续在多个国家推广其非常激进的 UberPop 业务模式——一个优步与非专业驾驶员合作的在线平台。优步不是在遵守出租车行业的法律法规，而是作为一个积极的行动者，在设法改变这些法律法规。优步正在努力展现一个更为成熟的形象，还引入了一个由欧盟前竞争事务专员尼莉·克罗斯和美国交通部前部长雷·拉胡德等重量级政策顾问组成的委员会。通过"互相迁就"（比如说优步的非专业司机要做一些额外测试），优步一方面在努力取悦监管机构，一方面通过一定的方式修改或淡化规章制度以使其商业模式合法化。然而，优步却与一个个城市发生了意见冲突。在美国奥斯汀，选民投票要求对优步司机进行指纹背景调查，优步在拒绝遵循此项措施后撤离了奥斯汀市场。在旧金山，优步在未经允许的情况下仍继续进行自动驾驶汽车测试。不过，有一个问题对优步商业模式造成了长期威胁：优步司机是独立合同工还是正式雇员。优步将所有司机视为独立合同工，这意味着优步司机无法获得医疗等福利，无法获得最低工资保障。但是，如果法院裁定优步员工应该受到正式雇员待遇，那么优步就会看到其商业模式的失败。2016 年，优步同意支付近一亿美元给加利福尼亚和马萨诸塞州的司机——这些司机认为自己应该被视为正式雇员。另外，英国伦敦的一项判决认为优步司机应该被视为享有最低工资和带薪休假待遇的正式雇员。优步正在就此进行上诉，同时还在努力用机器人（即自动驾驶服务）来替代目前的一百多万名司机。

同样，房屋共享平台爱彼迎也受到了荷兰阿姆斯特丹和美国纽约等城市立法者的质疑。爱彼迎通过向房东及租客收取交易费来获得利润，作为回报，公司会提供支付处理、保险、私信系统、之前用户评论收集等服务。尽管爱彼迎 2008 年就成立了，但直到 2016 年下半年才首次盈利。2017 年爱彼迎已经在全球 3.4 万个城市招待了 6 000 万名租客。随着旅馆服务业如此大规模增长，爱彼迎也推动了对相关监管问题的讨论，因为传统酒店对爱彼迎插足本行业做出了强烈反应（Mikhalkina，2016）。这些传统酒店宣称爱彼迎的商业模式不合法，努力向监管机构寻求帮助。当时的纽约市总检察长要求爱彼迎上交其在纽约的房东记录，以便查证这些房东是否在缴纳旅馆应缴税款。为了增强其合法性并满足监管机构要求，爱彼迎必须对纽约州和阿姆斯特丹市议会的控诉做出回应。在纽约，爱彼迎禁止新房主发布超过一条房源信息，以限制商业运营者。在阿姆斯特丹，爱彼迎用户现在需要缴纳标准的城市税，同时只有公寓和房屋的业主——而并非租户，才能将房产挂在平台上。此外，爱彼迎将会阻止房东将房屋出租超过六十晚，这将会抑制其在阿姆斯特丹的收入增长。这样的让步对于长期以来一直拒绝监督其房东的企业来说是一个明显转变，因为爱彼迎认为，是房东——而不是爱彼迎，要为遵守当地法律负责。一些分析人士认为，爱彼迎和解式的新方法表明，它急于在可能会于 2018 年发生的首次公开募股之前解决监管方面的争执。总之，颠覆性技术的两个代表——优步和爱彼迎，努力摆脱以往破坏规则的习惯，并开始拿出一种更加成熟、更具和解性的姿态。它们试图与监管机构更紧密地合作制定政策，但是结果好坏参半。它们一次次地与法院和立法机构发生冲突，最终发现其业务因为不断强化的监管而受到了限制。

除了不遵守法律规定外，企业还可以选择超越法定要求（Klitsie et al.，2016）。企业可以与一些其他行业参与者一起自觉采取标准，以影响监管机构，积极塑造商业环境。通过这种"过度遵守"，企业不但超越了行业监管需求，也超越了客户要求。这样，当行业监管变得更加严格时，这些企业就不用承担为适应新标准而产生的额外成本。例如，荷兰金融业的一些先行者主动放弃了通过从保险公司获得余利和对所提供产品征收佣金的佣金制业务模式（Volberda & Heij，2014）。由于荷兰监管机构现已禁止对某些金融产品收取佣金，那些提前很久采用了更加透明商业模式（基于每小时固定费用）的企业，肯定会比那些没有"过度遵守"的企业表现要好。

帝斯曼荷兰区前总裁阿挫·尼果莱曾表示，在食品、安全、环境以及可持续能源供应等方面，聪明的国际立法有助于商业模式创新和保持企业的竞争地位。就业市场、社会政策或可持续目标等方面的新规定或更严格的规定，可能会对老牌市场参与者的商业模式提出挑战，也会鼓励新的参与者开发出适合这些法规的新模式。在环境立法方面，美国加利福尼亚州采用的关于汽车二氧化碳排放的严格立法也被称为"加利福尼亚效应"。这一立法促进了电动汽车等的发展。

　　帝斯曼也从不同规则中获益。加州关于农机和园艺设备油箱蒸发排放方面更加严格的立法，激励帝斯曼研发了一种新的设备——Akulon 燃油阻隔，并申请了专利。这一设备几乎不会排放蒸发污染物。"因此，立法是创新背后的驱动因素，企业可以借此来开辟新的市场，立法也可以给消费者带来安全方面的明显优势，实现多赢。"尼果莱表示，"企业家开始可能会就此发发牢骚，但在接下来很多年他们都可以利用这一领先地位"（FD Outlook，2012）。

　　新法律以及监管方面的变化不仅可以迫使企业调整目前的商业模式，而且可以给企业带来发展全新商业模式的机会。例如，当美军研发的全球定位系统对非军方应用开放之后，TomTom 就从中获利了。监管的变化，比如以英国和爱尔兰为先行者的欧洲航空业放松管制，推动了瑞安航空和易捷航空等公司廉价航空概念的兴起和发展，这些变化不仅影响了老牌航空公司的商业模式，而且影响了机场的商业模式（Barrett，2000）。

　　一方面，法律也会阻碍、抑制商业模式革新。药物要经过漫长而昂贵的程序方可上市。另一方面，技术和概念以专利的形式通过知识产权得到保护。这种保护可以让复制成功的新商业模式更为容易。因此，Talpa 传媒能够在包括中国、巴西在内的约 45 个国家出售"好声音"这个概念。

　　通过知识产权进行保护并非总能确保成功，因为围绕某种技术或某个概念也可以研发出具有相同或类似功能的替代品（Ettlie & Reza，1992）。例如，巴克星咖啡和物美在概念上与星巴克咖啡和沃尔玛似乎非常接近。知识产权带来的保护会给企业一种虚假的安全感，这反过来会鼓励长期的商业模式复制，甚至是商业模式僵化。因此，此前电信领域的国企发现在私有化之后革新商业模式非常难。在自由市场上，这些企业没有了以往的垄断地位优势，而是要与其他市场参与者进行竞争——尽管它们几乎没有任何商业模式革新的经验。

因此，法律法规会以不同的方式影响商业模式创新。新规则会（间接地）迫使企业改变其商业模式或开发新的模式；新规则也会提供各种各样的机会——尽管这些机会有时会受到某种限制。最后，法规可以提供安全性，因为法规可以确立并保护新发明的所有权。然而，由于模仿新概念的空间很大，这往往带来一种虚假的安全感。

本章小结

正如表 5.1 所示，各种内部和外部因素会阻碍或者促进商业模式复制和革新。表中并没有列出所有的影响因素，不过从我们的研究和案例分析中可以得出结论：表中所列因素是最重要的一些促进和阻碍因素。在图 5.3 中，这些促进因素分为文化和领导因素、CEO特征、外部导向程度、企业特征和制度性因素。

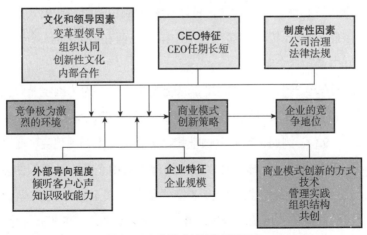

图 5.3　商业模式创新的促进因素

　　企业在多大程度上依赖商业模式复制或革新？第 6 章我们将会通过四个广泛的案例研究来展示企业是如何形成不同的商业模式变化轨迹的。既有一开始采用商业模式复制，之后转而进行商业模式革新的企业，也有商业模式革新转为商业模式复制的企业，同时还有固定于某个商业模式，之后必须加速进行商业模式复制以便保持成功的企业。

第6章

商业模式转型：战略驱动还是客户驱动

迷你光碟，曾经尖端技术的典范

还记得迷你光碟（MD）吗？不算很久以前——20世纪90年代——它还非常先进。索尼刚推出MD时，音乐爱好者非常开心。MD综合了盒式录音带和CD等前辈的优点——良好的音质以及让使用者自行录音的功能。此外，MD随身听比数字磁带录音机更便宜、更实用。索尼似乎是在扩张其在个人音频市场的主导地位——这一地位建立于索尼推出随身听的20世纪70年代。

然而，事情却朝着不同的方向发展。苹果，当时还是一个主要与平面设计师有关的品牌，在21世纪初发布了MP3播放器。这意味着美国人正在制定新的标准。实体的音频载体消失了，文件可以更快得到复制，存储能力也有所增强。

索尼没有进军MP3市场，而是继续坚持生产MD。这一方面是因为索尼对自己的理念特别有信心，另一方面是因为索尼当时刚刚收购了哥伦比亚广播公司庞大的音乐目录。MP3所提供的简易复制功能对此是个严峻威胁。那么，索尼是如何回应的呢？他们的应对方案是在 MD 录放机内安装了一个小型的可以高速转换文件的内部装置，以及能阻止使用者复制超过三次以上的安全装置。这是一个"太少，太晚"的案例。苹果也针对非法复制和下载给出了答案：iTunes。其余都是历史了。苹果从一个细分市场参与者发展成了潮流引领者。2013 年 3 月，最后一台 MD 随身听下线。

这本书以后的版本可能会问，你还记得 iPad 吗？事实上，投资者和股东现在都在抱怨苹果仅依赖更新现有产品，换句话说，就是陷于模式复制。2011 年公司领导史蒂夫·乔布斯去世后，苹果就没有出现过新的技术突破，现在主要是发布 iPad 新版本，并且新版本发布越来越频繁。再过一段时间，苹果是否会成为这十年中的索尼？

商业模式创新矩阵

上面这个故事告诉我们，一旦达到了商业模式革新阶段，并不是说就能自动处于这个阶段。不仅如此，商业模式革新一段时间后往往会不可避免地有一段复制期。错误估计、防御性策略、重要人物的离开、自满情绪——这些原因都可以快速毁掉早期的领先所带来的好处。诺基亚——一家手机出现之初就存在的公司，对此再熟悉不过了。本章后面的案例将会提供其他例子说明类似情况。

第 2 章介绍了两种典型的商业模式创新类型：商业模式革新和商业模式复制。在第 4 章我们了解到，各种更为内在或者更为外在的不同杠杆组合是如何推动商业模式创新的。内部导向型商业模式创新受企业战略驱动，外部导向型商业模式创新受客户驱动。将商业模式创新类型与不同的商业模式导向结合起来，我们得到了四个可能的变化类型（图 6.1）：

	战略驱动型	客户驱动型
商业模式革新	**探索并主导** *全企业范围的改变* 1. 变革型领导 2. 中高层的全力参与 3. 创新性的企业文化 4. 内部知识吸收 5. 动态化的环境 6. 不断变化的内在组织认同	**探索并联系** *升级到新客户* 1. 变革型领导 2. 高层和前沿管理层的全力参与 3. 客户驱动的创新性企业文化 4. 外部知识吸收 5. 动态化的环境 6. 不断变化的外在组织认同
商业模式复制	**利用并改良** *指令型改进* 1. 交易型领导 2. 高层的全力参与 3. 创新性不那么强的企业文化 4. 内部知识吸收 5. 竞争压力 6. 较强的内在组织认同	**利用并联系** *联系现有客户* 1. 交易型领导 2. 高层的全力参与 3. 客户驱动的企业文化 4. 外部知识吸收 5. 较大的竞争压力 6. 较强的外在组织认同

图 6.1　商业模式创新矩阵

·**战略驱动型商业模式革新**。特点是变革型领导、中高层的全力参与、创新性的企业文化、对内部知识吸收的重视、动态化的环境和不断变化的内在组织认同。我们把这一变化类型称为"探索并主导"。这种积极主动的商业模式革新必然会带来各管理层都参与的、全企业范围内的改变。

·**客户驱动型商业模式革新**。特点是变革型领导、高层和前沿管理层的全力参与、客户驱动的创新性企业文化、对外部知识吸收的重视、动态化的环境以及不断变化的外在组织认同。我们将这一变化类型称为"探索并联系"。这里的商业模式革新通过对全体客户做出回应来升级商业模式。

·**战略驱动型商业模式复制**。特点是交易型领导、高层的全力参与、创新性不那么强的企业文化、对内部知识吸收的重视、竞争压力以及较强的内在组织认同。我们将这一变化类型称为"利用并改良"。在这种类型中，指令型管理层能改进、改善现有商业模式。

·**客户驱动型商业模式复制**。特点是交易型领导、高层的全力参与、客户驱动的企业文化、对外部知识吸收的重视、较大的竞争压力以及较强的外在组织认同。我们将这一变化类型称为"利用并联系"。在这种类型中，通过与现有客户更为密切的联系，商业模式得到大大改善。知识组合和交流对这种类型尤为重要。

我们可以把企业放在商业模式创新矩阵中四个象限中的某一个象限。例如，帝斯曼，就符合"探索并主导"象限（图6.2）。帝斯曼经历过几次商业模式的彻底改变：靠石油起家，接着转到散装化学品，然后是精细化学品，最近又是生命科学和材料。苹果和谷歌这样的公司也可以归入这个象限。苹果曾在短时间内彻底改变了其最初的商业模式：从供应个人电脑到为新市场供应完全不同的设备，包括为音乐市场供应 iPod，为平板市场供应 iPad，为电话通信市场供应 iPhone，并提供这些设备的相关服务。谷歌也经历了多种不同的商业模式。比如，谷歌不再单纯做搜索引擎，还开始为企业提供"商业智能"，开发了汽车自动控制技术，而且在视光行业有所活动——比如"谷歌眼镜"。帝斯曼、苹果和谷歌的商业模式革新大都是企业内部驱动的。这些企业发现，进入不熟悉的领域能够带来更有吸引力的回报。在这些案例中，商业模式革新不是市场中的直接客户需求（市场反应）所带来的，而是企业管理层创造新市场的主动性战略（市场创造）所带来的结果。

	战略驱动型	客户驱动型
商业模式革新	帝斯曼、苹果、谷歌	鹿特丹港务局、荷兰皇家IHC
商业模式复制	通用汽车、宜家、麦当劳、荷兰皇家孚宝	恩智浦、任仕达

图 6.2　四种商业模式创新：每个象限的企业举例

　　鹿特丹港务局和荷兰皇家 IHC 符合"探索并联系"象限。鹿特丹港务局通过与客户紧密合作和吸引新客户，将其商业模式从"地主"转为了"港口开发者"。荷兰皇家 IHC 为近海、疏浚市场和水力开采市场供应船只和服务，从"只要滑道填满就好"的模式转变为一个更注重客户的商业模式。该公司通过提供集成化技术解决方案来创造价值。

　　恩智浦与任仕达属于"利用并联系"象限。恩智浦目前的商业模式更多是受客户驱动，苹果、三星之类的大客户早期就参与到了恩智浦定制半导体的发展之中。任仕达荷兰公司将其业务模式从提供临时工作人员升级到提供"集成化人力资源解决方案"，代客户进行登记、计划、新职介绍、招聘和筛选等相关人力资源活动。

　　符合"利用并改良"象限的企业有通用汽车、宜家、麦当劳和荷兰皇家孚宝等。持续改进现有商业模式导致通用汽车最终处于不利地位。不过，位于此象限并非一定不好。宜家和麦当劳就通过在很多不同的国家复制其现有商业模式取得了巨大成功。随着时间的推移，这两家公司可以利用自身经验，一次次地改进其商业模式。世界领先的独立液体仓储经营企业荷兰皇家孚宝通过反复试验了解到，对液化气、生物燃料和石油等液体仓储来说，战略驱动的商业模式复制更易于带来长期的成功。

　　本章我们将详细关注上面所提到的几种路径中使用到的创新杠杆。有些创新杠杆在某些路径中的作用更为明显。我们也会说明商业模式创新中最重要的促进因素和阻碍因素，其中有些因素也可以在图 6.1 所示商业模式创新的四种类型中找到。这里基于象限的不同，对不同因素做了更大或更小程度的展示。

　　商业模式革新和复制可以带来更好的企业业绩。在第 3 章，我们讨论了动态性、竞争性等商业环境的颠覆程度对此有什么样的影响。环境动态性也会影响商业模式创新的顺序。例如，在一个动态性不强的环境中，通过市场调研从市场获取知识，会带来技术和商业模式的改进，形成更好的企业业绩表现基础（"利用并改良"类型）。如果商业模式复制以这种方式追随市场，其重点就是发现客户满意或不满意的原因，修正错误，增加积极体验，以及提供客户所需（Berthon et al.，2004）。

　　在动态化环境中，顺序就完全不同了：商业模式革新带来新市场。这种顺序主要出现在技术导向很强的企业中（"探索并主导"类型）。索尼发布随身听就是一个恰当的例子。市场调研曾表明，消费者不想带着这种设备走来走去，但是当倔强顽固的索尼推出随身听后，还是取得了巨大成功。消费者并非总能意识到他们对新技术、新产品或新服务的需求（Berthon et al.，2004）；有时，新技术、新产品和新服务甚至会创造需求（市场创造）。iPhone 就是一个很好的例子。

　　当然，这只是一种模式，事实上，企业并非总是恰好契合这些象限中的某一种。契合程度有多高也取决于我们站在什么样的位置去衡量。随着时间的推移，多数企业会在商业模式创新矩阵中的不同象限之间移动。正如索尼的例子所表现的那样，一开始进行商业模式革新的企业，仅几年后可能就会积极进行商业模式复制。

同样，企业也可能会相对快速地从商业模式复制转为商业模式革新。商业模式创新也有可能在某个时刻受战略驱动，在下个时刻就成了受客户驱动。我们将这种从一个阶段到另一个阶段的移动叫作"商业模式转型"。在当前的动态化环境中，企业可以极为迅速地从一个阶段移动到下一个阶段。从理论上来讲，企业可以在十年中跨越商业模式创新矩阵中的所有四个象限，不过更常见的是，企业在 2~3 个象限之间移动。

我们的实地调研提供了许多案例，说明企业如何在商业模式创新矩阵的几个象限中形成不同的变化轨迹。相关案例有帝斯曼、鹿特丹港务局、恩智浦以及荷兰皇家 IHC。从以下案例中，我们可了解更多关于商业模式创新的成功、困难以及涉及的起起伏伏等实际情况。

帝斯曼：探索并主导

荷兰企业帝斯曼在企业活动、战略以及集团所有制等方面经历了各种彻底的变化。在帝斯曼内部，人们称此为"重塑自我"。

1902 年，位于荷兰林堡省的帝斯曼作为一家矿业公司开始运营，当时是完完全全的国有企业。当 20 世纪六七十年代荷兰的矿藏关闭时，帝斯曼选择专注于散装化学品业务，后来又转向石油化学产品和精细化学品生产。

帝斯曼的私有化分两次进行：公司 2/3 的业务于 1989 年私有化，余下的 1/3 于 1996 年私有化。该企业最近的一次战略调整——也是本案例的起点，开始于 1997 年。从那时起，帝斯曼将自身定位为生命科学企业，并努力在该领域致力于世界领先地位。帝斯曼每三到五年举行一次"企业战略对话"，本次转型的想法就来自某次战略对话。在这些战略对话中，关键人物描绘出一些场景和未来愿景，这样就确定了企业的战略重点。

1997 年之前，帝斯曼是一个依靠商业模式复制改变自身的石化企业。随后，生命科学更大的增长潜力和更高的利润，以及石化不断降低的吸引力，促使帝斯曼高层采取了彻底的商业模式革新形式。此次革新，更多的是由战略驱动，而非客户驱动。几十年来曾是帝斯曼核心部门的石化部门被整体出售，甚至在买家还未出现的情况下，公司高层就宣布了这一决定。

帝斯曼最新战略变更时间表

1997 年	对社会趋势以及集团当前业务的分析让高层相信，帝斯曼应该专注于生物技术领域
1998 年	与吉斯特公司合作了一段时间之后，帝斯曼收购了这家创新能力极强但资本不足的食品和生物技术企业。吉斯特董事谢白曼于 2000 年成为帝斯曼董事会成员，2007 年成为帝斯曼 CEO。这一收购行为对帝斯曼的研发方法产生了巨大影响
2000 年	通过收购美国卡塔莱蒂卡制药公司，帝斯曼增强了其在生命科学领域的地位。这一领域更高的利润引发了对是否要继续留在石化领域的讨论。帝斯曼的决定是放弃石化业务
2002 年	帝斯曼将其石化部门出售给沙特阿拉伯的沙特基础工业公司
2003 年	帝斯曼收购了罗氏的维生素和精细化学品部门
2005—2010 年	帝斯曼剥离工业化学品相关业务，同时巩固了其在生命科学和材料科学领域的地位
2011 年	帝斯曼收购了美国马泰克生物科学有限公司，并与中国中化集团成立了合资企业——帝斯曼抗感染业务集团
2012 年	帝斯曼收购了美国生物医药公司 Kensey Nash、加拿大生产食品和减肥产品的海洋营养保健品公司，以及数家其他生物技术和食品公司

帝斯曼的转型完全是由战略驱动的。21 世纪之初，当积极主动的帝斯曼管理层启动商业模式革新时，该集团完全契合图 6.1 中左上角的象限。在接下来的几年中，整个集团从极端的商业模式革新转为相对更大程度的复制。帝斯曼通过收购等方式强化了自身在生命科学领域的地位，但除了生物医用材料和生物燃料外，不再走全新的路子。此外，集团某些部分的模式革新更大程度上是由客户驱动的。现在该集团的创新不是发生在受保护的研发中心，而是客户参与进行的。为了鼓励这种更大程度的外部导向，帝斯曼采用了"自豪地在别处发现"的口号。

1997 年开始的战略调整让帝斯曼最终变成了一家全新的企业。帝斯曼"企业战略与收购"部门前任执行副总裁海因·斯克勒德也被称为"新帝斯曼的设计师"，他曾在 2012 年的一次声明中指出，"在过去的十五年内，帝斯曼的 83% 已经发生了变化"。

帝斯曼的转型中最重要的杠杆是技术。石油化工与生命科学是两个差别很大的行业分支。不过，断言帝斯曼放弃了原有技术、接纳了新技术，未免过于简单化。尽管很多知识在石化部门出售时消失了，但帝斯曼已有的专业技术知识和能力肯定对转型有所帮助。比方说，帝斯曼之前就有一个"特殊产品"业务部，生产青霉素等所需的成分。"但是我们发现，我们并没有在青霉素价值链上赚钱。"帝斯曼开放式创新部前副总裁罗伯特·基施鲍姆这样表示。这样一来更高的利润率刺激了集团在生命科学领域的兴趣，一开始的边缘技术变成了公司的核心技术。从这个意义上说，技术不仅是帝斯曼转型的结果，而且是促进其转型不可或缺的因素。

公司策略变化之后，创新的方式也有了很大变化。生命科学领域比石油化工领域更具活力。以前的工作方式及中心研发实验室，已经不再适合公司的发展了。因此，帝斯曼让创新更加贴近企业，并采取了更多方法。一般而言，被收购方要适应收购方的商业模式，但让人诧异的是，实际上吉斯特反而成了帝斯曼效仿的对象。为了专注于创新，帝斯曼在全世界建立了研发中心网；另外还有一个独立的"创新中心"，来探索公司未来可能感兴趣的技术和其他领域。

"创新中心"根据"开放式创新漏斗"的理念运作——这一理念是开放式创新权威亨利·切萨布鲁夫所提出的。该理念的原理是：无论是来自企业内部研究、合资企业，还是来自其他外部机构的想法和概念都流入漏斗。在所有阶段都保持与外部机构的沟通。

"创新中心"通过探索全新的活动努力加速技术创新过程，其文化与集团其他部门差异很大。这里经常能听到一些日常用语，比如"请求原谅，不要请求许可""开放式创新不再是竞争优势，而是成了竞争必需"。罗伯特·基施鲍姆进一步阐明了这一点："你不会在一家大公司说那种话。可能你会那么做，但是你不会那么说。这些是隐性规则，是不能违背的。"帝斯曼尝试通过将"创新中心"的员工与其他部门员工互调，来快速传播关于创新的思想。

帝斯曼的新商业模式融合了"创新中心"的探索性方法与各业务组更具开拓性的活动。由于帝斯曼已经在生命科学领域活跃了十年左右，也通过收购实现了很大程度的商业模式革新，因此现在正在往商业模式复制转变。客户及其他外部机构通过共创和开放式创新，发挥着越来越重要的作用。并购以及合资企业提供了一种方式，让帝斯曼获得其尚不具备或者不充足的专业知识和能力。帝斯曼的理念是这样的：专业知识和能力不应该完全来自集团外部，而应该已有内部基础。新事物必须扎根于旧事物。

在推动创新方面，帝斯曼高层发挥着重要作用。2005 年，帝斯曼提出了一个雄心勃勃的目标：到 2010 年，收入中应该有 10 亿欧元来自新产品。"一般而言，新产品的收入五年能达到 5 亿到 6 亿欧元，"帝斯曼首席创新官罗布·范利恩这样表示，"这意味着我们必须将创新的速度翻一番。接着这个大目标被分解成每个人的小目标，很多人都需要帮助达成目标。董事会和 CEO 都设法让企业更具创新精神，这样做对公司有很大帮助。"事实上，帝斯曼超额完成了目标，新产品收入达到了 13 亿欧元。

技术也曾是帝斯曼商业模式转型的重要杠杆。帝斯曼将其年收入的 5% 投资于研究和创新，相当于约 4.5 亿欧元，其中 20% 都投入"创新中心"。令人惊讶的是，帝斯曼的 CTO（首席技术官）向 CIO（首席信息官）报告，后者再向 CEO 报告。

管理层是帝斯曼的第二种杠杆。从石油化工转型到生命科学对管理层要求很高。为了确保这些变化得到全公司的支持，高层在鼓舞性领导、模范行为、透明沟通以及促进新认同的活动等新型管理实践方面进行了大力投资。这需要观念的彻底转变。重视安全的思想曾在石化领域占主导地位，这一思想现已被对可持续性的关注所取代；规则思维转变为信任思维。由于合资企业众多等原因，管理者被分配了不同职责，还需要获得新能力。公司更加重视整合与联通能力，外部意识与外向型知识吸收更加重要。通过轮岗来帮助确保对创新的重视能影响到集团中不太愿意进行革新的部门。

帝斯曼使用了组织结构杠杆来实现组织结构方式的巨大变化。在将近 15 年的时间里，帝斯曼通过三个阶段，从一家集中管理的企业变成了分散管理的企业。之后又对此进行了调整，比如将信息通信技术部与采购部合并。帝斯曼还创立了新的运营公司和职位。帝斯曼开始更多地从外部招聘员工，而不再明确局限于林堡省。同时也对企业内部的管控体系进行了调整。在石油化工领域，足以支付固定开支很关键；而生命科学领域的目标是尽可能实现利润最大化。

这就需要不同的管控体系。

这些巨大变化意味着，在过去十年中，帝斯曼要高度重视企业认同与内部文化。"我们是不同部落的集合体，有来自老帝斯曼或是吉斯特、罗氏等被收购企业的不同基因。"罗伯特·基施鲍姆这样表示。比如说，吉斯特的思维比帝斯曼更具有企业家精神；而在罗氏，人们已经习惯了更为指令型的管理方式。设立"同一个帝斯曼"项目的目的就在于创立共同的文化。不过，这个项目同时也给了地方层面充足的回旋空间。

帝斯曼革新中经常出现的一个因素就是有强烈人格特征的领导者的出现。这些领导者能够将鼓舞激励、领袖气质和对未来的愿景结合起来，且反应常常非常灵敏。海因·斯克勒德讲了一个例子："前董事会主席维姆·博热意识到林堡南部缺乏采矿的经济基础，而德国和比利时的采矿业在大量补贴的支撑下，仍然经营了很长一段时间。帝斯曼则非常面向未来，在还是国有企业时，就开始向化学品公司转型。"

对于斯克勒德而言，"要彻底重塑自我"这个共识是"公司历史的一部分。这根植于我们的基因。我们知道，对今天来说够用的东西，明天可能就不够用了。我们总在不断地进行革新，这是帝斯曼文化的一部分"。董事会主席有时会走出自己的影子，很乐意探索不熟悉的新领域。例如，朝着生命科学领域调整是由出身石油化工行业的 CEO 西蒙·德·布雷发起的。

帝斯曼的管理者使用变革型领导和交易型领导来实现想要的变化。变革型领导有助于为大规模变化创造热情、信念和支持。交易型领导传统上是帝斯曼很重要的一部分，用于确保新的行为、职责和工作方式深深植根于企业。为此，有时需要使用自主性沟通：如果人们无法或者不愿应对变化，就请他们去别处看看。一个多世纪的变化只会让帝斯曼变得更加成功，这样一种看法在说服员工转变的必要性方面发挥了重要作用。

帝斯曼仍然是一家莱茵模式的企业。这意味着，为了确保商业模式转型的成功，高层要注重长期延续性，这样才能同时满足多方的利益相关者：股东、非政府组织、客户以及帝斯曼员工。因此，领导层不仅注重结果，而且很注重过程。正如斯克勒德所说的那样："你不能通过一种我们无法接受的行为来达成结果。对我们来说，行为与结果同样重要。这就是我们所理解的鼓舞性领导。员工应该以一种受鼓舞的态度达成结果。我们希望员工全身心参与项目，而不是仅仅因为老板说必须这样做。"

变革清单

- 20世纪90年代末，帝斯曼开始从战略驱动型商业模式复制转为战略驱动型商业模式革新。21世纪前十年，又转为了一种客户驱动的复制模式。

- 帝斯曼的转型表明，商业模式的变化会对所有的部门和活动产生影响。使用技术这一杠杆也会对管理实践、组织结构和共创产生直接影响。

- 技术是帝斯曼最重要的杠杆。该集团通过收购等方式，将生命科学这一边缘性技术转变成了核心技术，并且放弃了以前的核心技术——石化。

- 有远见的变革型领导在帝斯曼转型中发挥了重要作用。交易型领导的作用是稳定已发生的变化。变革是以一种自上而下的方式推行的。

- 中高层管理者是变革的设计师。他们通过模范行为和透明的集中沟通等实践，推动企业朝着预设方向变化，还特别注重改变企业认同和文化。

- 帝斯曼创新的性质发生了很大变化。收购行为带来了新的专业知识和能力，同时也带来了不同的文化和思想方法。帝斯曼目前正在进行更多的开放式创新和共创。

- 传统上，知识吸收主要是企业内部问题，但在转型之后，帝斯曼更加注重外部知识吸收：从一种"非我所创"的态度变为"自豪地在别处发现"的理念。

- 通过进军生命科学领域，帝斯曼进入了一个更具活力的市场。

图 6.3 展示了帝斯曼的商业模式转型轨迹。表 6.1 概述了管理层在商业模式转型中起到的作用。

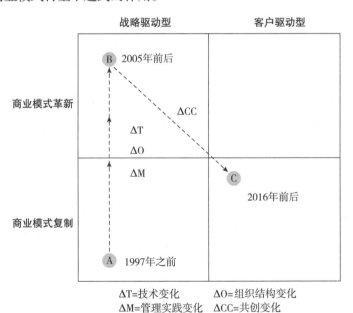

图 6.3 帝斯曼的商业模式转型轨迹

表 6.1　管理层在帝斯曼商业模式转型中的作用

	轨迹 A → B	轨迹 B → C
高层	· 从交易型领导到变革型领导 · 推动在新技术、新组织结构和新管理实践几种杠杆上的变化 · 创建创新性的企业文化	· 更注重交易型领导 · 注重共创和开放式创新
中层	· 更多分散式管理，更注重信任 · 强化内部合作	· 调整协调体系 · 强化内部与外部合作

鹿特丹港务局：探索并联系

　　鹿特丹港务局成立于 1932 年，传统上有很强的行政管理和开发利用职能，负责管理航运交易、租赁码头的位置和地址以及所收取的港务费。同时，港务局也从这些活动中获得其大部分收入。"地主"这个词非常符合港务局的角色。"地主"商业模式侧重于土地开发利用（租赁和维护），以及对鹿特丹港和附近海岸船运交通的处理。该企业采用层级制架构，被动式地进行运营，商业模式属于战略驱动型复制。

　　港务局在其 1997—2000 年的商业计划中表达了从价值链中的"地主"转变为"策划协调人"的雄心。这一革新的商业模式明确侧重于在客户需求的基础上创造战略价值，达到此目的的方式就是构建知识密集型和创新驱动的供应链、网络、集群和客户关系等形式的战略型互联互通。2000 年之后，港务局的确开始逐渐发挥不同的作用；2004 年的私有化进一步推动了这一进程。对港务局新职责最好的描述就是"港口开发者"。从广义上来说，这种港口开发者商业模式侧重于企业家精神（常常与私有领域开展合作）以及创新驱动的港口开发。港务局目前管理鹿特丹及其附近港口工业区的发展，运营更积极主动、更有创新性，组织结构也更为分散。它与客户有了更多合作，商业模式变成了客户驱动的革新。

2012 年，港务局营业额约达 6.15 亿欧元，员工达 1 160 人，运营环境国际化、高度动态化。西欧港口，尤其是德国汉堡和法国勒阿弗尔地区的港口之间竞争非常激烈。国际上（石油）化工企业之间的竞争也日益激烈，同时这些企业还面临着生物质等可再生能源的颠覆。

过去十年，港务局运营的国际环境也发生了很大变化：

- 世界贸易有所增长；
- 世界经济重心已经转移到亚洲，与此同时运输也随之流动；
- 运输量有所增长；
- 现在更多的货物通过集装箱运输；
- 原材料更为罕见；
- 物流链得到了整合。

港务局的内部环境也变得更加复杂。"马斯平原垦地二期规划"工程——填海造地形成的人工港口区，以及其他新项目带来了很多新的法律法规。在项目的计划和执行过程中，要考虑的利益相关者越来越多；安全要求更加严格；对可持续性的要求也更高。港务局前 CEO 汉斯·斯米茨提道："我们进行了更多讨论，包括各种类型的讨论。这个过程本身变得更为复杂，不仅利益相关方的数量和类型更复杂，我们需要考虑的问题也更复杂。我们处于各种利益相关方所讨论的最中央，这种讨论决定我们的决策过程和结果。这是前所未有的。"

2004 年，港务局成了一家独立的公众有限公司，鹿特丹市政府和荷兰中央政府先后为其公家股东。私有化让港务局更加灵活，能在资本市场上更独立地运营，并且能有更大的空间直接与业界接洽。港务局有了更多选择，在共创方面尤是如此。

港务局转型过程中的一个重要杠杆是组织结构。私有化前后过程中，港务局在内部组织结构方面的连续变化，带来了一个更为扁平、具有更多水平关系的组织结构。港务局因此比以前更加接近市场，与客户联系也更为密切；运营更加以项目为导向，项目协调也更为专业化。港务局引入了财务和业务审计并将此作为标准，还特意给员工更多的机会在企业内部变换职责。总而言之，内部灵活性得到了增强。

为获得新业务和新收入流，港务局于 2000—2015 年间成立了各种新的业务部门，包括创新委员会、鹿特丹港国际部——旨在帮助全世界的港口发挥其最大潜力，以及 PortXL——第一个"世界港口促进计划"，为鹿特丹港区的初创企业提供创业道路上的支持。创新委员会成立于 2012 年，目的是汇集创新相关问题，并凸显这些问题的重要性。新成立的鹿特丹港国际部涵盖了港务局的所有国际活动，目的在于增强国际参与度。PortXL 实施于 2015 年，旨在增加鹿特丹港区海港相关的成功初创企业数量。PortXL 侧重于建立一个由创办者、投资者和企业合作伙伴组成的可行性生态系统，以促进并颠覆海洋、物流、能源以及化工或炼化市场的发展。

第二个杠杆是不同的管理方式。在新机构中管理层级的数量大大减少，新的管理人员也得到任命。2005 年，汉斯·斯米茨成为新任 CEO。接下来，最初的 20 位高管中有很多都卸任了，新任高管都有自己确定的职责范围，比如企业战略或财务。此后，管理者直接向由 CEO、CFO（首席财务官）和 COO（首席运营官）三名成员组成的委员会中的一名汇报。这种直接的汇报方式与过去截然不同。

港务局的另一个管理创新是让企业、非政府组织、雇主和雇员组织等外部的利益相关者更多地参与项目，以使最终的决策更加顺利，为项目创造更广泛的支持基础。汉斯·斯米茨解释说："我只能找到一种避免瘫痪、保持灵活、果断的方式，那就是寻求对话：要真正地、以合适的方式相互倾听。"在"港口愿景 2030"未来计划的实施议程中也可以看到这种利益相关者管理法。

今天，港务局被其高管层更多地定位为"创业型开发者"。共创，尤其是与客户的共创，专门用来提高港口的竞争能力。

技术是本案例中一个不太重要的杠杆。港务局的性质意味着，技术变化仅会在有限的范围内影响商业模式。不过，港务局引入了新的信息通信技术系统，使其能够提供更高效、安全的装运处理业务。第一阶段于 2011 年交付的港务管理信息系统 HaMIS，使港务局能更好地协调海运链。创新性的通信系统 Portbase 优化了各公司的跨港物流。这一系统是 2009 年通过共创与阿姆斯特丹港共同建立的。尽管如此，新技术在港务局的转型中只是发挥了辅助性作用，而非主导性作用。

<hr />

管理层在商业模式创新中的作用

2000—2012 年，港务局有两位领导人。1992—2004 年，威廉·斯霍尔滕任 CEO。他被认为是一个变革型领导者、战略思考者、有远见者。在他的领导下，港务局的运营更加商业化，更加务实。然而，后来被称为"RDM 事件"中的财务不当行为导致斯霍尔滕于 2004 年被迫离职。当时，鹿特丹港申请为深陷困境的荷兰公司 RDM 非法出具 1.835 亿欧元的银行担保，斯霍尔滕因此饱受指责。银行担保鹿特丹港能获得一些包括潜艇建造订单在内的生产合同；当时还需要银行担保以确保一些银行能给 RDM 四家子公司信贷额度。后来当担保变为 RDM 子公司的债务之后，德国商业银行和英国巴克莱银行要求其偿还债务。

汉斯·斯米茨于 2005—2014 年担任 CEO。他的任命预示着一个更强调透明性和更集中参与的时代即将到来。斯米茨也是变革型领导者的代表，经营管理方式务实，具有开拓性。随着他的上任，港务局的务实工作继续进行。同时，港务局在企业内外的运作都更加透明。例如，大量信息在内网上公布。港务局还采取了措施来改善其财务状况，使得股息协议能够履行，客户也能拿到一个好的价格质量比。

在汉斯·斯米茨领导下制定的"港口愿景 2030"以及商业计划（2006—2010 年和 2011—2015 年），强调港务局作为港口开发者的角色。斯米茨提倡简化程序，以便更有效地采取行动。他强调创新的重要性，因为创新能让一家企业在不断变化的市场环境中保持竞争力。他提到："我们是世界市场的领先者，这增加了我们的压力，让我们总是努力保持在前列，并一次次地自我革新，而这又让我们能在竞争日益激烈的环境中巩固这一地位。"

斯米茨相信，持续关注商业模式创新是良好领导力的一个条件。在他眼中，通过社会创新来改变人的行为是关键所在。而这只有通过改变组织结构和采用新的管理方法才会成为可能。为了实现新的商业模式，他相信，利益相关者管理，尤其是在各利益相关方之间达到一个很好的平衡，也至关重要。

更扁平化的组织、基于项目的管理以及利益相关者管理等条件一成立，港务局就与来自石化、能源、运输和物流行业的客户以及其他港口局等外部机构一起创建了各种不同形式的新业务。鹿特丹港务局建立伙伴关系的优势在于，它可以继续专注于自身的核心业务，与此同时还可以从合资方所拥有的专业知识中获益。与其他公司的这种合作也有助于整合物流链，提高物流链效率。用斯米茨的话说："鹿特丹港可以在这里发挥中间人的作用：将相关方集中起来，共同处理运输活动；或者也可以发挥投资者的作用，成为内河航运或铁路的大型内陆枢纽所有者。"共创最后被证明是鹿特丹港务局最重要的杠杆。共创带来了战略更新、知识发展、创新以及其他企业更难复制的国际战略定位。下面会讨论四个有关港务局共创的案例。

与阿曼苏哈尔港创办合资企业

鹿特丹港在全球运输链中的衔接作用日益重要，因此涉足成长型市场对鹿特丹港也很关键。通过参与其他港口的经济活动，港务局能将自身能力更好地彰显给市场内的其他企业，还能强化其作为运输链指导者的作用。活跃于成长型市场也能增加港务局对这些市场的了解。

所有这些考虑促使港务局达成了一个决定：在阿曼苏哈尔港的"地主"——苏哈尔国际发展公司和苏哈尔工业港公司中参股 50%。与阿曼政府建立的这一合资企业涉及管理和开发苏哈尔港口工业区。此举是鹿特丹港务局在国际上的第一次参与式投资。除了直接收入，港务局对苏哈尔港业务的参与也创造了对凯谛思、BAM 集团、世天威集团、皇家豪思康宁集团、德泊亭以及凡诺德等荷兰公司专业知识的需求。

Multicore：地下物流系统

2003 年，鹿特丹港务局与孚宝化学品物流合资建立了 Multicore 系统。Multicore 在港区为（石油）化工和天然气行业运营地下管道系统，该系统用于更高效地运输化学产品，强化了港口的化工产业集群地位。投资 Multicore 是旨在增强港口工业区活力的一项高风险的事业。不过，这项投资是必要的，因为如果将管道系统扔给各公司自己去做，这个系统不会成功启动——或者至少成本效益不会较好地运营。这个项目的跨公司特征使得鹿特丹港务局成为最适合在建设和提供这一基础设施方面发挥积极作用的机构。通过 Multicore 项目，港务局从"地主"和运营商发展成了运输链的指导者和推动者。目前，阿苯哥、空气产品公司、埃克森美孚、科氏、林德气体、壳牌化工欧洲公司以及信越等都在使用 Multicore 系统。

Alpherium：内地的物流枢纽

港务局希望增加铁路和内河航运运输货物的比例。为了应对可以预见的集装箱运输大量增长和荷兰公路的拥堵，有必要提高这一比例。因此，港务局在荷兰莱茵河畔阿尔芬投资建立了一个叫作 Alpherium 的转运站。转运站于 2010 年开放，面积 6 万平方米，是荷兰最大的集装箱装卸作业内陆港。Alpherium 可以扩大并改善港口的"后门"，确保往返内地更高效的运输。

Alpherium 是通过与商界的共创建立的。港务局购买了这块土地，因此是这个站点的所有者；项目的主要发起者是物流服务供应商 Van Uden 集团和酿酒商喜力。Van Uden 集团在转运站建设方面进行了投资，是这一内河港的托运人和运营人。喜力此前就一直在寻找从公司在祖特尔乌德的酿酒厂到鹿特丹和阿姆斯特丹港之间卡车运输的替代交通方式，因此承担了"起始客户"的角色。零售公司

Blokker、Intertoys 和 Zeeman 随后也成了 Alpherium 的客户。尽管港务局是 Alpherium 的"地主"，但可以说，这一举措代表着港务局业务的新领域，因为港务局与鹿特丹港区之外的客户，以及"客户的客户"共同对这一转运站进行了投资。

Portbase：广泛的物流通信系统

鹿特丹港务局与阿姆斯特丹港联合投资了港口通信系统 Portbase，这让港务局继续朝着运输链指导者的方向发展。该系统建成于 2009 年，是一个公共信息通信技术平台，可以为公司之间以及公司和政府之间提供 40 多种信息交换的智能服务，适用于港口所有部门。由于整个信息交换过程是通过一个中枢点来运行的，各港口公司不再需要各自开发和维护众多双边联系。通过建立 Portbase，港务局为托运人和承运人创造了战略价值。

目前得到港口企业广泛支持的 Portbase，源于鹿特丹港的 Port Infolink 以及阿姆斯特丹港的 PortNET。Portbase 的主要目标之一在于通过提供一个中枢访问点，让两个港口的物流链更具吸引力；其另一个目标是在内陆和外国港口物流网络中发挥核心作用。通过对 Portbase 的投资，鹿特丹港务局正推动鹿特丹港口工业区的创新，并加强与阿姆斯特丹港的战略联通。

变革清单

- 从 2000 年起，鹿特丹港务局就从"地主"转变成了"港口开发者"；港务局从战略驱动型商业模式复制转变为客户驱动型商业模式革新。
- 市场复杂性和动态性的增强以及竞争的加剧是港务局商业模式转型的重要诱因。2004 年的私有化进一步推动了模式革新。

- 最初的杠杆是企业分权、管理层级减少以及管理方式的变化。这些因素为共创开辟了道路，而共创带来了大量新业务。
- 变革型领导在转型中发挥了重要作用。有感召力、有长远眼光的 CEO 发挥了推动性作用。新的管理者、更加扁平化的组织以及直接汇报体制有助于商业模式革新的实施。
- 知识吸收的重点从内部转到了外部。与客户及其他外部机构合作带来了大量专业知识。
- 进入荷兰内地、新兴市场等新的地理区域，以及承担运输链指导者、基础设施提供者等新角色，是共创的重要因素。

图 6.4 表明了鹿特丹港务局的商业模式转型轨迹。表 6.2 概述了管理层在鹿特丹港务局商业模式转型中的作用。

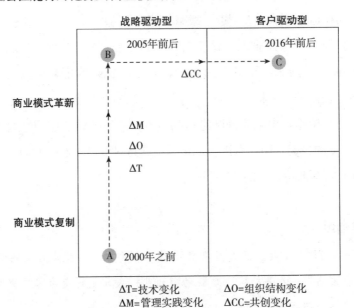

图 6.4　鹿特丹港务局的商业模式转型轨迹

表 6.2　管理层在鹿特丹港务局商业模式转型中的作用

	轨迹 A → B	轨迹 B → C
高层	·从交易型领导到变革型领导 ·对环境变化做出回应 ·做出杠杆方面的改变：组织结构、管理实践和技术	·变革型领导 ·更注重客户与共创
中层	·实施杠杆方面的改变	·实施共创 ·加强内部和外部知识共享

恩智浦：利用并联系

1975 年，飞利浦收购了恩智浦的前身——西格尼蒂克。这家公司成立于 1961 年，是第一家完全专注于集成电路（硅片）生产的企业。靠着飞利浦这棵大树，西格尼蒂克发展成了欧洲最大的硅片生产商。飞利浦还从事很多其他方面的业务，因此从前的西格尼蒂克并非专攻某一业务。"飞利浦部门需要什么产品，我们就生产什么。这意味着我们并未瞄准具有最佳市场机会的产品。有内部客户非常好，但是这也限制了我们的发展。"恩智浦荷兰区 CEO 及全球董事会成员吉多·迪里克这样表示。

飞利浦越来越关注健康和生活方式方面的产品。同时，硅片市场也在萎缩。为了保持竞争优势，恩智浦需要大量投资，这最终导致飞利浦与其分道扬镳了。母公司飞利浦一开始想寻求与另外一家芯片制造商的合并或者希望被其收购，失败之后，飞利浦于 2006 年将其硅片生产部门出售给了一个由科尔伯格·克拉维斯·罗伯茨公司、贝恩资本、银湖资本、安佰深以及 AlpInvest Partners 组成的美国私募股权财团。这个财团收购了西格尼蒂克 80% 的股份，飞利浦留下了余下的 20% 股份。新公司更名为"恩智浦半导体"。

恩智浦因私有化背负了 60 亿美元的债务。此外，收购完成不久，恩智浦就面临着 2007—2008 年的银行业危机，危机也对硅片市场造成了不利影响。在飞利浦羽翼下的三十多年中，恩智浦并没有获得任何独立做业务的经验——很多部门和职位是设立在飞利浦公司层级上的，因此恩智浦最初甚至根本没意识到这个问题的严重性。根据所有相关方的说法，恩智浦曾在 2006—2008 年间濒临破产。现金一度非常紧缺，而这个问题当时甚至没人意识到。

为了拯救公司，所有预计长期不会盈利的部门都被出售了。在飞利浦时，恩智浦专注于生产和研发构成电视和智能手机等设备核心部分的复杂芯片。开发这些芯片动不动就要耗费数亿欧元。这是一笔风险很高的生意，因为往往只有少数买家；如果这些买家撤出，投资也就不会回本了。

2008 年，在时任飞利浦 CEO 万豪敦的带领下，恩智浦出售了手机和个人业务，获得了 10 亿多欧元的资金。"回想一下，可以说正是此举拯救了我们，"迪里克表示，"如果没有这些出售业务，我们肯定会在 6 个月后破产。但是，债务同时也帮助我们东山再起。债务营造了一种危机气氛，因为没有这些债务，就不会有关于破产的问题。由此产生了纪律。"除了砍掉一些部门之外，恩智浦也解雇了很多支持性工作人员，员工数量从约 37 000 人减少至约 25 000 人。

财团从外部任命了管理者，或者叫"特聘专家"，来担任公司的战略性职位。在财团的严格监督之下，恩智浦掌握了经营企业的技术。公司实行了大规模的减员，并力劝无法应对这些改变的人离开。恩智浦的企业特征快速变化：做决定更为迅速，也更加注重结果。

2010 年恩智浦变成了股份公司，在纳斯达克挂牌上市。这是恩智浦迈向独立的最后一步。财团仍掌握着公司 54% 的股份。管理者也获得了股份和期权，这是财团的一个预定战略，目的在于将股东价值提至更重要的位置。这一原因，一定程度上使恩智浦越来越多地由莱茵模式向盎格鲁 – 撒克逊模式转变。

2015 年，恩智浦通过一场股票加现金的交易，完成了与其美国竞争对手飞思卡尔的合并。这次合并使其成为混合信号半导体行业的领导者，业绩表现极佳，总收入超过 100 亿美元。新恩智浦公司总部还在荷兰艾恩德霍芬，恩智浦已经成了汽车半导体解决方案和通用微控器产品市场的领导者。目前，恩智浦是世界第五大非存储型半导体供应商，还是安全身份识别、汽车、数字网络行业的领先半导体供应商。2016 年，恩智浦决定将其标准产品业务出售给由中国建广资产和智路资本等中国投资者组成的资本集团。现在恩智浦的标准产品业务部门更名为内斯比尔，总部位于荷兰奈梅亨。

2016 年 10 月 27 日，3G、4G 以及下一代无线技术世界领先者、位于美国圣迭戈的高通公司宣布以 470 亿美元的价格收购同行芯片制造商、世界领先的汽车芯片供应商恩智浦。2017 年 1 月 27 日恩智浦股东通过了高通的收购要约。这一收购行为是高通的一场豪赌：高通认为汽车会成为下一个智能手机，就像智能手机一样，汽车提供了一种方法，将一度需要将诸多其他设备所提供的通信和服务融合在一起。这可以被看作一个潜在改变游戏规则的交易，可以扩大高通现有产品组合范围，并为其增加全新的市场。高通 CEO 史蒂夫·莫伦科夫表示，"我们的战略是将移动技术扩展至强劲新机会领域，收购恩智浦将加快这一战略，通过规模化地提供集成半导体解决方案，我们将处于引领行业发展的优势地位……我们将更好地支持客户和消费者实现智能互联世界的全部优势。"（高通 2016 年 10 月 27 日新闻稿）

虽然高通已经通过与恩智浦的合并拥有了未来，但高通的汽车增长之旅可能并不会顺利。高通在智能手机市场经营的过程中，常与一些非常大型的移动原始设备制造商进行交易，能简便快捷地拿出优秀的设计。另一方面，恩智浦则主要在物联网市场经营，这个市场零散，由众多小客户构成。高通采用的是一种无厂房的晶圆代工模式，将制造或生产外包给第三方。恩智浦则是一个集成化的设备制造商，自有 7 家制造厂及 7 家封装测试厂。双方商业模式的差异可能会给高通毛利润造成负面影响：如果把制造费用加入销货成本，毛利润会减少。高通专注于研发，在运营晶圆厂方面缺乏经验。不过，两种商业模式之间仍有协同的余地：比如，高通可以初步利用恩智浦在运营晶圆厂方面的专业能力来生产其现有产品，而恩智浦可以利用高通的研发专业能力加速推进其在汽车行业的技术创新。

<hr />

两种不同的芯片

恩智浦有两个分支：一个是"标准"芯片，另一个是特殊芯片或"高性能混合信号"（HPMS）。恩智浦收入的 12% 左右来自标准芯片，其余来自 HPMS。正如这个领域中普遍发生的那样，标准芯片常常是在低收入国家生产，这些芯片研发投入较少，只需年销售收入的约 4%。各厂商以低利润大量供应芯片，通过价格来竞争。大型经销商购买了这些芯片的 80%。前不久恩智浦决定将其标准芯片业务出售给一个由中国投资者组成的资本集团，该集团同意为此支付约 27.5 亿美元。

　　HPMS 则是在荷兰奈梅亨等地生产。HPMS 需要更多的研发投入——约占年销售额的 16%，利润率也更高。恩智浦这方面的竞争主要来自美国。恩智浦 HPMS 业务部门经常与客户合作，有时一些芯片就是专为某个或某些客户生产的，生产完毕直接交付给客户。目前这种芯片的开发、生产和销售重心正在向亚洲转移。恩智浦总收入中已有 1/3 来自中国。芯片行业一直以来都有很强的周期性：这阵子市场看好，过阵子就非常萎靡。这个市场非常分散，市场参与者众多，竞争也非常激烈。亚洲公司尤其会以政府补贴的形式获得额外支持。

　　恩智浦新的市场策略可以归结为专注于成功机会较高的细分领域。它专注于 HPMS，并据此分为四条业务线：汽车、安全身份识别解决方案、安全连接设备以及安全界面和基础设施。简而言之，恩智浦的战略是发掘市场中的"甜蜜点"。比方说，恩智浦现已发展成为汽车钥匙芯片领域无可匹敌的市场领先者。迪里克估计，世界范围内 95% 的汽车钥匙都用到了恩智浦芯片。恩智浦在这一细分领域占据领先地位，并有高额利润，这使得它可以进行大量研究投入，以便继续保持这一领先地位。恩智浦也是护照芯片市场的领先者，市场份额约为 60%。例如，与身份识别系统芯片一样，有助于限制设备中能量损失的"绿"芯片，也正成为恩智浦业务中越来越重要的部分。

　　恩智浦进入并留在某个细分市场的标准是：必须是该细分市场的领先者，而且要么比市场排名第二企业市场占有率高 1.5～2 倍，要么有能力做到这一点；增长也应该快于该市场。如果做不到这一点，恩智浦就会在一段时间后停止这项活动。它经常监控自己的目标，看是否已经达到。

芯片是需要密集研发投入的产品，至少对 HPMS 芯片来说是如此。迪里克估计，恩智浦当年隶属于飞利浦时，芯片部门的研发占到了飞利浦所有研发投入的 40%~50%。尽管普遍认为，私人股本公司往往会最大限度地压榨所收购的企业，不过迪里克说，按相对价值计算，自恩智浦重组之后研发支出实际上增长了——即便很多研发人员随着手机和个人部门的出售离开了企业。

目前，恩智浦在全球从事研发工作的员工有约 3 500 人，分布在 20 个地区。大多数研发都是分散在各业务部门的。研发通常不涉及任何基础研究，而是基于恩智浦所说的"实用工程"。基础研究仅在比利时勒芬、荷兰艾恩德霍芬以及新加坡进行。目前参与基础研究的团队规模要比当年隶属于飞利浦时小。

起初恩智浦更多地与研究所及其他机构合作，比如说，它有时会得到欧盟的补贴。"我们已经不再那么做了，因为回报并不是很高。并且，不知不觉间就会沉迷于那些补贴。"迪里克表示，"此外，还有各种条件限制：我们必须朝着自己并不喜欢的某个方向工作，继续推进我们本想叫停的项目，或者将我们本想关掉的工厂保持营业状态。简而言之，这种合作会约束我们，阻止我们前进。"目前恩智浦与代尔夫特理工大学、艾恩德霍芬科技大学、奈梅亨的拉德堡德大学、瑞士查尔姆斯理工大学以及德国弗劳恩霍夫协会仍有合作项目。

探索性创新意味着全新的方向，因此发生频率较低。诺基亚曾因为未能在探索性创新上投入足够的时间等，错过了新的发展——智能手机。恩智浦技术许可部门总监、前任理事会成员特奥·肯杰尔斯基认为，恩智浦不应该与诺基亚掉入同样的陷阱。

　　选择进军细分市场是决定创新方向的一个重要因素。如果实验室出了一项控制车窗的发明，管理层会立马否决。在飞利浦时代，资金更为充足，因此实验的空间也更大。"当时我们能有这样的奢侈机会去研发一些可能永远也用不上的东西。"肯杰尔斯基表示，但那也会失控。他还记得，早期有一些关于"TriMedia"芯片的项目，当时砸了数亿欧元，但是最终产品却未能在市场上获得足够份额。他认为，这种实验开发已经行不通了。

　　来自公司内部的另一个批评是知识共享程度不够，研发更集中在业务部门之后尤是如此。员工认为，公司的知识分享机制不够，即便是现有机制也没有得到充分利用。尽管恩智浦已经围绕一些技能建立了"技术框架"，但据估计公司仅有 15% 的研发人员积极参加这些框架活动。因此，公司希望能鼓励更大程度的知识分享。

　　在其已经积极参与的细分领域，恩智浦努力预测这些领域未来几年的发展趋势。董事会经常为各业务负责人组织所谓的"深度会议"，以帮助分析他们所负责的特定市场将来会如何发展，并设想这些发展会给恩智浦的竞争地位带来什么样的影响。"等到要靠审视市场才能开始业务时就已经太晚了。"迪里克这样表示。例如，恩智浦已经预见，客户将会在两年内用智能手机完成所有支付，所以就专注于研究手机支付所需要的技术。它还认为，未来几年对汽车的改良将会对电子产品行业产生尤为重要的影响，因此就将大量研究资源投入这一领域。正如迪里克所说的那样，"保持竞争力的唯一方式是比竞争对手更具有创新性"。

　　不过与此同时，恩智浦的投资期限在很多方面实际上已经有所变短。这一定程度上是由于更短的产品生命周期，现在有时仅仅几个月，而不是几年。漫长的产品审议过程已经不再有了——现在新版本频繁出现。公司的上市也产生了一些影响：多位管理者发现，2010年在纳斯达克上市之后，恩智浦变得更加注重短期表现。

不过，迪里克并不认为上市会导致研发投入的减少："芯片投资者希望能看到业务增长，但是标准产品过于稳定，增长不明显。我们希望自己的产品增速是市场产品增速的至少两倍，所以我们对此非常关注。这就是投资者想要的。人们想要的话，就会为此买单。"

过去几年，我们与客户进行了更多的开发活动，但是与以往的方式不尽相同。正如迪里克解释的那样，"现在我们不再签署联合发展协议了，而是签署几乎没什么限制的合同，因为我们想要将为客户A开发的产品也售给客户B。比方说，我们找到三星，说我们想开发一个产品，想在这个产品上投入一笔钱。那么，我们期望三星会投入资金或研究人员。之后，我们持有产品专利，而客户则可以领先在市场上使用该产品三至六个月。接下来，我们会将同样一种芯片售给其他客户，不然的话在经济上不具有可行性。单为一个客户开发产品不划算。"

尽管目前公司的产品侧重点不同了，但恩智浦并未采用与飞利浦时代截然不同的商业模式。该公司继续进行商业模式复制，受客户驱动的程度比过去更高。它还在自己选择的细分业务领域内将眼光放得更为长远，在研发方面也更为积极。这一方式表明，恩智浦正开始谨慎朝着战略驱动型商业模式革新的方向发展。

本案例中所有制结构的变化，与本书中提到的大多数案例都不同。这一变化是恩智浦转型的最大推力。经济危机和公司的债务也发挥了重要作用，为不同的管理方式铺平了道路。考虑到所有者变化这个背景，这些迟早都会发生。对其他集团来说较为重要的技术和共创，对恩智浦则没有那么重要。

迪里克认为，管理层的变化是公司转型的重要因素。管理团队12 位成员中的 11 位已经被替换。2008 年底，CEO 万豪敦也必须离任了。财团指派一位在重组美国芯片生产商方面有大量经验的美国人理查德·克莱默，接替了他。财团对安置在全公司上下的"特聘专家"提出了高要求，并推行一种自上而下的思想方法。这让传统上比较迟钝的恩智浦决策速度加快。同时，员工也比之前更努力工作。知识产权和许可部高级副总裁约翰·施米茨估计，现在员工数量少了 30%，做的工作却与过去一样多。

在飞利浦时代，公司的官僚式文化更为厚重。恩智浦副总裁和企业战略办公室经理马尔滕·德克威格介绍，过去人们更加内向。公司易主之后，内部更加开放，沟通更直接，做事更迅速。施米茨将恩智浦比作一个足球运动员：他说，在飞利浦时代，这个球员动作缓慢、身体肥胖，总是无法射中球门；而现在，球员动作灵巧、身材苗条，直接射入球门。想要赢、想要变得最大最强的意愿更加强烈。

公司高层在全公司推行了一个名为"文化项目"的计划，旨在让新的思想方法和价值观成形，并在公司内部扎下根来。管理层在西奈半岛进行了为期五天的原始野营体验、长途步行和爬山。步行过程中，管理人员会讨论有关文化、标准和价值观等方面的问题。之后，另外 150 名管理人员因为相同的目标去了克罗地亚。有些业务部门也组织了类似的活动。公司还使用了行为榜样，创设了口号，引入了五个恩智浦价值观，同时还制定了"专注客户，激情制胜"的使命宣言。

新的恩智浦展现出一种很强的交易型领导风格，然而，此举也遭遇了一些反面的回应。包括管理者在内的很多员工，都觉得实现这些变化已经付出了一些代价：在他们眼中，恩智浦变得过于美国化，过于目光短浅。公司前人力资源副总裁弗兰斯·范·海斯本也看到了其中的危险："我们现在过于关注短期，总是被投资者如何看待恩智浦股价牵着鼻子走。这导致的一个风险就是，长期的探索性创新会受到阻碍。"他表示，公司里现在已经弥漫着一种愤世嫉俗感，业务出售以及频繁的重组导致了不确定感甚至不信任感，因为人们不再敢确定一两年后他们是否还有这份工作。施米茨发现，人们几乎没有任何工作自豪感；他表示，在社交场合中，员工甚至不会说自己在恩智浦工作。他认为，并非因为他们是供应商员工才这样，英特尔和阿斯麦尔公司的员工就有这种自豪感。德克威格希望在公司中看到更高的热情。他不相信能通过某些计划创造热情，他认为只有给人们树立榜样才能达到这个目标。

变革清单

- 2006 年，飞利浦将恩智浦出售给了一个私募财团。所有者的变化是公司随后所经历变革最重要的杠杆。2015 年，恩智浦收购了其美国竞争对手飞思卡尔；2016 年，公司出售了标准产品业务；随后，又被高通收购。

- 私有化带来的债务，以及紧随其后的经济危机，导致其商业模式复制的加快，同时也威胁了恩智浦的生存。

- 恩智浦从主要的战略驱动型复制转变为更大程度上的客户驱动型复制。现在已开始朝着战略驱动型革新迈进，主要专注于汽车行业的颠覆性技术。高通对恩智浦的收购可能会加速这一进程——尽管二者的商业模式截然不同。

- 私有化之后，恩智浦以一种目标更明确的方式进入市场。它剥离了预计长期效益不佳的部门，并选择出了一些有前景的细分业务。恩智浦为这些细分业务制定了雄心勃勃的业绩目标；其业务的市场占有率必须至少比其最大竞争对手高 1.5 倍。

· 在细分业务领域与客户的合作更加密切，主动性创新也比以往有所增加。

· 采用了一种更偏重交易型的新领导风格，带来了更快的决策、更大的内部灵活性以及更强的结果导向性。

· 公司新的所有者也引入了一种更为美国化的思维方式和文化。

· 创新分散到了各业务部门，因此与业务部门的关系也更为直接。与飞利浦时代不同的是，公司现在几乎没有探索性创新。

· 多方面的改变也引起了各方抵制。过于关注短期的行为，在 2010 年在纳斯达克上市之后变得尤为明显。这种短期导向一直饱受争议。

图 6.5 表明了恩智浦的商业模式转型轨迹。表 6.3 概述了管理层在商业模式转型中起到的作用。

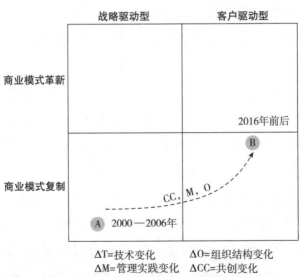

图 6.5　恩智浦的商业模式转型轨迹

表6.3 管理层在恩智浦商业模式转型中的作用

	轨迹 A → B
高层	·交易型领导 ·对新的所有权结构做出回应并精简裁员 ·客户导向（在市场内数一数二） ·透明的文化
中层	·自上而下地执行 ·推动决策 ·提高效率 ·专注于重要客户

皇家 IHC：探索并联系

皇家 IHC 是荷兰一家传统的造船和疏浚公司，其历史悠久，可以追溯到 1642 年。IHC Holland 成立于 1965 年，是五家造船厂经过 20 年的密切合作建立的。受 1970 年全球经济衰退的影响，IHC 改组为两家独立的公司：专注于疏浚业务的 IHC Holland，以及专注于近海产业的 IHC Caland。1989 年，IHC Caland 恢复对 IHC Holland 的控制；1992 年，IHC Caland 又收购了梅尔韦德船厂。2005 年，IHC Caland 将 IHC Holland 和梅尔韦德船厂出售，但是这两家公司随后又合并了，并于 2007 年采用了 "IHC 梅尔韦德" 这个名称。2014 年，荷兰国王给 "IHC 梅尔韦德" 授予了荣誉称号，至此 "IHC 梅尔韦德" 又更名为 "荷兰皇家 IHC"。

IHC Holland 和梅尔韦德船厂合并后的公司在脱离 IHC Caland 时，情况并不是很好。2005 年被任命为公司总裁的古夫·哈默斯将公司描述为 "一家非常古老的造船厂，我认为它迟早要完蛋"。令他印象最深的是公司对业务的防御性方法。"IHC 一直都很擅长将轮船和设备结合起来，而这是大多数造船厂都剥离掉的业务。最有名的荷兰造船模式于 20 世纪 80 年代开始使用，这一模式主要基于外包以及与供应商合作。严格看待这一问题时，你会发现一个风险规避模式。该模式的基本原则是工资单上的人和活动非常少，这样一旦情况不好，随之而来的问题也更少。我认为这是一种非常奇怪的模式。你所做的是避免麻烦，而非创造业务。我觉得这是最为重要的改变。我们开始专注于如何创造业务，而不再关注如何避免在艰难时期失去一切这类问题。"

哈默斯努力摆脱这种"只要滑道填满就好，别的都无所谓"的传统心态。过去，如果滑道满的话，客户常常被告知去别处求助，或者被告知要再等几年。哈默斯坚信容量总是有的。因此，他重新启用了位于艾瑟尔河畔克林彭的船厂。这一船厂位于鹿特丹附近，数年前被关闭了。此外，皇家 IHC 还从荷兰其他地方租赁了滑道和其他设施。当荷兰没有设施可用时，皇家 IHC 就着眼于国外，在中国等地建立了生产制造设施。

荷兰皇家 IHC 公司：产品与市场

荷兰皇家 IHC 公司拥有约 3 000 名员工。该公司在荷兰拥有 12 个办事处，同时，在中国、迪拜、新加坡、美国等也设有分公司。荷兰皇家 IHC 公司的专长是提供高度先进的技术解决方案，正如其某次年报中所述的那样："提供技术附加值高、系统集成化程度高的高性价比、复杂、可靠的定制化设备。"大部分定制的解决方案都是一次性订单。这是一项有风险的业务，因为前期投资额很高，而竞争对手却能很快以更低廉的价格提供相同的服务。皇家 IHC 的解决方案是开拓其他市场，并提供中等价位的产品，这些产品通常包括在低收入水平国家的造船厂较难生产的船舶和设备。该公司越来越多地在国外生产零部件，或者将其外包给外国公司。只有与设计密切相关的知识密集型、战略性工作以及产品组装仍在荷兰进行。

皇家 IHC 的传统核心业务是挖泥船，例如耙吸挖泥船和铰吸挖泥船。2005 年，公司经营领域扩大到近海、海上与深海疏浚，海洋矿物开采，以及可再生能源。2010 年，皇家 IHC 宣称要成为所有经营业务领域的领导者。2010 年后，该公司重心转移，立志成为高效挖泥船、采矿船舶和机械领域的市场领导者。与此同时，皇家 IHC 也希望保持在石油、天然气和可再生能源领域的市场地位，因此皇家 IHC 于 2016 年 6 月宣布将为近海风电场提供设备，以扩大经营活动。如今，皇家 IHC 也在提供更多的咨询服务和融资方案。

皇家 IHC 所经营的市场波动很大，每个细分市场的前景也各不一样。例如，对海洋工程业务的需求随着石油价格变动而上下波动。2005—2008 年期间，耙吸挖泥船和铰吸挖泥船的市场需求十分旺盛，而 2009 年，市场对这类大型定制船舶的需求大幅下降。同时其他造船商进入这一领域，也增加了竞争压力。皇家 IHC 设法保持了其市场份额，并保持了财务业绩的稳定。中国、印度和中东市场相对来说未受危机影响，意味着这些市场对挖泥船的需求依旧存在。深海疏浚和海上采矿业的前景向好，市场需求也在增长，尤其是来自印度、巴西、中国等新兴市场的需求。

为增强其造船能力，皇家 IHC 通常选择租赁其他场所或加入合资企业，这能让其接近同行的造船厂。此举目的在于避免结构性产能过剩，而企业在低谷时这将是其难以摆脱的沉重负担。这意味着皇家 IHC 也可以选择最适合生产的地点。皇家 IHC 公司在荷兰缺乏训练有素的技术人员，这一点尽人皆知，而在他国生产能让公司利用规模更大、劳动力更廉价的市场，并打入新市场。不幸的是，由于 2015 年前后石油价格低迷等原因，疏浚业需求下降，这迫使皇家 IHC 像其他海洋工程公司一样采取应对行动。该公司决定关闭一家造船厂，裁掉部分员工，并将更大份额的生产业务转移至国外。

皇家 IHC 的新目标是创造价值，并通过以下四种方式实现：业务增长、国际化发展、创新与合作。通过发展深海疏浚和海上采矿等前景广阔的新市场，来实现公司的业务增长。股东压力也是其发展新市场的原因之一，因为股东想减少公司对疏浚业的依赖。

一方面，皇家 IHC 立足于现有的知识和经验而发展；另一方面，它还通过收购、与其他公司合作或招募人员建立自己的初创公司获得新的知识和技能。皇家 IHC 目前正与一家叫"DEME"的比利时公司合作，成立了合资企业 OceanflORE，提供海上开采解决方案业务。皇家 IHC 负责设计并制造设备，DEME 公司则负责为复杂的海上作业提供经验指导。皇家 IHC 通过收购以下公司的股份，逐渐向一体化公司发展：Hytech 公司（一家潜水设备设计和制造公司），Vremac 液压公司（一家液压缸公司），鹿特丹 Vuyk 工程公司（一家海上工程公司），工程商业公司（一家设计、工程和建筑公司）。通过合资公司的创建和收购活动，皇家 IHC 也在努力解决训练有素的技术员工短缺问题。该公司也与客户紧密合作，客户在订单中修改产品规格亦是常有之事。

皇家 IHC 公司进入新市场时，会投入大量财力与时间。正如哈默斯所说："你所创建的是一家公司，公司里不是只有两个人和一只狗，而是很快就有十个人、二十个人……当你决定做某件事时，就必须把它做好，否则就不要开始。"

在组织结构方面，皇家 IHC 经历了几次公司结构变化。在哈默斯被任命之时，用他自己的话来说，面临的是"几家乱七八糟地堆砌在一起的造船厂，且完全处于无组织状态，一团糟"。其他人只从造船厂的层面来看问题，认为只要滑道填满就行，但这与哈默斯的兴趣相去甚远。"我们重新定义了这家公司，它不再只是造船厂，而是生产大型海上系统、工具和设备的公司。只从造船厂层面来看问题确实是一个大束缚。"工作方式也随之悄然而变。皇家 IHC 在过去将造船看作一项工程，但哈默斯更希望将其看作后勤补给流程。为此，他一直强调需要更好地进行内部合作。

为了使企业不同部门合作更紧密，业务部门在 2007 年合并成了三个部门：疏浚和采矿部（负责提供疏浚设备），海洋工程和海上业务部（负责提供海洋工程设备）以及科技与服务部（负责提供疏浚和海洋工程的产品、系统和服务）。为增强市场意识和客户意识，公司于 2010 年成立了产品和市场组合部。哈默斯表示，这是自 20 世纪 80 年代大规模裁员和重组以来的第一次组织结构发展。产品和市场组合部负责特定市场中特定产品"从摇篮到坟墓"的发展。该组合部可以利用工程管理、项目管理、生产和供应链管理等整个部门的职能来开发和管理项目。由于深海开采市场的大力发展，公司在 2012 年成立了相关的独立部门。

国际化发展极受重视，公司在不同洲建立了办事处。2009 年，皇家 IHC 在英国阿伯丁、美国休斯敦、印度孟买、尼日利亚拉各斯以及巴西里约热内卢建立了办事处。2012 年，东南亚地区总部在新加坡建立。

　　总而言之，组织结构这一杠杆在公司的商业模式创新中发挥了重要作用。但是仅仅强调这一种杠杆也是不对的：只有将组织结构、技术革新和新管理实践组合起来，才能使皇家 IHC 的商业模式转型成为可能。

　　皇家 IHC 自称"技术创新者"，这为员工指明了方向，带来了动力。该公司将营业额的 3% 投入研发，表明这一信条获得了实质性支持。这些资金大部分流向了 MTI 荷兰中心（一个关于疏浚的知识中心）和 IHC 海洋工程技术研究所。在这里工作的约 300 名员工开发了新的专业知识和新产品，例如单人操控的桥梁，这使得一名员工就可以同时开展驾船和疏浚这两项工作。皇家 IHC 的创新战略是进一步发展现有技术，而全新技术则从外界或自己的初创公司获取。哈默斯说："如果我们没有这方面的知识，我们就去购买。"

　　哈默斯刚上任时，面临的是公司存在已久的管理层。"这导致公司停滞不前，发展陷入混乱。我一改此前对错误发生后进行修正的谨慎型方式，转而采取一种更加机会主义的方式，寻找市场中的可能性。"正如哈默斯自己所言，他"打开了面向外界的大门"，他向员工展示了各种可能的有趣的业务活动和市场领域。"我坚信在这类业务中，高层管理者的作用是让员工意识到存在哪些机会，员工需要从这一角度来看公司。我常常向员工传播这一观点，比如通过发表演讲、新年致辞、年末回顾，或直接走入员工群进行交流。与员工进行交流的方式是无穷无尽的。"

　　哈默斯还与传统背道而行，从外部引进人才，并将具有新鲜想法和不同才干的人引入公司。他也更关注管理层的发展：除贸易学院外，公司还拥有自己的管理学院。公司不同层级的所有新员工都会接受几天的入职培训。管理人员每年需要在管理学院完成至少一个模块的学习，课程包括物流、战略、财务、项目管理以及供应链管理等。这些课程基本由公司内部人员进行讲授，哈默斯也亲自参与授课。"我和公司发展部门的另一位同事一起教授战略课。财务部的同事负责财务课，销售部的同事负责销售课，以此类推。这给双方都带来了巨大动力。员工喜欢听我讲述战略如何运作，以及我们为何以某种方式处理某件事情。介绍性课程结束前是我与员工交谈的环节，每次我在办公桌前与 20 名员工进行一小时的交谈。他们可以就任何事发问，我也可以借此交流自己的想法。人们常常问：'你为什么这么做呢？'这是我获取信息的方式之一，也能借这个机会向他们强调自己的想法。我相信公司的人才是最重要的。没有人才，公司将一无所有。"

哈默斯还改变了公司的薪酬制度，确保专家可以和管理者获得同样多的收入。他的目标是为专业技术人员创建一条在公司的职业路径，以确保他们的专长能留在皇家 IHC，这些员工也不会被迫从事可能并不太适合的管理岗位。哈默斯也允许员工 1/3 的浮动工资由皇家 IHC 整个集团的利润决定，而不仅由员工所属的特定部门决定，此举意在强调员工与公司的密不可分。另外 1/3 的薪酬由员工自己的业绩决定，剩下的 1/3 取决于员工是否达成特定目标。

皇家 IHC 并非引进了不同的管理风格。公司仍然在发展合理的业务，它只是选择了一条不同的路径，并由一位有远见卓识且善于沟通的领导者带领。

在皇家 IHC 企业文化中让哈默斯感到震惊的一点是员工对"赚大钱"的抵触情绪。这种情绪最初源自客户对皇家 IHC 高利润的不满，随后这一情绪扩散到了公司员工身上。"我第一次公布企业盈利的可喜数据时，却收到了如下评论：'你一定要把数据公布出来吗？我们真的挣了那么多钱吗？这不可能吧？对不对？'这简直是废话。当然，如今这些评论早已销声匿迹。我们的销售人员需要适时向客户强调：'我们不能再降低价格了。'我们需要企业环境、文化和一定的内部竞争共同作用，来让每个人明白，赚钱是没有错的。"

哈默斯注意到，皇家 IHC 企业文化的第二点就是，尽管公司提供集成化解决方案，员工却总倾向于专注自己的特定业务。员工需要团结协作才能做出集成化解决方案。但是，如哈默斯所言，这竟然变成了具有挑战性的任务："一个不足之处就是员工专注于自己的小天地。他们的态度是，我不关心自己领域之外的其他人……我们必须提供集成设备的生产模板。这意味着每件产品的生产都需要完全不同的业务部门之间进行合作。如果需要生产挖泥船，那么需由 IHC 零部件和服务部提供疏浚泵，IHC 系统部提供自动化系统等。所有人员必须以对 IHC 有益的方式合作。我们必须并肩创造价值，这个要求甚高。由于员工过去习惯了在自己的地方工作，因此我们十分重视促进员工的合作，但我觉得让所有人共同协作仍是最困难的事情。"

皇家 IHC 将促进内部合作视为最重要的战略性目标之一，并引进"同一个 IHC"项目来推动团队内部以及各部门之间的合作，以便增强相互之间的协同作用。这个项目的最终目标是缩短产品上市的时间、减少成本。"同一个 IHC"项目在于创建统一的流程、程序和系统。该公司认为更多内部合作的企业文化是实现更成功、更统一运营的必要条件。在"同一个 IHC"项目下，公司启动了一系列子项目，比如"同一个流程"项目。该项目在于统一业务流程，使公司所有部门最终使用同一个企业资源规划系统。IHC 公司最后停用了 17 个独立的企业资源规划平台，代之以一个平台。每位员工的工作目标也得到重新设定，以便与公司的整体业绩紧密联系。这也构成了员工个人评估和公司经济补偿体系必不可少的组成部分。

变革清单

- 皇家 IHC 已从战略驱动型复制转变为客户驱动型革新。通过国际化发展扩大了现有业务的规模，通过合资企业的发展开拓了新市场，如深海采矿。
- 已经从"只要滑道填满就好"的防御型战略转变成进攻型战略。目前公司正积极寻求两个目标：新业务和创造价值。
- 古夫·哈默斯上任总裁后，公司的发展越来越具有前瞻性。公司投入大量时间、财力、资源和人力开拓新兴而富有潜力的市场。
- 公司设定了明晰的新目标，随之而来的是企业结构的变化，如创立新部门，将产品与市场结合。皇家 IHC 不再是独立的造船厂和设备公司的简单组合，而成了更为统一的整体。
- 哈默斯力求成为一个激励人心的楷模，他十分注重向员工学习，并与他们进行坦诚交流。
- 薪酬和福利与新的组织目标挂钩。
- 基于"视野国际化，行动本土化"的理念，公司的销售、生产和服务重新迁至当地市场附近。
- 基于现有知识和产品，公司在不断追求创新。公司从合资企业、收购企业或自身新创企业中获取相应知识，以开拓新市场或细分市场。

图 6.6 展示了皇家 IHC 商业模式转型的轨迹。表 6.4 罗列了管理层在商业模式转型中的作用。

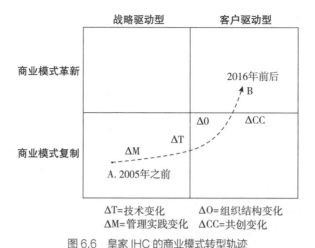

图 6.6　皇家 IHC 的商业模式转型轨迹

表 6.4　管理层在皇家 IHC 商业模式转型中的作用

	轨迹 A → B
高层管理者	·从交易型领导到变革型领导的转变 ·应对环境发展 ·引导杠杆的变化：新组织结构和新技术 ·国际化和客户导向 ·中层管理者和一线管理者
中层管理者	·实施事业部制结构 ·完成产品和市场的结合 ·加强内部合作和知识共享

杠杆如何影响商业模式转型

　　这里讲的一些案例研究展示了如何通过在矩阵图中不同象限的移动来实现商业模式的转变（图 6.7）。这产生了不同的路径。例如，在转型路径最初，帝斯曼处于左下方象限（战略驱动型商业模式复制），这一转变完成后，它移到了左上方象限（战略驱动型商业模式革新）。图 6.7 展示了战略驱动型商业模式革新在帝斯曼发挥了重要作用的三个杠杆：新技术（ΔT）、新管理实践（ΔM）和新组织结构（ΔO）。

	战略驱动型	客户驱动型
商业模式革新	ΔT,ΔM,ΔO	ΔCC,ΔM,ΔO
商业模式复制	杠杆改进以及ΔT、ΔM和ΔO的互补作用	杠杆改进以及ΔCC、ΔM和ΔO的互补作用

关键词：互补作用，即组合不同杠杆的关系，以增加联合效应。

T= 技术杠杆	△ T= 新技术
M= 管理实践杠杆	△ M= 新管理实践
O= 组织结构杠杆	△ O= 新组织结构
CC= 共创杠杆	△ CC= 新共创

图 6.7 四种商业模式转型的基础性杠杆

恩智浦半导体公司从左下象限转移到右下象限，即从战略驱动型商业模式复制到客户驱动型商业模式复制，这一转变不仅源于公司的管理实践、组织结构和共创，而且还是增强这三者互补性的结果。

在皇家 IHC 案例中，该公司的转型轨迹也从左下象限开始。通过不断改进其技术、管理实践和组织结构，并通过共创来进行革新，皇家 IHC 实现了从战略驱动型商业模式复制到客户驱动型商业模式复制，再到客户驱动型商业模式革新的转型。

鹿特丹港务局的转型轨迹也从左下象限开始。最初利用管理实践和组织结构作为杠杆进行革新，随后采用共创这一杠杆，形成了一种新的商业模式——客户驱动型商业模式革新——最终使港务局到达右上象限。在这个案例中，公司在转型途中经过了左上象限，即战略驱动型商业模式革新。

本章小结

本章的四个案例表明，不同的因素会导致不同的模式转换轨迹。在帝斯曼，新技术的采纳发挥了重要作用；而在恩智浦，公司所有权的变化极为关键；在皇家 IHC 公司和鹿特丹港务局，新 CEO 的上任举足轻重。不过，最值得注意的是，在每条转型轨迹中，管理者这一杠杆都占据了中心位置。在下一章中，我们将详细介绍管理层在商业模式创新中的作用。

第 7 章

管理商业模式转型

━━━◆━━━

导航系统巨头 TomTom 公司，何以在不同商业模式中游刃有余

1991 年，两个刚从大学毕业的年轻人在阿姆斯特丹创建了 Palmtop 公司，该公司为第一代掌上电脑制作字典、游戏和路线规划等应用程序。这为 TomTom 公司如今的发展奠定了基础，使其成长为移动导航领域的先驱，并成为一家在 35 个国家拥有 3 500 名雇员的跨国公司。

TomTom 成功的关键在于有远见、善变革的管理。TomTom 公司负责交通解决方案业务的副总裁卡洛·范德韦耶，将公司比作一架在极不稳定的环境中飞行的战斗机。"当普通飞机的发动机和机载计算机失效时，飞机仍能保持滑行并以某种方式着陆，飞机是稳定的；而战斗机从设计上来说就不稳定，也就是说，战斗机能够快速地突然转向或转弯，但一旦计算机出现故障，战斗机就会坠毁。TomTom 的构成就像战斗机一样。TomTom 没有太多结构，因而能很容易地进行适应，并能快速做出应变。"考虑到激烈的竞争、极短的产品生命周期以及消费者在移动导航中不断变化的需求，快速应变的能力是公司非常需要的。在制定公司发展路线方面几乎没有市场数据可供参考，所以管理层的愿景对于指导公司前进至关重要。

该愿景可以归结为：正因为一切都飞速变化，人们应埋首于擅长之事务。TomTom 擅长的是研发、营销、客户支持和全流程组织。这也是 TomTom 围绕这些职能而成立的原因。尽管公司目前规模很大，但并没有尾大不掉，它仍是一个扁平和灵活的组织，创新和创业精神十足。做不了的，TomTom 就外包；缺乏知识时，就招入有相关知识的人员；有需求的就去购买。因此，当需要地图制造商 TeleAtlas 时，TomTom 就收购了该公司。卡洛·范德韦耶说，所有这一切中重要的是，你能清晰认识到自身不擅长的地方，且能开诚布公地承认。

灵活性强意味着 TomTom 能很轻易地从一种商业模式转换到另一种商业模式。TomTom 建立之初是一家软件开发商，随后发展为消费性电子产品供应商。前不久其在 B2B（企业对企业电子商务）市场里发展成为汽车产业供应商，如今又在试图进入另一个新市场——企业对政府，并将交通信息出售给政府。

TomTom 对未来的愿景和多样化的功能，在很大程度上帮助其于 2002 年在导航系统取得了初步突破。在克林顿政府准予 GPS 民用后不久，TomTom 就将掌上电脑导航推向了市场。是运气吗？是的，但也不全是运气。TomTom 一直蓄势待发，也已经准备好将导航迅速投入生产并推向市场。卡洛·范德韦耶说道："TomTom 当然幸运，但幸运也意味着为正确的时刻做好准备。在情势所需时做好了准备，并能快速适应，这也是一种天分。TomTom 做好了准备，也承担了风险，这一切基于我们的愿景。当前将重点转向汽车和政府也是基于我们的愿景。"最近 TomTom 发展方向发生了改变，部分原因是智能手机的到来导致"独立"移动导航市场迅速萎缩。

尽管在不断成长，但 TomTom 的管理方式、组织架构和技术发展没有实质性变化。就技术而言，它仍然是在小屏幕上清晰呈现大量数据。但其商业模式在不断变化：模式革新之后是模式复制，随后又是模式革新，无疑这个过程会一直持续下去。TomTom 也成为行业典范，展示了在一位有远见卓识的 CEO 助推下，公司如何转变商业模式。

本章介绍

本章主要围绕商业模式改变所需的管理层以及管理活动进行分析，将这两项列为核心很有必要。很多关于商业模式和商业模式创新的出版物很少或根本不关注管理，只是将商业模式描述为一些元素的组合体，在商业模式创新中对这些元素进行改变和重组。就好像它们只是简单的一片片拼图，需要用不同的结构进行重组。而对于谁应该承担这些责任，则鲜有讨论。

在《商业模式新生代》一书中，亚历山大·奥斯特瓦德和伊夫·皮尼厄列出的关于商业模式的九个模块中，几乎没有关于管理的章节。即便是关键资源组成模块也没有涉及管理。这很让人吃惊，因为在现代商业和管理文献中，管理都是企业的关键资源（Hansen et al.，2004；Roberts et al.，2004；Sirmon et al.，2001）。在书籍最后，奥斯特瓦德和皮尼厄确实用了短短两页讲述管理，但却未说明管理层（即中高层管理者）在商业模式创新中发挥的重要作用等。

在这一章节中，我们试图填补这一空缺，讨论了很多管理方面的重要话题。我们首先讨论了在商业模式转型中，高层管理者和中层管理者所发挥的作用。我们也讨论了选取何种特定的管理任务才能让商业模式创新中的各种杠杆和促进因素发挥作用。如果这些任务未被执行，或预警信号被忽视，公司将长时间采用现有商业模式，或落入商业模式陷阱。因此，我们强调了高层管理人员和公司 CEO 必须密切关注的重要事件，这样他们就能在合适的时间复制或革新其商业模式。在本章结尾，我们从商业部门层面分析了商业模式创新，并表明存在复制和革新的重复循环。问题在于，如果公司能够同时进行复制和革新，是什么因素让其成功做到这一点？我们在章节结尾处探讨了双重商业模式的特征。这类双重商业模式通常存在于宝马和任仕达这样的大型多元公司中。

＊＊＊

宝马集团的双重商业模式 [①]

宝马集团旗下有三大板块：汽车、金融服务和摩托车。宝马专注于高端市场。汽车部门设计、生产和销售小轿车以及越野车，分为宝马、迷你和劳斯莱斯三个品牌。

宝马于 2001 年收购了迷你品牌。自此，销量猛增。迷你汽车的销量从 2001 年的 25 000 辆增长到 2008 年的逾 232 000 辆。甚至在本土汽车发展很强劲的国家，迷你汽车也十分流行。迷你汽车销量排名前五的国家是英国（2008 年销量为 45 000 辆），美国（41 000 辆），德国（29 000 辆），意大利（22 000 辆）和日本（13 000 辆）。

宝马集团对迷你的定位不只是一辆汽车，而且还代表着一种生

[①] 资料来源：沃尔伯达，等，2011。

活方式。公司提供一系列配件和其他物品来支持这一定位，例如座套坐垫和钥匙链。此外，迷你汽车有自己的在线社交网络或"城市倡议"，称作迷你空间。这些赋予了该品牌更多意义。顾客可以按照自己喜爱的方式对迷你汽车进行改装。共有372个内饰选项和319个外观选项供顾客选择，这使得迷你汽车成为同类车型中个性化定制程度最高的车型之一。

市场营销利用了该品牌自由奔放的形象。宝马传统上经营大型和高档汽车，在对迷你品牌拥有所有权后，宝马开始了全新的价值创造方式。通过迷你汽车，宝马进入了汽车市场中截然不同的一个领域，这种差异使得迷你对宝马已有品牌的影响几乎为零。收购也为产品开发和品牌发展提供了增长机会。迷你汽车让宝马进入了竞争激烈的小型掀背车市场，并与诸如大众高尔夫、奥迪A3、福特嘉年华等汽车竞争。因为有宝马、迷你和劳斯莱斯三大品牌，宝马集团目前在汽车市场各大领域都占有很大的市场份额。

任仕达的多种商业模式

任仕达荷兰公司也采用了多种不同的商业模式。Tempo-Team是公司更富有战斗性和以行动为导向的品牌，提供主流人力资源服务；Yacht专注于招聘、挑选和临时调任高素质人才；任仕达驻场服务部为大型公司提供多种人力资源管理策略；而任仕达的高阶职介部门则提供临时工派遣、长期招聘和专业人力资源服务。这意味着任仕达在以下三大市场都十分活跃："常规"的临时就业介绍和调任，针对中高端人才的服务，通过内部重组和新职介绍协调员工实现职业转型。

所有商业模式的核心业务仍是平衡劳动力市场的供求关系。

任仕达集团并非行业市场中最优秀或规模最大的公司。该集团的优势在于其服务规模和范围。任仕达荷兰公司总经理克里斯·霍廷克说道："有一些像年轻资本这样的企业就做得很好，但这些企业都局限在自己的细分市场。与专注于细分市场的企业不同的是，任仕达能够提供大量的产品，且不局限于传统的就业介绍。"

规模"大"也是有其优势的。"我们在人力资源规划系统、数字化、门户网站建设等方面取得了长足进步。作为一名中介或顾问，明确了解客户所需极为重要。"霍廷克说道。他坚信任仕达的优势在于正确理解客户的需求，且员工拥有卓越超群的工作能力。要做到这两点，巨大的数据库是不可或缺的。

同时拥有多种商业模式离不开协调工作。虽然客户不需要任仕达的不同部门派出各自的代表为其提供服务，但他们也必须对不同概念有清晰的了解。任仕达驻场服务部门经理勒内·施里赛马对这一情况做了说明："我们习惯于从内部开展业务线的工作。我们有五大产品市场组合，这些组合都有内部命名。我们对这些名字极为信奉，进而也开始对外使用。所以我们不再用任仕达的名字，而开始用'任仕达英才'。于是客户开始思考：如果我需要一位临时员工，是不是也能联系任仕达英才？我们的回答是不需要。客户不能理解这一概念。对于他们来说，只要认准任仕达公司就可以了。我们也已经申明，只用记住任仕达——客户需要做的唯一的事情就是联系我们。我们会进行安排，最终为客户找到合适的人员。对我们来说这确实是思维的转变。我们必须更多地考虑顾客所需，而不是考虑企业内部的组织结构。"

根据施里赛马的说法，这种客户驱动的方式影响深远："另一个问题出现了：如果几大品牌同时运作，那么它们的影响力会有多大呢？我们没有理由再让各部门独自工作了，因此我们再次将所有部门重组在同一品牌下。这让客户理解起来更清晰，也提高了公司的内部效率。"由于重组后很多岗位上有不止一名员工，于是公司进行裁员。任仕达通过建立共享服务中心，实现了显著的规模经济。

互联网在此过程中发挥了重要作用。互联网让客户有时比较复杂的要求变得更透明，并且还能对这些需求进行分类。客户需求通过门户网站进入系统后得以分类。相较于打电话或者与分部直接联系，互联网能提供更简单的一站式服务。如今，生产工人是否来自驻场服务部，工程师是否来自 Yacht，这些都不再重要。

❦

宝马和任仕达的例子表明，多种商业模式共存的确大有裨益，但公司需要就如何利用各种商业模式的潜在优势、解决模式间的冲突做出决策，而决策的担子落在了 CEO 和高层管理人员的肩上。

管理层在商业模式复制和革新中的作用

回想一下第 6 章图 6.2 商业模式创新矩阵图中的几家公司，现在我们要重点关注管理层（即中高层管理者）需要具体做什么来引导企业进行特定的转型。例如，帝斯曼集团如何在 8 年间从战略驱动型的商业模式复制（矩阵中的左下象限）转型到战略驱动型的商业革新模式（左上象限）？本章中，我们将更详细地讨论中高层管理者如何影响商业模式创新的改变，即从一个象限到另一个象限的改变。

图 7.1 展示了高层和中层管理者在各种商业模式创新中的参与程

度。和第 4 章一样我们可以从下方的矩阵图中看到，管理层在商业模式革新中比在商业模式复制中拥有更集中的决策。与客户驱动型的商业模式革新相比，战略驱动型的商业模式革新需要中层管理者更多的参与。

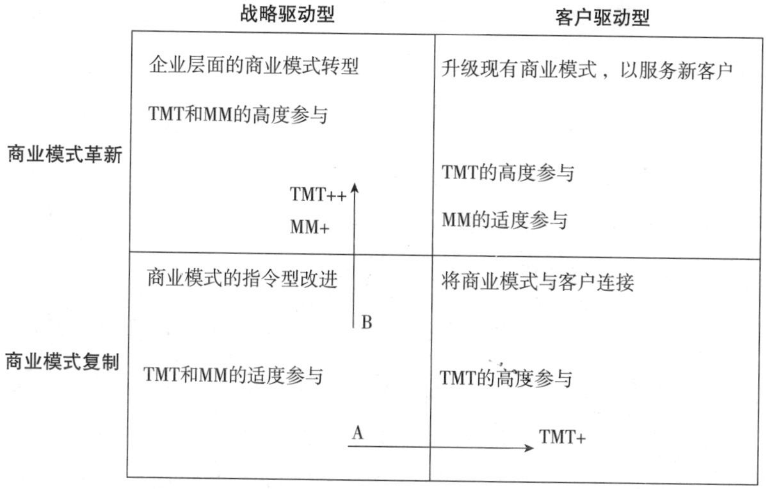

	战略驱动型	客户驱动型
商业模式革新	企业层面的商业模式转型 TMT和MM的高度参与 TMT++ MM+	升级现有商业模式，以服务新客户 TMT的高度参与 MM的适度参与
商业模式复制	商业模式的指令型改进 B TMT和MM的适度参与 A	将商业模式与客户连接 TMT的高度参与 TMT+

关键词：TMT：高层管理团队（低度、适度、高度参与）。

MM：中层管理团队（低度、适度、高度参与）。

TMT+ 和 MM+：特别高程度的参与。

TMT ++：最高程度的参与。

图 7.1 中高层管理者在商业模式复制和革新中的参与度

在战略驱动型的商业模式复制中，企业希望进一步完善现有商业模式，高层管理者必须保证有足够的内部制衡和控制系统，以让企业专注于保持和改良现有的杠杆。中层管理者应该比高层管理者更积极地协调、改进各种杠杆。通常来说，中层管理者负责进一步升级现有技术，微调管理实践和组织结构。在客户驱动型的商业模式复制中，高层管理者参与度更高，他们的任务是决定哪些顾客是企业的最优客户群、哪些现有顾客值得最多的投资。

商业模式创新矩阵图中的转型轨迹

接下来我们将详细解释图 7.1 中的两条变化轨迹：水平箭头 A 和垂直箭头 B。A 箭头表明的是从指令型改进的商业模式复制到将商业模式和客户连接的变化路径，这种变化离不开高层管理者的高度参与。问题在于现有的高层管理者是否能够实现这种变化轨迹（Holmqvist, 2003）。现有的高层管理者可能更关注企业的内部发展。从企业外引进新 CEO 和 / 或新管理人员来改变高层管理团队的构成，有助于轨迹转型的实现（Day & Schoemaker, 2004）。第 6 章中恩智浦半导体公司的例子，便展示了企业如何利用外来人员替换管理团队，以促进该转型变化。

第二条转变轨迹（B 箭头）是从指令型改进的商业模式复制转变为企业层面的商业模式转型，这需要中高层管理团队参与度的更大变化，即从适度参与到高度参与。这种变化轨迹的采用会给高层管理者带来损失，因而可能导致高管团队的重大变动。帝斯曼和鹿特丹港务局便是很好的例子。

企业现有的中层管理者可能并不太适合完成这类轨迹转变。毕竟一些中层管理者可能将其职业生涯很大一部分奉献给商业模式复制（Sheaffer et al., 1998）。在商业模式革新的背景下，企业需要新的管理实践和流程（Heyden et al., forthcoming；Foss & Saebi, 2015）。箭头 B 的轨迹变化必然伴随着中层管理者的变化，鹿特丹港务局便是如此。

管理商业模式转型：中高层管理者的任务

中高层管理者如何确定他们使用的是正确的杠杆？如何确保企业最大限度地利用了商业模式创新的促进因素？第 4、5、6 章表明管理层在其中发挥了重大作用。此章节讨论的是中高层管理者需要承担的各类任务，以及如何最大限度地利用各种杠杆，哪些促进因素和管理活动需要被特殊关注。

杠杆的管理

高层管理者在决定是否进行商业模式创新和朝着哪个方向创新（复制或革新）方面发挥着关键作用（Foss & Saebi，2015；Markides，2015）。高层管理者对员工的积极性有很强的影响。在商业模式复制中，高层管理者应持续致力于改进现有杠杆；这需要采取更多行动来为员工提供外在动机，例如设定清晰的改进目标、频繁监测结果，以及给出经济激励和绩效奖等实实在在的奖励。在商业模式革新中，高层管理者要通过采用新技术、运用新的管理实践、改变组织结构，以及和新合作伙伴共创等方式，从根本上革新杠杆。此外，高层管理者可以通过鼓励员工掌握新举措、致力于新挑战、超越自我利益、尊重公共利益来关注员工的内在动机（Avolio et al.，1999；Bass，2003）。

我们的调查结果揭示了一些引人注目的问题。首先，在商业模式复制和商业模式革新中，管理层这一杠杆的贡献最为突出。换言之，新的管理实践对于商业模式创新的两种形式都起着关键作用。不过，新的管理实践并非凭空而来，而是需要企业高层的全力参与。成功的商业模式复制需要高层管理者确保决策更为分散化（Sheaffer，1998）；企业各级员工在改良和加强现有商业模式中扮演着重要的角色。相比之下，在商业模式革新中，高层管理人员则应该集中决策权（e.g. Fulop，1991；Hamel & Prahalad，1989），并承担起描绘激励愿景和挑战现有商业模式的责任。

其次，我们所讨论的所有杠杆组合，都离不开新管理实践的采用。因此，高层管理者有责任去选择杠杆的使用顺序。本调查和我们最近做的其他研究表明（e.g. Heij，2015；Volberda，2013），如果在使用新技术的同时或之前，管理流程和实践没有得到改变，那么新技术这一杠杆将无济于事，商业模式革新也不会成功，企业业绩也不会提高。

最后，除了高层管理者，中层管理者也需要参与杠杆的管理。中层管理者拥有最新的知识和专业技能，也更接近信息来源和客户。完整的商业模式革新需要对所有杠杆的运用，这对中高层管理人员来说是一个巨大的挑战。中层管理者需要参与到实施变革的过程中，也需要决定进行变革的时间和顺序，并管理不同杠杆之间的相互作用（Volberda & Lewin，2003）。例如，为了使企业与外部利益相关者实现更多共创，中层管理者需要确保技术和知识能得到更大程度的共享，并通过实践鼓励开放式创新。中层管理者还应努力使组织流程更为透明，并引入更扁平的组织结构。

管理商业模式转型的促进因素

在第 5 章中，我们探索了一系列推动商业模式转型的重要因素。这些发现为表 7.1 提供了基本信息。下表所列出的第一个因素——变革型领导，既有助于商业模式复制，又有助于商业模式革新。第二个因素——CEO 任期长短，对商业模式复制和商业模式革新的影响不尽相同。尽管 CEO 任期长短对商业模式复制没有显著影响，但是对商业模式革新来说则并非如此。CEO 的在任时间过长，则不能做好改变公司发展航向的准备，当然也不能有效做出改变。这是企业高层和监事会（SB）必须时刻警惕的问题。

表 7.1　中高层管理者在管理商业模式转型促进因素中的参与度

	商业模式转型促进因素	商业模式复制	商业模式革新
1	变革型领导	TMT 的任务	TMT 和 SB 的任务
2	CEO 任期长短	表明无显著影响[a]	确保任期不要过长：TMT 和 SB 的任务

	商业模式转型促进因素	商业模式复制	商业模式革新
3	公司知识吸收的能力	MM 肩负推动任务	MM 肩负推动任务
4	听取现有客户所需	TMT 和 MM 的任务	TMT 无此任务
5	企业认同	TMT 肩负监控任务	表明无显著影响[a]
6	创新文化	表明无显著影响[a]	TMT 和 MM 肩负推动任务
7	内部合作	MM 肩负推动任务	TMT 肩负做出突破的任务

注：[a]基于我们的研究和 / 或文献。

TMT= 高层管理团队，MM= 中层管理团队，SB= 监事会。

　　另一关键因素是"听取现有客户所需"，在商业模式复制中，这是中高层管理者的共同责任。中层管理者跟客户经理有最直接的联系，因而可以发挥协调性作用。他们和市场以及要求苛刻的客户之间的互动，有助于加强和扩大企业与现有客户的联系，有助于将现有商业模式根植于企业。高层管理者需要不断鼓励推动模式改进，并努力满足最重要的现有客户的需求。这使得高层管理者能够坚持复制商业模式，并不断改进企业的收入模式和成本结构。为了确保理解并且满足当前客户的需求，高层管理者通常只专注于利用现有商业模式推动产品和服务的升级。然而，当商业模式复制达到极限时，客户不再看重产品的进一步改进，而客户未清晰表达的需求，可能可以用来推动企业发展新的商业模式（Paap & Katz，2004）。在商业模式革新中，高层管理者尤其需要摆脱现有最重要客户对企业施加的影响（Govindarajan & Kopalle，2006；Smith et al.，2010），这通常被称为"市场专制"。例如，高层管理者可能会建立一个单独的企业部门，旨在吸引新客户，发展新客户的价值主张。高层管理者应该分配企业的部分资源来寻找新的业务领域，而不仅仅是专注于为现有客户开发最好的产品，这一点十分重要（Christensen，1997；

Hamel & Prahalad，1994）。为吸引新客户或服务新市场，高层管理者应该投资颠覆性技术，试验新的组织结构形式，并与新进入市场的企业或初创企业等新伙伴进行共创（Ansari et al.，2016）。

表 7.1 中的最后一项，即内部合作，对模式革新来说尤其重要。高层管理者需要在内部合作中发挥重要作用，因为他们需要打破任何可能阻碍变革的僵化行为模式。各部门、单位、生产线和辅助工作的管理人员之间紧密的横向联系需要很多协调工作，严重限制了"创造性思维"和创建新商业模式的空间。这种所谓的紧密联结在利用当前商业模式（复制）的过程中更为适合。另外，松散联结（Weick，1982）为公司提供了探索未来商业模式（革新）所需的灵活性。因此，为了促进商业模式革新，高层管理者应该使用不依赖彼此的自主独立部门，使紧密联结的公司更加松散。这种松散的联结可以让多种商业模式创新举措同时进行。高层管理者也可以决定采用与外部合作的新组织结构，例如建立战略联盟，来规避"非我所创"的问题（Geroski，1999）。

早期预警信号以及如何发现它们

我们已经讨论了中高层管理者在商业模式复制和革新，以及商业模式转变轨迹中扮演的角色和具体任务。但问题是，我们如何才能知道现有的商业模式是否已经使用过久？我们又如何规避商业模式陷阱？过久使用现有商业模式会损耗及时发展新商业模式的机会，也减少了与成功转型的企业进行有效竞争的机会。我们将探讨各种可以帮助管理层发现潜在陷阱的预警信号。当然，我们承认，企业可以积极主动试行新商业模式（McGrath，2010），也可以颠覆一个行业，以获取企业内部开发或与外部协作开发的科技和解决方案（e.g. Chesbrough，2007；Johnson et al.，2008；McGrath，2010）。尽管如此，本章的重点是探讨向管理层表明现有商业模式正濒临过时的"预警信号"。及时认识到这些信号，能减少企业生存面临威胁的可能性（Cunha & Chia，2007；Day & Schoemaker，2004）。在早期发现这些信号能帮助企业了解其未来优势，了解哪些行业部门能为企业提供最大空间进行颠覆性变革，以及认清企业需要建立什么样的商业模式。达韦尼（1994）将这个过程称为"战略性预言"，并解释说企业需要解读市场和科技如何演变的信号，以便为企业创造新机会服务于现有客户和新客户。同样，哈梅尔和普拉哈拉德（1994）曾用"行业预见"一词来形容企业整合影响企业竞争力的各类因素的能力，这种能力有助于企业规划未来、发展合适的商业模式。早期发现预警信号可帮助企业在竞争对手采取行动之前开发出可行的商业模式。优步、爱彼迎、谷歌和苹果等公司都基于卓越的行业预见能力成功创建了先驱者商业模式，从而为它们的对手带来了颠覆性变革。

早期预警

那些实时监测新市场（需求方）和新兴科技（供应方）的企业能更好地理解竞争行为，包括颠覆性市场新成员所采取的竞争行为（Geroski，1999）。在更稳定和可预测的环境中，对以往现象和趋势的推断有助于识别市场或技术未来的潜在变化，并能评估这些变化可能带来的影响。企业在做评估时可以使用诸如情景规划这类预测和规划工具（Kaivo-oja，2012）。但是，基于过往现象和趋势而做出的推断并不能帮助企业察觉颠覆性变革给市场和科技带来的中断，因为企业缺少可借鉴的经验（Holopainen & Toivonen，2012；McGrath，2010；Nunes & Breene，2011）。特别需要指出的是，环境的动态和不可预测性要求管理者对早期预警信号更为警觉，因为早期预警信号往往很难通过常规预测和检测方法发现（Harris & Zeisler，2002；Holopainen & Toivonen，2012）。例如，当众多电信公司专注于推出 3G 手机服务和获取许可证时，手机铃声服务却一跃成为盈利业务，这是很难提前预料到的。这一发展也完全在电信公司意料之外（Drew，2006）。

在此情况下，早期预警是首个微弱、不明晰的征兆，预示市场或技术在不久的将来可能发生的变化（Cunha & Chia，2007）。这并非一个明确的信号，而是一系列可能预示未来发展的过程、事件或问题的感知（Rossel，2009）。这类信号通常是关于市场和技术不连续性的模糊和碎片化的征兆（Holopainen & Toivonen，2012；Sheaffer et al.，1998），难以和其他信号和干扰信息分辨开来（Bradley & O'Toole，2016；Coffman，1997；Harris & Zeisler，2002）。从接收方的角度来看，早期预警通常出乎意料且令人新奇，在多数情况下，并不会得到老牌行业专家的重视。这些信号通常需要一段时间才能得到广泛认可，但它们却为企业重塑商业模式提供了无限机遇（Coffman，1997）。管理者初次探测出的信号可能是一些相对无关紧要的讯息，但其对企业现有商业模式的影响会远大于预期（Rossel，2009）。例如，雅马哈注意到，典型的日本家庭可用空间十分有限，几乎没有空间放置传统钢琴。而且弹钢琴的通常是成年人，而非儿童。有了这些观察，雅马哈便推出了小型的电子琴，并开办面向儿童的音乐学校（Nonaka & Zhu，2012）。

随着时间推移，关于市场和新兴科技的定量信息等更多信息出现，且更易获取，微弱的信号也开始变强，并揭示了更严肃和更明显的问题。此时可以使用预测和检测工具来对早期预警信号进行补充（Harris & Zeisler，2002；Holopainen & Toivonen，2012）。当企业开始整合新商业模式时，最好的方式可能是将早期预警作为行动的基础，这样才能在新发展产生影响之前及时采取行动。等待信号变强可能会花费过长时间，但是，在市场或科技的变化起作用之前，如果有充足的时间选择、发展和实施新的商业模式，那么更好的方法则是等待信号变强，并使用该信号来决定该采取什么行动（Ansoff，1980；Rossel，2009）。

正如我们之前所提到的，业绩良好的企业在其财务业绩走下坡路之前就已经开始革新商业模式：它们也更注重表示战略业绩的 S 形虚线（Nunes & Breene，2011）。通常来说企业的衰退始于战略层面，随后经营业绩才会下降（Müller，1985；Scherrer，1988）。市场份额或销售等综合性业绩数据，并不能提供真正的早期预警，这是因为这些数据通常反映的是颠覆性变革所带来的影响，而非引起变革的原因。以下因素，如充足的闲置资源、由大量忠诚客户形成的良好环境或保护型政府等，都会使得市场或科技的颠覆性变革延迟，且较长时间后才反映在绩效指标上（Weitzel & Jonsson，1989）。

关于市场和科技颠覆性变革的预警信号

企业商业模式潜在颠覆性变革的早期预警信号会涉及需求方（现有客户不再重视企业提供的服务或产品）或供应方（新兴科技让企业的商业模式变得冗余），更常见的是来自双方各种要素的组合（Danneels，2004；Gans，2016）。表 7.2 显示了能警示潜在颠覆性变革的各种有关科技和市场的信号。除了从企业自身角度分析可能发生的颠覆性变革，管理者还可以尝试衡量这些颠覆性变革对竞争对手或市场新入者等产生的影响，以及观察是否有市场参与者因此改变商业模式的发展方向（Geroski，1999）。

表 7.2　与科技和市场相关的颠覆性变革预警信号

	可能出现预警信号的各个领域
与科技相关的颠覆性变革预警信号	·资源获取发生变化（Roberts，2004；Weitzel & Jonsson，1989） ·成熟的现有科技不太适应客户需求（Meyers，1990；Paap & Katz，2004） ·需要发展新科技来解决相关问题（Danneels，2004；Paap & Katz，2004） ·当前的招聘和培训项目不能确保足够数量的高素质员工（Bertolini et al.，2015；Weri，1989） ·员工流动率急剧增加（Nunes & Breene，2011；Scherrer，1988）
与市场相关的颠覆性变革预警信号	·客户的需求和喜好，特别是新兴需求未能得到满足（Govindarajan et al.，2011；Johnson et al.，2008） ·客户并不能完全接受某一个解决方案，因为方案太复杂或太昂贵（Anthony & Christensen，2005；Christensen et al.，2002） ·市场新成员或竞争者带来的竞争性变化（Johnson et al.，2008；Roberts，2004） ·企业在其产业生态系统中的地位变弱（Bertolini et al.，2015；Scherrer，1988） ·与企业市场相关的宏观经济得到了发展（Casadesus-Masanell & Ricart，2011；Govindarajan & Trimble，2005）

　　在市场颠覆性变革引人注目之前将其识别出，需要员工深入市场并快速了解当前发生的事情（Day & Schoemaker，2004；Müller，1985）。销售人员、客服人员和一线员工通常能比管理人员更好地发现早期预警（Weitzel & Jonsson，1989）、识别尚未开发的客户需求或未解决的问题。在企业边缘业务工作的一线员工，或者在研发、市场、生产和采购的交叉领域工作的员工，以及拥有广泛内部联系的员工最有可能探测到微弱的信号（Holopainen & Toivonen，2012；Nunes & Breene，2011）。

　　然而，内部信息通常不能及时传达给高层管理者。并且由于大多数激励系统只奖励积极信息，而不奖励负面信息，所以关于前方遇到阻碍的信号更不易传到高层（Levitt & Snyder，1997）。为了规避这个问题，戴姆勒 - 奔驰宇航公司开发了一个早期预警系统，可以用于探测大量的内部和外部信息来源（Tessun，2001）。该系统通过分析企业分部会议、专家领袖意见或互联网等各种资源，提高了管理者筛选最重要预警信号的能力。由于来自企业各产品部门的核心员工和管理者都能参与进来探测预警信息，并决定应优先采取何种行动，从而确保了企业能注意到负面的信息，即便需要为此做出痛苦的决定。

企业的市场或行业边缘是涌现新机会的地方（包括颠覆性变革的机会），因此这也是获取前瞻性信息的地方（Cunha & Chia，2007；Day & Schoemaker，2004；Harris & Zeisler，2002）。正如英特尔公司前 CEO 安迪·葛洛夫所言："春天来临时，积雪首先从外围开始融化，因为这是暴露在阳光下最多的地方"（Grove，1999）。可能影响企业商业模式的外围不仅包括市场间或行业间的交叉领域，而且包括技术、思维模式和行业间交叉的未知空间（Cunha & Chia，2007）。然而，在这些看似无数的组合中，只有少数几个能提供企业感兴趣的盈利机会（Geroski，1999）。优步就是一个在科技（应用程序）和行业（出租车行业）交叉点成功开拓出新领域的例子。当苹果和耐克携手推出能将跑者的速度、距离等信息传输至 iPod 的传感器跑鞋 Nike+ 时，他们探索的正是体育、健康和个人娱乐市场的交叉点机会（Ofek & Wathieu，2010）。

复杂的商业生态系统外围为探测颠覆性变革的微弱信号提供了广阔的空间（Harris & Zeisler，2002）。商业生态系统是由一些相互作用、共享技能和资产的企业组成的网络，旨在发展技术和产品以满足终端用户的特定要求（Eisenhardt & Galunic，2000；Zahra &

Nambisan，2012）。此类生态系统会促成"蝴蝶效应"（Cunha & Chia，2007；Rossel，2009），小事件组合起来，以难以预料的方式相互强化（Kaplan & Mikes，2012）。随着时间推移，意料外的竞争对手发展出建立在新技术和新市场需求基础上的新商业模式，从市场的最外围悄悄进入市场中心（Cunha & Chia，2007）。

努内斯和布林提出了三条表示战略性业绩的 S 形虚线，这些虚线在企业的财务业绩下降之前就开始下降（参见图 7.2 横轴上的 X 点），这三条虚线分别代表：企业的战略竞争地位、企业的核心技术和能力的独特性以及企业的内部人才。在成功的商业模式达到收入顶峰之前，其竞争地位已经开始削弱。首次引入新商业模式时，由于投资量大，销售量低，财务业绩在初期相对较低（Johnson et al.，2008；McGrath，2010）。不过，如果模式成功，业绩通常会有强劲而快速的增长。随着时间推移，诸如竞争等原因会导致财务业绩下滑，产品价格和营业额会遭受压力（图 7.2）。所有从经济角度管理其商业的中高层和 CEO，几乎只关注营业额、成本和整体财务业绩，可能只会在图 7.2 的 T 年甚至更晚时审视其特定产品和服务的商业模式（Nunes & Breene，2011）。

努内斯和布林 2011 年的研究表明，业绩较好的企业会更早地开始革新其商业模式，即在图 7.2 中的 X 点附近。X 点和 T 点之间有几年间隔，间隔时间长短取决于特定行业的环境动态性和竞争状况。业绩较好的企业相较于那些只关注财务 S 形曲线的企业有哪些不同呢？研究表明，业绩较好的企业更关注这三条战略性业绩的 S 形虚线。这些虚线比财务业绩 S 形曲线提前——有时甚至提前很久——达到峰值。为方便起见，这三条战略性业绩 S 形曲线在我们的图中统一用一条曲线表示。

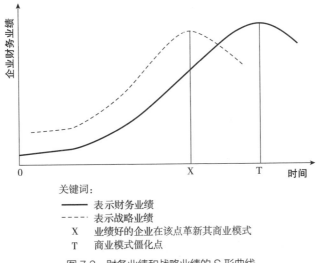

关键词：
——————　表示财务业绩
- - - - - - -　表示战略业绩
　X　业绩好的企业在该点革新其商业模式
　T　商业模式僵化点

图 7.2　财务业绩和战略业绩的 S 形曲线

资料来源：改编自努内斯和布林，2011。

《哈佛商业评论》授权再版

来自《业务重塑当趁早》努内斯和布林，89（1/2）/2011. 版权 ©2017 哈佛商学院出版公司。版权所有。

　　这三条 S 形虚线的第一条代表企业的战略竞争地位。市场新成员以及现有竞争对手会削弱其战略地位，随后营业额会下降。第二条 S 形虚线代表企业核心技术和能力的独特性，表现出了和第一条虚线类似的发展路径。第三条 S 形虚线代表企业的内部人才：拥有开发新业务能力的员工和管理者。在财务业绩驱动的企业中，管理者会密切关注成本，以便进一步提升既定商业模式的业绩。在逐利的环境里，才华横溢的个人可能会被解雇或主动离职（Nunes & Breene，2011）。

早期预警的探测与评估及后续管理行为

　　从事后角度来看，早期预警相对容易被探测到；但只有及时探测到并评估其潜在的影响力才有价值，而做到这一点相当困难（Harris & Zeisler，2002）。管理者面临的挑战是尽可能广泛地搜索市场边缘和新兴技术领域，快速发现可替代的商业模式并对其进行利用（Day & Schoemaker，2004）。

对于那些会损害企业当前商业模式的市场威胁或颠覆性科技的早期预警，应给予特别关注（Johnson et al.，2008；Markides & Oyon，2010；Ofek & Wathieu，2010）。例如，任天堂能够成功开发出 Wii 商业模式，部分原因是公司在游戏和健身市场的交汇点发现了一些能给其现有商业模式（无须身体活动的电脑游戏）带来潜在颠覆性破坏的信号。例如，他们认识到专业人士玩游戏的时间有限，父母更希望自己的小孩与同伴一起玩电脑游戏而不是独自一人玩，以及人们更关注体育运动和儿童健康。该公司还注意到游戏和健身市场之间的模糊地带，以及非游戏玩家固执地持有一个观点，即玩电子游戏纯属浪费时间，且损害大脑和健康（Nonaka & Zhu，2012）。

关于竞争市场和颠覆性科技的早期预警信号来源多样（Day & Schoemaker，2004）；这些预警信号甚至可以源于科幻电影（Hiltunen，2008）。例如，《星球大战》和《回到未来》等电影为市场和技术的变化提供了许多理念。管理层可能会要求员工寻找、理解和共享颠覆性变革的新信号。例如，他们可以促进对话的开展或在工作场所外组织营地会议、头脑风暴研讨会甚至酒会（Nonaka & Takeuchi，1995）。这些潜在颠覆性变革的信号通常通过非正式社交网络传播（Fischbacher-Smith，2014），或者在员工喝咖啡时被讨论和共享（Holopainen & Toivonen，2012）。例如，荷兰合作银行要求员工在金融部门寻找颠覆性变革的信号。该行以"抨击你的银行"这一提议激励其员工去寻找可能带来切实可行新商业模式的机会。

探寻对企业商业模式有潜在重大影响力的市场和科技方面的颠

覆性变革发展，一开始需要使用定性和非结构性的工具，例如德尔菲研究法（专家会议）、访谈思想新潮者以及与学识渊博的人进行商讨（Harris & Zeisler，2002；Holopainen & Toivonen，2012；Kaivo-oja，2012）。当今时代，企业也可以在社交网络上发现颠覆性变革可能发生的信号，如脸书、拼趣和推特（Harrysson et al.，2014）。

尽管如此，许多企业可能会自然而然地趋向于忽视市场边缘或新科技领域发生的事情，因为它们主要将精力集中在发展现有业务，或者根本未曾正确理解外围情况（Cunha & Chia，2007；Day & Schoemaker，2004）。员工在探索未来发展中存在的现有态度、心态以及根深蒂固的偏见，像过滤器一样，阻碍了他们对信号的感知（Harris & Zeisler，2002）。安索弗（1984）将这些过滤器称作"监督过滤器"。

然而，如果早期预警信号顺利通过了这些监督过滤器，企业就需要采取应对行动了。企业需要及时确认可能对他们产生重大影响的变化信号，并且加以认真监测和适当处理（Harris & Zeisler，2002；Rossel，2009）。例如，像佳能这样的小公司如何能抢占施乐公司的一部分市场份额？当施乐公司专注于昂贵的复印机时，佳能通过推出更便宜小巧的机器，接替了施乐成为该市场的全球领导者（Gilad，2003）。显然，施乐公司并没有跟上趋势，满足人们对小型低成本复印机的需求。不过，我们应该牢记，随着时间的推移，改变商业模式的影响力可能会增强，也可能会减弱，所以，之前认为可能产生较大影响的事件，管理者应该减少对它的关注，为其分配更少的资源。而对于之前认为不太相关的事件，管理者应该加强重视。

然而，因为企业会依赖以往的经验，所以可能不会完全理解早期预警的重要性，这个现象也称为"心态过滤器"（Holopainen &

Toivonen，2012）。对员工个人来说，感知过滤器会让那些与他们信念和期望不相符合的信息消失不见。在群体层面上，集体思维（Janis，1972）和其他防御性心理给企业员工施压，使员工低估了独立发表意见的重要性。在企业层面上，随着时间推移，主导思路的发展可能难以改变：主导思路往往非常关注现有的商业模式，而忽视具有竞争力的技术以及潜在的或尚未服务的市场。这类逻辑的基础是管理者根据其核心商业模式方面的经验无意识地建立起来的集体心理路线图。这些路线图通常阻碍了管理者以其他方式看待市场和科技，从而进一步探索可能的新商业模式（Cunha & Chia，2007）。例如，为何在电子计算器领域，夏普公司比经验更丰富的德州仪器公司更成功？当夏普进入电子计算器这一行业时，对其核心的家电业务并没有成熟的发展思路。因此夏普的计算器部门享有高度自由，并且能够独立改善其主导思路。在夏普改进其发展思路时，德州仪器却未能更改其主导思路。德州仪器公司在半导体业务方面开发了强大的主导思路，其电子计算器业务极度依赖半导体部门。当应用到新业务时，在半导体业务中表现良好的主导思路却失败了。即使信号通过了企业的监督和心态过滤器，"权力过滤器"可能仍会拦截警告信号。"权力过滤器"指的是企业的关键决策者有意或无意压制或清除警告信号的能力（Holopainen & Toivonen，2012）。对产品被替代的恐慌是驱动权力过滤器发展的一个因素。

如果一家企业面临未开发的客户需求或可能严重影响其现有商业模式的竞争性科技，问题就变成了面对这类颠覆性变革，企业该如何成功应对，或为何会应对失败（Harris & Zeisler，2002；Ofek & Wathieu，2010）。总的来说，如果企业的管理者想要参考早期预警信号采取行动，可以遵循以下三种方式：

·通过吸收新技术元素，或寻求新兴市场来扩充现有商业模式。例如，为了应对消费者对环境日益增长的担忧，特易购推出"绿色生活"项目，从而扩充了现有的零售供应。这是大幅减少碳排放举措的一部分，客户可以通过回收打印机墨盒获得绿色积分，并将积分兑换成现金。

·通过将当前模式的元素与符合预期发展的新元素进行融合来革新商业模式。例如，通过推出 Nike+ 运动的网页界面和配套设备，耐克给数字客户带来了新的价值定位。但运动鞋仍然是其商业模式的重要组成部分。

·通过复制商业模式来再次肯定核心业务的独特价值，并减少早期预警信号中显示的预期负面影响。例如，通过推出专为青少年设计的预付借记卡"一卡通"，基于互联网的美国探索银行（Discover Bank）重新肯定了其核心商业：促进便利、负责任的支出。通过这种方式，银行能帮助父母确保青少年不会因网购花费过多而卷入债务中（Ofek & Wathieu，2010）。

对变化信号及早做出应对，企业就有更多时间解决新的市场需求、应对新技术，并有更多机会影响新市场或竞争对手的技术，以让自己获利。企业可采取应对措施让颠覆性变革商业模式的影响最小化，防止颠覆性影响升级（Kaivo-oja，2012；McGrath，2010）。而在竞争性市场或颠覆性技术方面，仅仅关注同一方向的狭窄范围内的早期预警信号，可能会相当危险（Day & Schoemaker，2004；Drew，2006）。因此，在全面实施新商业模式之前使用低成本试验进行测试，可能会减轻这一危险（Day & Schoemaker，2004；McGrath，2010）。然而，考虑到不确定性和其他风险，在职者通常会让其他公司先采取行动应对早期预警（Ofek & Wathieu，2010）。

面对早期预警，应对过快或等待时间过长都有风险（Bradley & O'Toole，2016；Ofek & Wathieu，2010）。企业面临的挑战是探寻出潜在颠覆性变革的信号，并赶在市场其他参与者之前恰当地改变企业商业模式（Geroski，1999；Nunes & Breene，2011）。本田公司就是先行者的典范，该公司感知并抓住了与新商业模式相关的技术方面的机遇。本田预见到，未来社会将更关注环境，便带头设计了机器人和只排放水蒸气的燃料电池汽车（Nonaka & Zhu，2012）。着眼未来，并采取正确行动应对早期预警信号，能极大增加企业自身成为颠覆者的概率（Cunha & Chia，2007）。对未来进行展望能帮助企业采用颠覆性科技，并建立新商业模式来满足不断变化的客户需求（Tellis，2006）。例如，星巴克率先认识到客户在寻求的是一种"咖啡馆体验"，便改变了其咖啡商业模式（Harris & Zeisler，2002）。

因此，管理层在探寻早期预警信号（不管是直接还是间接）、对此做出应对、减少各种过滤器和障碍的负面影响中发挥了至关重要的作用。如果管理者高估了企业现有商业模式的价值，而低估了预警信号的重要性，则会阻碍他们考虑商业模式创新。在管理方面，人们通常不重视早期预警信号，因为这些信号可能看起来并不重要，管理者也不能确定预警是否会发生，何时会发生。

商业模式陷阱

比发现早期预警信号更重要的，也许是确定开展商业模式创新的恰当时机以及高层管理者应该采取何种行动。正如欧费克和瓦蒂厄（2010）所述，"应对过慢和应对过快同样有风险"。忽略或低估早期预警信号，以及坚持现有商业模式过久，都会削减企业在正确的时间点发展新商业模式的机会，也会减少企业与已发展新商业模式的竞争对手有效竞争的机会。过早或过于大胆地应对早期预警信号，从而过于快速和彻底地引入新商业模式，则会减少来自早期预警的潜在价值（e.g. Roberts，2004）。这引发了以下两种商业模式陷阱：

· 过于关注财务业绩，导致企业长时间采用现有商业模式；
· 过于关注未来，导致企业不能从现有商业模式获得合适价值。

过于关注财务业绩：模式僵化陷阱

管理者面临着短期业绩的压力，因而会坚持现有商业模式（e.g. Govindarajan & Trimble，2011；Voelpel et al.，2005；Yoon & Deeken，2013）。很多高层管理者有"将未来贴现的倾向"（Kaplan & Mikes，2012）。现有商业模式的成功会导致企业受"成功孕育失败"综合征所害。继续发展现有的成功的商业模式，会巩固已建立的信念和心理模式，并导致组织惰性（Ofek & Wathieu，2010）。例如，企业更倾向于提拔那些成功发展了该商业模式并投入所积累的资源以保持该模式运行的管理者。

遵循这种做法的企业会专注于现有客户的需求和现有技术，并更关注企业内部（Cunha & Chia，2007；Geroski，1999）。例如，可口可乐公司极度关注其主要竞争对手百事公司，却没能足够关注自身瓶装水的销量增长（Gilad，2003）。以下因素，诸如过度自信、更关注现有心态和现有猜想、对不确定性的厌恶等，会催生企业过滤器，进而减少企业探寻潜在市场或技术颠覆性变革的广度和 / 或强度（Day & Schoemaker，2004）。由于这些过滤器的存在，预警信号得不到监测，也得不到充分理解和重视（Day & Schoemaker，2004）。事实上，这些信号被当作"对紧迫危险的误报而非预警"（Kaplan &

Mikes，2012）。例如，很多企业只将自己看作特定产品（例如报纸）的供应者，而不关注消费者在寻求什么产品（比如说，媒体产品）。因此，它们错过了市场外围的机会（Ofek & Wathieu，2010），并且猝不及防地被对手拿下。这在报纸行业、零售公司、旅行社和银行中极为常见，因为这类企业最初并不将电子商务视作市场的一部分。

即使企业的确能探寻并理解新出现的颠覆性变革信号，它们也不一定会采取适当的行动。这些企业可能无法做出应对，因为"权力过滤器"限制了其采取行动的类型，或者企业不愿意放弃现有商业模式（Cunha & Chia，2007；Voelpel et al.，2005）。结果，企业可能最后会"竭尽所能以满足现有顾客的需求"（Geroski，1999），从而导致改变发展路径越发艰难。随着时间推移，现有客户可能会流失到其他采取了恰当行动的企业。

这类企业并不是在早期预警信号变得明显之后立即开始商业模式创新，而是在看到实际业绩表现出衰退时才愿意开始采取行动。在监测工具和财务激励措施的影响下，重视短期业绩被认为是最重要的"创新杀手"之一（Christensen et al.，2008）。

如果一家企业想在合适的时机改变其商业模式，就应该仔细分析三条 S 形虚线。如果高层管理者在新兴技术和市场外围广泛探寻潜在颠覆性变革的信号，那么第一条曲线可能会变得清晰可辨（e.g. Anthony & Christensen，2005；Ofek & Wathieu，2010）。借此企业可以识别出未曾注意到的客户价值主张和客户需求，或企业未考虑的技术选择。分布广泛的一线员工、研究团队以及部门经理在探测市场重要转型或竞争性技术的出现等方面都发挥着重要作用。对市场外围知识有所了解或对未知的科技感兴趣的员工和经理却通常不参与战略流程（Day & Schoemaker，2016）。在某种程度上，正是他们构成了企业的边缘部分。为了重塑商业模式，企业应该把市场和新兴技术从边缘地带到中心地带。通过"边缘—中心"的方式，将利益相关者带到商业模式创新流程中（Nunes & Breene，2011）（表 7.3）。

第二条 S 形虚线指的是企业核心技术和能力的独特性，这要求企业高层自身的能力也要被审视（Holmqvist，2003）。如果企业之前先进的生产能力变得不再独特，且市场开拓方式也完全改变，那么这将对高层管理者的构成产生影响（就专业知识而言），导致高层的变动（表 7.3）。

高层管理者可以通过培养和留住人才来解决人才问题，第三条虚线指的是可用的人才，且人才政策应立足于长期。有才能的员工主要依靠内在动机留在企业。应给他们机会去推动有前景的项目开花结果，并在项目中自我发展。创建富余的人才库是更快速、更成功地完成商业模式创新所需的必要条件（Nunes & Breene，2011）。

促进商业模式转型的因素也能帮助 CEO 和高层管理团队关注到这三条 S 形虚线。我们将讨论这些因素中的三项。第一项因素是变革型领导。变革型领导能帮助识别关于企业竞争力和人才的 S 形虚线，更早地察觉到企业人才的离职意向，并及早采取行动。

第二项因素是 CEO 的任期。任期过长的 CEO 更有可能把现有商业模式保留过久，并超出合理区间（Wu et al.，2005）。刚上任的 CEO 将会以更批判的眼光看待现有商业模式（Day & Schoemaker，2004；Holmqvist，2003）。不过，如果新任 CEO 过于关注财务业绩，企业也会面临陷入模式僵化陷阱的风险（Hope & Fraser，2013）。

第三项因素是倾听现有客户需求。这使得企业更易于坚持现有商业模式，从而增加了掉入陷阱的概率。

表 7.3　为识别 S 形虚线高层需采取的行动

	识别 S 形曲线	高层需采取的行动
1	边缘—中心战略	研究代表企业战略竞争地位的 S 形虚线；认真对待来自市场边缘地带和企业外围的所有信号，并在制定战略时考虑这些信号
2	高层变动	基于企业特色核心能力的 S 形虚线，及时改变高层结构；商业模式革新需要新能力和新技术
3	充足的人才库	采取积极主动的人才管理战略，防止人才 S 形虚线下降

资料来源：努内斯和布林，2001。

过于关注未来：革新的陷阱

第二个陷阱的产生是因为企业过度关注未来。CEO 和高层管理团队若不断分析预警信号，并快速发展新商业模式，则会错过复制阶段带来的回报（Levinthal & March，1993）。当商业模式革新过多，企业就会破坏现有竞争性优势资源，且来不及寻找到合适的替代资源（Aspara et al.，2003），导致企业无法从其商业模式中获得全部价值（Davis et al.，2009）。结果就是出现大量革新，但企业缺乏足够的财力资源来成功推行新的商业模式。例如，企业无法获取合适的分销渠道或在市场上更好地进行产品定位来推行新模式。3M 公司擅长探索新机会，并意识到公司的优势并不能通过过度投资商业模式革新而得到发展。3M 公司对人才的大力投资没有成效，企业文化发展成，员工需要受到鼓励才会去工作，有的员工甚至会违抗上级命令；企业则发展为人人持观望态度的公司，非常依赖于研究人员的积极性。公司没有明确的战略，从而导致其在磁盘、录像带和录音带等磁存储市场遭受损失。而如果 3M 公司有明确的商业模式，是可以解决在成像和电子存储业务中长期存在的问题的。

企业如果对市场和技术的变化反应过度，斥巨资搜寻预警信号，会造成商业模式革新的不稳定性。企业会夸大市场和技术变化的重要性，并对早期预警信号、宣传和流行的风尚表现得过于敏感（Massay & Wu，2005；Volberda，1998）。这种长期的商业模式革新破坏了企业认同感、企业共同规范和价值观。企业业绩会出现螺旋式下降，并最终陷入革新陷阱，该陷阱的特点是企业内部冲突、责任不明、内控不足、缺乏方向和集体思维，最终导致效率低下。

若企业过度关注三条 S 形虚线的开始点，而不够关注复制阶段的经济回报，则 CEO 和高层管理者也会遇到革新陷阱。这些企业在图 7.2 中的 X 点之前就已经着手建立新商业模式，并且在到达这一点时已经放弃现有模式。企业商业模式的财务表现尚未成熟时，就已经开始展望下一代技术和产品 / 市场组合方式。从某种程度上来说，这些企业过早地从一条 S 形曲线过渡到下一条。过早过渡到下一条财务业绩 S 形曲线会导致革新陷阱，而过晚过渡则会导致僵化陷阱。

企业部门层面的复制和革新周期

部门中商业模式的发展

在老牌企业中，专注于大量忠诚客户（通常会牵制企业的进步）和财务关键绩效指标就像过滤器，使得企业更易于采纳能在短期内盈利的改进措施，而不是对商业模式进行根本性的改变。颠覆性商业模式呈现的新产品或新服务可能最初利润率较低、质量较差。大多数能给企业带来丰厚利润的客户并非都有意愿购买全新的产品或服务，并且，他们对全新的方案通常没有直接需求。反而是那些让企业获利不那么高的客户会接受新的产品或服务（Govindarajan &

Kopalle，2006；Govindarajan et al.，2011）。

颠覆性新技术通常首先出现在新兴市场或次要市场。但是很多企业仍会倾听高利润客户的需求，并寻求短期内利润最高的产品。因此企业会认为他们发明或采用的颠覆性技术不值得采用，转而反对该技术。根据克里斯坦森（1997），这个过程如下：

· 一项颠覆性技术在老牌企业诞生；
· 市场部门寻求主要客户对新技术的反应，并据此决定不对颠覆性技术进行推广；
· 老牌企业继续发展现有科技；
· 新成立公司通过反复试验找到了能够应用这项颠覆性技术的市场；
· 这些市场新入者扩大了市场；
· 老牌企业想要使用新技术为时已晚，最终未能留住客户。

老牌企业的问题不在于发展颠覆性技术，通常正是这些老牌企业发展了颠覆性技术。但是因为企业给主要客户和商业模式复制项目分配了太多资源和优秀人才，于是没有足够的资源进一步发展颠覆性技术了（Christensen，1997）。我们在第 1 章里讨论过的柯达的案例充分说明了这一点。

值得注意的是，相较于发展新技术，改进已有技术虽然风险更低，但成本却更高（Christensen，1997）。如果某项颠覆性技术鲜有或完全没有得到使用，员工会感觉很沮丧，甚至会自己成立公司将该技术商业化。一旦初创企业找到了新市场，并进一步投资、发展这项技术，就可以填补之前未被满足的市场需求（Agarwal et al.，2007）。初创企业寻找的有利可图的潜在客户中很多已经是老牌企业的客户。当初创企业开始吸引这些客户时，老牌企业的商业模式就会遭到破坏（Govindarajan et al.，2011）。

老牌企业的客户一旦开始注意到新理念的益处，便可能会逐渐转向初创企业，此时老牌企业便会开始保护其客户群。由于初创企业在此期间建立了优势，例如更丰富的体验、更低的成本，老牌企业最终将不得不退出新市场，或满足于较小的市场份额（Christensen，1997）。当老牌企业屈身于小市场时，它们有时会利用现有技术瞄准市场上更为持续的新细分市场而生存下去。矛盾的是，由于新技术暴露了客户需求的多样性，细分市场也变得显而易见（Adner & Snow，2010）。

从长远来看，过度专注于商业模式复制会危害企业的生存。初创企业的崛起是企业种群自然进化过程的一部分，这一过程分为变异、自然选择和保留三个阶段。老牌企业未进一步发展颠覆性科技并将其商业化，于是为初创企业（变异）提供了空间。并非每家初创企业都有长久的生命力（自然选择），但那些在选择过程中幸存下来的企业可以得到进一步发展，并走向成功（保留）。初创企业创造的新市场也吸引了新的参与者（变异），由于新的模式占据市场主导，带来了剧烈的变化（自然选择）（e.g. Klepper et al.，1996）。

然而，初创企业并不是唯一颠覆现有技术或市场的企业，老牌企业也能立足于低价位给市场带来颠覆，也就是提供更低价格的新产品以吸引对价格更敏感的客户群体（Govindarajan & Kopalle，2006）。老牌企业在不同的市场或细分市场中引入低成本或有价格竞争力的商业模式，来满足现有市场中其他企业未关注到的需求（这些企业最初只关注最有利可图和高要求的客户）。例如，西南航空成为其他常规航空公司的替代品之一；任仕达创建的低成本"Tempo-Team"商业模式，成为其他常规职业中介的竞争对手。

老牌企业除了通过低成本竞争带来颠覆性变革，还可以通过创建一个新的市场或细分市场（即新的市场立足点），来颠覆现有市场。在这种情况下，他们首先针对已有产品和服务的非客户群体，随后逐渐在其主流市场中占据有利地位（Christensen et al., 2015）。例如，汽车公司推出基于服务而非基于产品的商业模式。戴姆勒股份公司旗下的即行 Car2go 应用程序，通过点对点租赁服务在全球 29 个城市提供汽车共享服务。顾客不需要去集中的租赁办公室，而是通过该应用程序查找距离最近的汽车，并且可以按照每天、每小时甚至每分钟来计算费用。即行 Car2go 也让戴姆勒股份公司了解到人们在城市里以及城市周边的移动情况，这为自动驾驶汽车的潜在市场提供了重要信息。自动驾驶为共享汽车提供了很多机会（Fortune，2015）。相应地，基于汽车共享的商业模式也会颠覆在城区销售汽车的传统商业模式，甚至会颠覆出租车公司的传统商业模式。美国电动汽车制造商特斯拉汽车公司推出了路边援助服务，通过远程更新汽车软件即可完成部分修理。这减少了给客户汽车安排机械修理工的需求，并可能迟早会颠覆提供路边援助的传统企业的商业模式（例如德国的 ADAC 汽车协会和荷兰 ANWB 组织）。

卡戈拉司集团建立初期经营的是汽车玻璃批发业务，随后该公司将其业务范围扩大到汽车玻璃维修与更换。后来，卡戈拉司成为保险公司的分包商，从而颠覆了汽车玻璃维修与更换市场。通过梳理与汽车玻璃有关的保险问题，卡戈拉司将顾客从其他老牌汽车玻璃维修与更换公司吸引过来。此外，卡戈拉司可以修复玻璃上微小的裂缝，从而省去了更换玻璃的成本，因此发展成为更吸引保险公司的分包商。

新进入市场的企业理性地使用新的商业模式，并获得了意料之外的成功，这一点被市场现有参与者发现，从而开始利用新市场的信息流。有三种信息来源可用于检测几乎所有新进入市场的潜在企业：相关产品的市场（例如替代品、补充产品），价值链上下游的主体（例如供应商和客户），以及能在相关公司履行类似职能的主体（Geroski，1999）。企业自身能够通过商业模式创新，使用这些信息源来捕捉机会（Drew，2006）。"颠覆者"有以下几类：新进入市场的企业、老牌企业创办的自主企业以及与老牌企业合作的其他行业的公司（例如通过与荷兰全球保险集团合作而进入金融市场的皇家阿霍德国际集团）（图 7.3）（Hensmans et al.，2001）。

除市场新成员外，老牌企业也能减少竞争对手商业模式的价值，竞争对手反之亦能减少老牌企业的价值。引入新商业模式，再将新模式进行复制能增加企业的营业收入。但是，竞争对手的反击会降低其收入，并促使企业再一次开发新商业模式。惠普和戴尔之间的竞争就是一个很好的例子。该例子表明企业之间的竞争是如何驱使商业模式革新和复制在两家企业中快速交替出现的，一家企业的商业模式革新能促进另一家企业的商业模式复制，反之亦然（Volberda et al.，2011）。

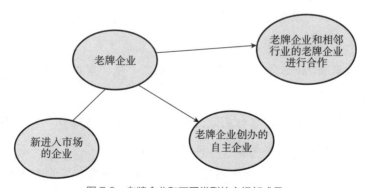

图 7.3　老牌企业和不同类型的市场新成员

资料来源：亨斯曼斯，等，2001。

商业模式革新和商业模式复制的循环：戴尔 vs 惠普 [①]

到 2009 年底，惠普在全球个人电脑市场中占有 19.9% 的份额，而戴尔的市场份额已经下降到 12.9%。戴尔的股价下跌了 32%，而惠普的翻了一番。戴尔此前的发展壮大源于其生产和供应环节去中间商的初始理念。这种"戴尔方式"的概念被称为"20 世纪末最具革命性的商业模式之一"。但同样，过去的成就不能保证未来的成功。竞争对手采取的措施使得"戴尔方式"价值降低。戴尔越来越多地将该模式作为降低成本的方式，并由此降低了产品价格。

惠普在过去几年里成功进行了重塑。在调查了该公司的商业模式之后，PC 运营主管托德·布拉德利总结道：惠普正在进行一场错误的战役。惠普与戴尔在戴尔擅长的领域进行竞争：通过互联网和电话进行直销。布拉德利认为，惠普应该发挥自身优势，通过零售商进行销售——这是戴尔没有取得进展的一个领域。于是惠普转移重点，开始与零售商建立密切关系，并"定制"个人电脑。该公司针对不同的零售商开发了独特的产品，并在时装设计师 Vera Wang 和嘻哈歌手 Jay Z 等名人的帮助下发起了一场"掌控个性世界"的活动。

戴尔也以进军零售行业做出回应。戴尔开始通过日本零售商必客家美乐商场在日本销售笔记本电脑和台式机。此外，戴尔在研发方面投入更多资金以生产创新型产品，并让顾客了解定制电脑的优势。

[①] 资料来源：沃尔伯达，等，2011。

　　为保持竞争优势，惠普和戴尔都在朝着多元化发展。通过收购其他公司，惠普更为深入地参与到服务和网络产品市场中。由此，它接管了计算机网络公司 3Com，以及一家提供电子商务和技术服务的电子数据系统公司（EDS）。这块新的业务领域在 2009 年底占到了惠普营业额的 14%。在 2009 年第三季度，为增加公司在服务领域的业务，戴尔收购了 IT 服务提供商佩罗系统公司。

⚜⚜⚜

行业内商业模式的模仿

　　在公司层面上成功而彻底的商业模式革新也引发了其他层面的变化，并被老牌企业视为对该行业的颠覆性变革（Sabatier et al.，2012）。许多老牌企业倾向于模仿新进入市场企业的颠覆性行为（Markides & Oyon，2010），这被称为"羊群行为"。关于荷兰和英国金融服务商的一项研究表明，同一行业的企业革新模式的程度大致相当（Volberda et al.，2001）。这表明，在行业层面上，管理层有共同的心态或认知方法。然而，模仿"颠覆者"的商业模式是一个陷阱，极少带来成功。当企业模仿一个"颠覆者"的游戏时，它们需要在没有任何先发优势的条件下设法比游戏发明者玩得更好（Markides & Oyon，2010）。例如，当廉价航空公司瑞安和易捷在 20 世纪 90 年代进入市场时，在各老牌航空公司中引起波动。这些老牌航空公司也想要从中分得一杯羹。但是，首先进行尝试的三家廉航公司，即荷兰皇家航空公司旗下的廉航公司 Buzz、英国航空公司旗下的廉航公司 GO 和美国大陆航空公司旗下的精简航班 Continental Lite，均没能取得像瑞安航空和易捷航空这么大的成功（Markides & Charitou，2004）。老牌航空公司无法快速改变其成本和运营结构来与廉价航空公司竞争。老牌航空公司反应迟缓，使得廉价航空公司在休闲市场中获得更高的地位。

老牌企业采取的更适当的措施是所谓的"缓冲战略"，并逐步实施"搭桥战略"。老牌企业使用缓冲战略来保护自己免受颠覆性商业模式的影响，并维持与外部合作伙伴、竞争对手、客户和监管机构的合法性，同时挑战颠覆性商业模式和市场新成员的合法性和可靠性（Hensmans et al.，2001；Van den Bosch & Van Riel，1998）。 我们看一下荷兰邮政快递公司的例子，该公司通过游说荷兰监管机构、工会和荷兰政党，长期保留对快递包裹和 50 克以上信件的垄断权。另一个例子是，许多老牌出租车公司强调优步公司不遵守法律规章制度，以试图阻止优步进入当地市场。在不同地区，该阻止举措的成功程度也各异，在有些地区出租车公司引入自己的应用程序，收取更低的费用（例如 Taxify）；在另一些地区，出租车公司或与优步合作。

成熟的参与者（通常是大公司）通过使用缓冲战略来争取时间逐步实施战略，并对企业进行深入变革，以缩小现有商业模式与新模式之间的差距。它们通常选择一个完整的商业模式革新路径，整合使用技术、管理实践、组织结构和共创四种杠杆，这增加了整个企业的长期生存能力。这种搭桥战略需要讨论公司内现有的发展方法。

搭桥战略的一个例子是开发一种对行业以及公司本身来说全新的商业模式，该模式与颠覆者使用的商业模式也不同。这种方法也被称为"对颠覆者进行颠覆"（Markides & Oyon，2010）。任天堂对索尼和微软做出的应对就是一个很好的例子。

任天堂在游戏行业的搭桥战略：引入《精灵宝可梦 GO》[①]

索尼和微软推出了面向青少年和年轻人的 Playstation 和 Xbox 游戏机，它们图像美观，性能良好，速度快捷。为了应对这些颠覆性商业模式，任天堂推出了主要面向家庭的游戏机 Wii。Wii 的重点在于简单易懂、操作便捷，还能提供家庭体验和健身活动（Markides & Oyon，2010）。

如今，游戏的商业模式已经从电脑端转移到手机端，并可以随时随地获取。在这种新型颠覆性商业模式中，企业不再通过销售游戏机和游戏或偶尔销售商品来赚钱。相反，人们可以在智能手机上免费下载游戏，也可以在试用期免费玩。公司通过玩家在游戏中购买商品赚钱，比如购买额外的生命力以便让游戏继续。任天堂一直以 Wii、任天堂 64 等游戏机以及《超级马里奥》和《塞尔达》等电脑游戏著称。《精灵宝可梦 GO》这一应用程序的出现使任天堂进入了智能手机时代。随着增强现实技术的出现，智能手机上出现的虚拟生物，就好像真正出现在街道或其他地点。

在澳大利亚、新西兰和美国发布该应用程序的 24 小时内，下载量就占据了 Android 和 iOS 下载榜单的首位。这款应用程序推出仅几天，任天堂的市场价值就增长了 50% 以上。问题接踵而至，《精灵宝可梦 Go》的商业模式能在多大程度上为任天堂提供可持续的竞争优势呢？智能手机游戏的发展往往昙花一现：在游戏发布之后，

[①]　*Pokémon Go*，其他译本有《口袋妖怪 GO》《宠物小精灵 GO》《神奇宝贝 GO》。——译者注

围绕它的大肆宣传通常很快就会消失（NRC，2016）。因此，尽管任天堂通过引入《精灵宝可梦 Go》，可能已经成功地连接了游戏行业的各种发展（例如从电脑游戏到手机游戏），但是游戏行业出现另一波颠覆性变革也只是时间问题，这意味着任天堂在以后使用当前的商业模式却无法获得相同的价值。

<hr />

新的市场参与者有全新的商业模式，在它进入市场后，能给老牌企业创造机会，同时也能造成威胁（Gilbert & Bower，2002）。例如，新的商业模式会揭示老牌企业尚未开发但可能会获利的部分。老牌企业最初会将颠覆性商业模式视为一种威胁，高层管理者也会关注它并分配资源来应对相关威胁。如果随后发现新需求，企业会将新模式视为一个机会，并分阶段分配资源对新模式进行开发（Gilbert & Bower，2002）。

为应对其他企业的颠覆性商业模式而开发新的商业模式，并非唯一应对的方法。在这种情况下，企业也可以忽略颠覆者的商业模式而使自己现有的商业模式更具竞争力；或者复制颠覆者新理念中的元素，以便在更大规模上将其商业化（Charitou & Markides，2003；Markides & Oyon，2010）。例如，在以奈斯派索胶囊咖啡为基础的系列产品上，雀巢公司从其他行业的成功商业模式中复制了几个要素：其收益模式参照了吉列"剃刀＋刀片"的模式以及惠普的打印机油墨模式，而分销模式则融合了图书俱乐部所采用的封闭式直接客户关系模式和时尚奢侈品连锁店所使用的高档精品店模式（Mikhalkina，2016）。为重塑商业模式，许多公司致力于跨行业模仿标杆性商业模式的各种元素（Enkel & Mezger，2013）。爱彼迎、

亚马逊、易趣、戴尔、麦当劳和优步等公司因其创新性的商业模式
而闻名世界，这些公司颠覆了行业内既有的财富创造和获取的思路，
并迅速成为业界标杆（Sabatier et al.，2010），这些商业模式的各种
要素自此得到其他行业的广泛复制。

双重商业模式：企业层面的复制和革新

我们的调查显示，既能复制现有商业模式，又能开发新商业模
式的企业会有更好的业绩（另见第 3 章）。更详细的分析显示，这些
影响并非立竿见影（图 7.4）。如果一家企业在从根本上革新其商业
模式的同时也进行商业模式复制（参见图 7.4 中的虚线），那么其业
绩会快速增长。这使得企业能够通过进一步完善新商业模式来摆脱
革新陷阱（在时间或地理位置方面）。那些高度复制但极少开发新商
业模式的企业，如果开始革新（参见图 7.4 中的实线），将会经历暂
时的企业业绩下滑。该下滑形状像 J 形曲线：首先业绩会下降，随后
会持续上升。

企业要扭转初期业绩下滑的局面，并取得更好的发展，需要强
大的领导力、额外的资源以及急需变革的意识（e.g. Roberts，2004；
Smith et al.，2010；Volberda et al.，2001）。英国石油公司和联合利
华最初只专注于模式复制，因而在这两家公司的商业模式革新图
中也能观察到业绩下降，后持续改进的 J 形曲线（Roberts，2004；
Volberda，1998）。这种 J 形曲线也出现在荷兰皇家航空货运公司商
业模式转型的过程中：该公司复制常规的运输模式，同时还通过提供
额外的分销和信息服务进行商业模式革新。

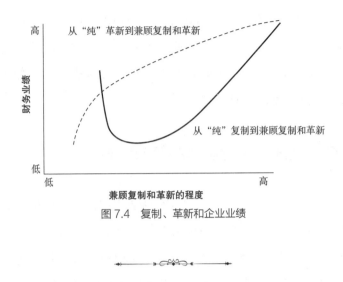

图 7.4 复制、革新和企业业绩

荷兰皇家航空货运公司：商业模式转型的初期问题 [①]

荷兰皇家航空货运公司从普通的运输业务转向定制服务（例如：运输化学品或名画）。该公司还提供零部件的组装和库存管理等与运输无关的物流服务，因而吸引了新客户。这最初在企业内部引发了巨大分歧。在那之前，荷兰皇家航空货运公司最重要的运输业务一直是为终端用户提供普通运输服务。然而这些普通服务的利润率正在慢慢受到侵蚀：航空公司只有在优先确保效率的情况下才能提供运输服务。荷兰皇家航空货运公司也不确定最终客户是谁，而公司的直接客户——航空运输公司通常变成其竞争对手。

因此，荷兰皇家航空货运公司将新商业模式转为服务终端客户，这些客户愿意为增值产品支付额外费用。对于公司来说，最重要的是采取完全不同的思维方式，以便实现这种新的商业模式。荷兰皇

---

① 资料来源：沃尔伯达，等，2011。

家航空货运公司现在应将自己看作综合性物流服务的提供者，而不仅仅是提供运输和配送服务的航空公司。抛弃旧商业模式，学习新模式需要公司投入大量资金，以提供大量拥有附加价值的个性化服务。该公司还决定进行彻底的企业架构调整。最明显的原因是它希望更贴近客户，减少官僚主义，赋予员工更多自由（"赋权"），以便快速和创新性地应对新情况。

在不到一年的时间里，该公司已经成功地从层级式结构转变成一个扁平的双重结构，即由核心职能部门和有自主性的业务部门组成。处于管理岗位的人员需要重新申请工作，在多数情况下，他们会被重新安排到不同的大陆。该公司还在工作场所创建了自组织团队。为了促进这些根本性变化，管理层组织了认知课程、培训研讨会和互动研讨会。

在荷兰皇家航空货运公司进行激进商业模式转型的初期阶段，出现了许多错误，导致公司业绩一度下滑。例如，普通货运没有到达正确目的地，新物流服务没有确切信息，员工对未来感到不确定，公司没有一致的标准和价值观。还有很多压力来自那些没有参与转型过程的低层管理人员。更糟的情况是，在购买了两架新货机后，公司的货运市场崩溃了。

在董事会的支持以及部门经理强有力的领导下，商业模式革新的最终结果有所改善。为了在保留现有商业模式的前提下成功推出新商业模式，管理者将服务组合标准化，将服务分成"商品服务""专业服务""定制服务"三类，并开发出更透明的结构。在这个结构中，成立了一个新的商业系统部，负责更高效的协调工作。管理层还制定了更为清晰的战略愿景，并制定了一套行为准则，以便在公司内部共享文化价值。

创建与现有模式并行的独立商业模式

企业内部如有一系列不同的商业模式，则会导致矛盾（Velu &
Stiles，2013）。例如，关于资源的分配和主导的发展思路都能产生争
议。面对新的商业模式，企业必须放弃旧的发展思路（或至少一部
分旧思路），因此会受到旧模式支持者的抵制（Chesbrough，2010）。
这种冲突的结果通常是商业模式复制战胜商业模式革新。因为新商
业模式可能会侵蚀现有商业模式，所以新模式必须在短时间内证明
其价值，否则就会被放弃（Markides & Oyon，2010）。解决此类冲
突的一种方法是创建独立的部门，且每个部门都有自己独特的商业
模式。部门之间彼此要有联系，以实现协同作用（Benson-Rea et al.,
2013；Smith et al.，2010）。如果符合以下三个因素，建立独立部门
将意义重大（Markides & Oyon，2010）：

- 新的客户群体在价值链上对不同的业务有需求；
- 新市场与现有市场截然不同，因此现有商业模式不适用于新
  市场。
- 高层管理人员的目标是积极大胆地应对新市场，而非降低侵
  蚀效应的风险。

基于此，任仕达建立了一个独立的业务部门，即任仕达驻场服
务部（其前身为 Capac），除了少数管理者，其他人员主要聘自外部。
任仕达公司驻场服务部的目的是进一步整合人力资源解决方案的内
部概念并将其商业化。该部门与任仕达公司完全分开，例如，最
初公司没有给驻场服务部日常运营费用。这些独立的部门使得一家
企业内存在不同的文化、结构和流程成为可能（表 7.4）（Benner &
Tushman，2003；Markides，2013；O'Reilly & Tushman，2004）。

表 7.4　主流部门和独立的商业模式创新部门的区别

特征	主流部门 （现有商业模式）	独立的商业模式创新部门
目标	成本、利润	创新、成长
能力	标准化、可信赖	创业精神、适应性强
结构	更正式和机械化	更随意和系统性
文化	专注效率和质量、规避风险、 客户驱动	灵活多变、勇于承担风险、 敢于进行试验

资料来源：改编自奥赖利和塔什曼，2004。

在独立部门内，企业可以将复制流程标准化，同时也为企业提供了更大的灵活性和变通来进行商业模式革新。独立部门必须拥有重要的财务和运营自主权、富有远见和信念坚定的领导以及自己的董事（Markides & Oyon，2010；O'Reilly & Tushman，2004）。专注于试验和验证新商业模式的部门比专注于复制模式的部门具有更多的固有风险。

复制和革新的融合：双重、摇摆或网络

企业如何处理不同的商业模式？是在继续利用现有商业模式的同时开发新的商业模式，还是放弃之前的模式？有多种方法可以既关注商业模式复制，又关注商业模式革新。本书介绍了三种不同的类型：

· 双重商业模式，如上所述，复制和革新两种模式都出现在企业内，这是最具挑战性的选择，有一定的限制；
· 摇摆商业模式，随着时间的推移，企业模式从复制到革新，

或从革新到复制；

· 网络商业模式，企业重点关注模式复制或革新，而将其他任务外包给关系网中的合作伙伴。

双重商业模式

在双重商业模式中，企业的某些部门侧重商业模式革新和创造新附加价值，另一些部门则侧重于商业模式复制，并确保既有常规业务和能力发挥最优价值（图7.5）。在商业模式革新方面，企业建立独立部门，与主流业务有一定程度的分离。例如，雀巢集团在一个完全独立的部门中试验了其新型胶囊咖啡奈斯派索（Markides & Charitou，2004；Matzler et al.，2013）。此外，欧洲各国的邮政运营商也在新商业模式方面进行新探险，这在一定程度上与企业的主流业务相分离（Bogers et al.，2014）。双重商业模式背后的基本原则是，母公司继续专注于商业模式复制，而独立的子部门负责商业模式革新（e.g. Benner & Tushman，2002，2003）。这使得企业可以专注于不同的细分市场和客户需求，并提供多种方式将技术商业化（Benson-Rea et al.，2013）。例如将服务型商业模式与生产型商业模式并行使用（Nenonen & Storbacka，2010），或者将基于软件的商业模式与基于硬件的商业模式共同使用（Adner & Kapoor，2010）。企业的现有模式通常与新商业模式保持触手可及的距离，以保持对现有业务的关注（Aspara et al.，2013；Markides，2013；Orton & Weick，1990）。

图 7.5　双重商业模式

　　企业内部拥有多种商业模式实际上也创造了机会让不同模式
达到协同作用，例如，通过共享价值链活动和品牌化来实现这一
目标（Markides & Oyon，2010）。对于管理者来说，要决定新商业
模式与现有模式之间应该融合到什么程度非常困难（Markides &
Oyon，2010；O'Reilly & Tushman，2008）。一方面，新商业模式
与现有商业模式之间需要充分整合，以确保它们之间有足够的融
合，并形成协同效应。另一方面，融合不应该过度，因为企业需要
确保不会发生侵蚀效应，或者各模式之间不会发生冲突。另外很重
要的一点是，要保持新商业模式区别于企业其他商业模式的独特
性（Markides & Charitou，2004；Markides & Oyon，2010；Velu &
Stiles，2013）。

　　双重商业模式代表了企业上下对市场或技术颠覆性变革做出的
部分回应。如果企业某部门开发的新商业模式未达到企业目标，那
么采用双重商业模式可以降低整个企业的风险。但是如果整个企业
都受到了颠覆性变革的影响，则需要一个综合性的应对方案，而非
部分性的方案（Massa & Tucci，2014；Volberda，2017）。创建一
个单独的部门进行商业模式革新可以加速在新领域取得进步，但在
其与母公司的融合过程中往往会产生问题（Andriopoulos & Lewis，
2009）。这就是为何利用新机会可能是一个缓慢而令人沮丧的过
程。所以有时候需要对整个企业进行巨大的转型来进行商业模式
革新。

摇摆商业模式

　　摇摆商业模式的侧重点在于商业模式复制和商业模式革新的
交替循环，前者的特征是进一步改良和加强技术、管理实践和组
织结构等杠杆，后者则基于应用新技术、新管理实践和新组织结

构（Khanagha et al.，2014；Markides，2013；O'Reilly & Tushman，2008）（图 7.6）。通过这种模式，企业从极端的能激发新商业模式发展的商业模式革新回到了能在企业更广泛层面上采用的商业模式复制。

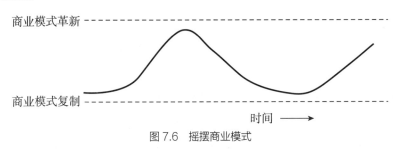

图 7.6　摇摆商业模式

　　在区分商业模式复制和革新两个不同阶段时，人们普遍认为，在复制期间，企业可以在利用现有商业模型的基础上，采用新商业模式的元素。但是，当企业面临技术和市场的颠覆性变革时，复制和革新两种模式不能共存。也就是说，企业不能做到同时利用、改进现有模式并开发新模式；而是面临着严峻的选择：要么革新其商业模式，要么面临业绩的快速下滑。

　　商业模式革新和复制之间的持续交替是小型创业公司能够存在而不可或缺的部分，它构成了这些企业竞争优势的基础（Smith & Lewis，2011；Smith & Tushman，2005；Volberda，1998）。小型创业公司灵活的资源基础和较低的沉没成本使他们能够更轻松地实施商业模式转型（Nooteboom，1994）。而规模较大、多元化发展的公司要完全转变其商业模式则复杂得多，有时几乎毫无可能。历史和传统带来的包袱严重制约了老牌企业对颠覆性变革做出反应。例如，长期使用纸质商品目录的大型邮购公司正被 Zalando，亚马逊和 Sarenza 等纯粹的互联网竞争对手所淘汰。虽然这些成熟的邮购公司试图从线下目录转换成完全整合的在线网店的商业模式，但进展十分缓慢，且几乎未取得什么成果。这些邮购公司尝试建立网上商城的结果如下：Neckermann.com 经历了一次又一次失败；Otto.nl 损失惨重，销售额减半；即使是 Wehkamp[①] 这个在向互联网零售业全面转型方面比其他历史悠久的欧洲邮购公司更成功的公司，仍未实现与在线时尚商店相当的 15% 的销售增长率。Wehkamp 的在线商业模型上经营的产品种类十分有限，甚至长期没有将 G-star 和李维斯等流行时尚品牌囊括在内，而在线时尚商店 Zalando 从一开始就拥有广泛的产品基础。大多数邮购公司从模式复制到革新转移的步伐太迟，因而无法赶上趋势。而且物流和其他流程达到标准也需要数年时间，一些邮购公司的混合商业模式导致其在线下分销渠道上浪费了资源。

尽管如此，仍然有大型企业成功地在商业模式复制和革新之间进行了交替发展，即使引起革新的因素可能来自许多方面，且对这些因素的应对可能很慢。周期性行业中的大型资本密集型公司，例如壳牌、帝斯曼和联合利华，成功地在商业模式革新和复制间进行了交替循环。然而，与商业模式复制相比，商业模式革新频率较低、周期相对较短（Volberda & Lewin，2003；Volberda，2017）。

我们已经在第 6 章广泛讨论了在全企业范围内进行商业模式革新和复制之间的转换，并列举了帝斯曼、皇家 IHC 和鹿特丹港务局等案例。这种摇摆商业模式通常发生在公司层面。宜家、麦当劳和瑞安航空等公司，都是从零开始建立新的商业模式（革新），并逐步改进和扩展该商业模式（复制），以实现战略增长（Jonsson & Foss，2011）。进行商业模式复制的机会被用尽后，企业应该重新转向商业模式革新。例如，当麦当劳面临来自西方先进国家的有机和生态食

---

① Wehkamp 是荷兰著名邮购公司推出的一个综合性购物平台，经营种类繁多的商品。

品店所带来的颠覆性变革时，就努力对其商业模式进行局部革新，它在全公司范围内系统地引入可持续发展计划，加强与供应商的合作关系以便创造共同价值，并更加关注顾客的营养和健康。

然而，商业模式革新和复制也可以从企业较低层级开始（Dunford et al.，2010；Sosna et al.，2010）。例如，荷兰国际集团迅速将"ING Direct"[①]的概念传递给公司在其他国家的银行部门，以便在银行业务中成功利用这种全新的商业模式（Dunford et al.，2010）。同样，荷兰零售店 Hema 在巴塞罗那开设了一家分店。与这家大型超级连锁店使用的低成本商业模式不同，巴塞罗那分店规模相对较小，打造出一种"精品"的氛围，店内出售来自世界各地的产品（例如，咖啡相关产品）。这种全新精品商业模式的成功促使高层管理者在所有分支机构中复制了这一理念。

很多行业涌现出越来越多的颠覆性变革，对更多的企业来说，进行耗时冗长的商业模式复制十分困难，而商业模式革新能频繁进行，因而对其需求不断增加。在商业模式复制和革新的转换过程中，企业必须避免在任何一个方向上"过犹不及"（Volberda，1998）。在实践中，企业经常对一些元素进行革新，而对另一些元素进行复制（Aspara et al.，2013）。

在摇摆商业模式中，企业需要一套程序来管理从商业模式复制到商业模式革新（反之亦然）的转换。在任意时间段，企业或致力于商业模式复制，或致力于商业模式革新，因为企业倾向于在特定模式中进行更多投入，而不是在模式转换中进行投入（O'Reilly & Tushman，2008）。从而导致商业模式复制和商业模式革新二者之间

---

① ING Direct 是荷兰国际集团于 1997 年在加拿大首创的直销银行，也是全球第一家直销银行，是荷兰 ING 银行打造的创新型的银行模式。

的转换有所延迟，且实施起来成本也更高。

网络商业模式

许多企业发现，很难将商业模式复制所需的循规蹈矩与商业模式革新所需的兼容并蓄相结合。在网络商业模式中，企业认同商业模式复制和革新之间的对立关系，但认为这种对立无法解决。这就是企业将这两种活动中的一种进行外包的原因（图 7.7）。在这种类型的商业模式中，企业与其他企业开展更多合作，更像是商业模式革新和复制二者的中间人，用复杂的方法，将双方联系起来（Volberda，1998）。例如，企业自行开发新的商业模式，并将之前模式下的业务外包给低成本的分包商（Cliffe & McGrath，2011）。耐克就是使用网络商业模式的例子。在耐克的商业模式中，该运动服装制造商专注于轻车熟路的产品设计和营销，而将生产和分销外包给了纯粹的复制者。荷兰阿斯麦尔公司作为全球领先的半导体行业芯片制造商之一，也使用了网络商业模式。由于技术发展日新月异，芯片机生命周期短暂，阿斯麦尔公司网络中的合作伙伴必须不断创新。阿斯麦尔公司与数百家科技公司合作，这些科技公司提供系统中的大部分零部件，而阿斯麦尔则通常独立进行大量的研究和开发工作。在这个网络中，阿斯麦尔协调生产网络、研发联盟和组装流程。因此，阿斯麦尔公司专注于其作为系统设计商和系统集成商的角色。若要处于技术前沿，确保产品在推出之前不会过时，需要阿斯麦尔与合作伙伴分享自己的发展路线和风险，并共享回报。这意味着阿斯麦尔需要给予供应商真正的责任和激励以促进彼此之间相互学习、知识共享，以便促进合作伙伴与阿斯麦尔的共同思考。每个合作伙伴都有自己的战略能力，并且阿斯麦尔与其合作伙伴之间的合作是密切而长期的。

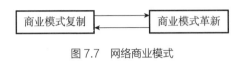

图 7.7　网络商业模式

企业可以通过改进或扩大与现有网络伙伴的合作（e.g. Easterby-Smith et al.，2008；Tsai，2009）来复制自己的商业模式。然而，它也可以通过积极改变合作伙伴的构成（如增加新的合作伙伴）来革新网络商业模式（Zott et al.，2011）。在网络商业模式中，各方既共同合作，又相互竞争。合作带来稳定和资源，竞争则促进革新（e.g. Volberda & Baden-Fuller，1999；Bengtsson & Kock，2000；Clarke-Hill & Davies，2003）。合作——尤其是不同参与者之间强大的社交联系——可能会延缓商业模式革新。老牌企业可以通过与不同的合作伙伴合作来降低延缓的可能性，特别是以下两种企业形成联盟：一是服务于新市场的小型灵活企业；二是引入新技术、发展前景好的初创企业。

企业自身需承担的复制和革新，与其网络合作伙伴需承担的部分，二者必须达到平衡。合作伙伴承担太多可能会对企业自身的独特商业模式产生不利影响。因为在这种情况下，企业创新商业模式所需的知识和技能主要依靠整合外部的商业模式元素或只是换一种新的方式组合这些元素。这意味着企业失去了在内部开发商业模式所需的知识和技能（Berchicci，2013；Cassiman & Veugelers，2006）。

将商业模式革新外包给合作伙伴时，企业自身仍应承担革新中的一些特定任务，否则它将成为"空心公司"。如果没有内部革新，企业会愈加没有能力选择合适的合作伙伴和 / 或进行商业模式革新的项目，并有效利用这些资源（e.g. Berchicci，2013；Capron & Mitchell，2009）。网络中的商业模式创新是一个渐进的过程。如果将太多的商业模式创新"外包"到网络上，长此以往，某些合作伙伴可能最终发展成竞争对手并占领企业的部分价值链（Christensen，2001）。

戴尔起初将计算机零部件的生产外包给供应商。毕竟，这块是供应商，而非戴尔的核心能力所在。随后，因为供应商成本更低，它又接管了戴尔的集成业务。这对戴尔和供应商来说似乎是一个双赢局面：戴尔降低了成本，增加了利润；供应商接管了更多业务，也增加了利润。但是，在同样的双赢逻辑下，当供应商逐渐开始接管戴尔的物流业务时，戴尔的唯一核心能力只剩下品牌管理。此后，供应商可以开始以更低的价格提供与戴尔相同的服务，戴尔因而变得一无所有（Christensen，2013）。这也叫"侵蚀效应"。

革新和复制如何在一家企业共存？

前一节已经提供了一些企业如何管理不同商业模式方面的见解。那么，成功将商业模式复制和革新融入特定业务的企业，有什么特征呢？这是否会显著提高业绩？我们的数据分析显示，企业必须高度应用商业模式复制和革新来实现稳定的企业业绩。对复制和革新未给予太多关注的企业，会陷入商业模式僵化，并且业绩也不尽如人意（如第 3 章所讨论的）。具有双重商业模式的企业与陷入模式僵化的企业有诸多不同（图 7.8）。关注双重商业模式的企业拥有很强的知识吸收能力，比陷入模式僵化的企业高出 29%。他们还在人力资本方面投入更多（多 27%）、有更高的企业认同感（高 25%）、更强的变革型领导（高 17%）和更多的创新性文化（多 14%）。拥有双重商业模式的企业用强大的认同感帮助处理商业模式革新和复制之间固有的紧张关系和摩擦。

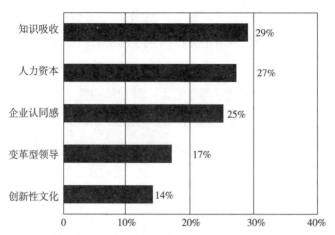

关注双重商业模式的企业在以上特征中比模式僵化企业高的百分比

图 7.8　双重商业模式企业之关注点

　　企业单独成立一个部门进行模式革新，而其他部门专注于商业模式复制这种协同工作要有共同的愿景、共同的价值观以及高层管理者之间的密切协作与合作（Mihalache et al.，2014；O'Reilly & Tushman，2008；Smith et al.，2010）。以上这些都是高层管理团队需要关注的领域。只有拥有共同的领导力，即高层管理者有共同的责任，并充分参与到领导任务中，才能在不同的商业模式出现相互矛盾的要求时促成合作（Mihalache et al.，2014）。高层管理者若参与其中的谈判，并分担相应的职责，则会对企业的整体成功有更强烈的奉献意识，也就更容易将新部门与主流业务部门之间的冲突视作共同的问题，并寻求有利于各方的解决方案。例如，不同部门之间需要频繁互动，以确保知识能够来回流动，而组建一支由不同部门的员工组成的团队就可以实现这一点。正如马尔基德斯和奥永（2010）指出的，当设立一个独立的部门时，最高管理层必须做出以下一些重要的选择：

　　·该部门应该选址何处？（与母公司一起或另寻他处？）

- 该部门应如何命名？（与母公司相同的名字或不同的名字？）
- 谁拥有所有权？（母公司是不是唯一所有者？）
- 哪些业务应成为价值链的一部分？（是否应该与母公司共享后勤支持部门？）
- 什么类型的企业构成是合适的？（部门应该发展自己的价值观、文化、员工、流程和奖励系统，还是采用母公司的这一套？）

企业新建的独立部门必须在一定程度上与主流业务融合，以便实现协同效应。如果没有这种协同效应会给企业带来更多的风险和成本。如前所述，任务分为两方面：一方面，企业的部门之间必须有足够的分离来避免冲突，另一方面，这种分离不能过于僵化以至失去协同效应的可能性。管理者可采纳以下六个步骤来实现独立部门和业务主体部门的协同：

1. 任命一位负责监督新业务和现有业务的共同总经理；
2. 培养更强大的共同价值观，将不同部门的人员联系在一起；
3. 任命一位积极可靠的经理来负责整合事宜；
4. 建立奖励制度，鼓励不同部门之间的合作；
5. 整合一些必须共同协作才能开展的业务；
6. 确保独立部门能获取公司资源和专门技术。

不同部门之间的融合程度可能随时间而变化。例如，Capac——任仕达成立的独立部门及任仕达驻场服务部门的前身，最初享有很高的自主权，但后来又被整合进了任仕达集团，以实现更多的协同效应。爱立信推出的云计算也经历了不同的阶段，由新业务逐渐转变成主流业务（图 7.9）。

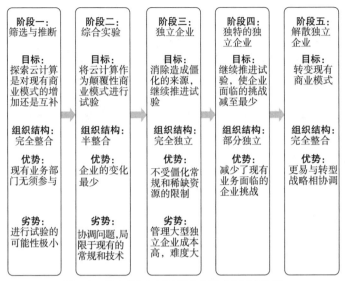

图 7.9　爱立信采用云计算商业模式的五个阶段

资料来源：改编自汗阿迦，等，2014。

图 7.9 显示，新商业模式与企业其他部门融合程度的高低会产生一系列连锁反应。因此，在第一阶段，爱立信创建了跨部门团队来判定云计算对现有业务的影响，但这并未带来任何正式或非正式的变化。随后爱立信分配了更多资源进行试验，使这一模式更加成形，最终爱立信逐渐将新模式融入了企业（Khanagha et al.，2013）。

本章小结

CEO 和管理层在商业模式转型轨道中扮演着至关重要的角色。他们必须关注代表财务业绩的 S 形实线，同时还需要特别关注代表战略业绩的 S 形虚线。只有这样，CEO 和管理层才能有效而及时地革新商业模式。在商业部门层面，现有竞争对手和市场新入者会推动商业模式创新，老牌企业随之会出现模仿该创新的"羊群行为"。

企业可以通过创建一个独立的革新部门，并与专注商业模式复制的部门进行整合，以便实现高度复制和革新，并取得良好的业绩。企业也可以选择与网络中的合作伙伴开展合作，并专注于商业模式复制或商业模式革新。但是，在激烈颠覆性变革的时期，企业不能同时进行商业模式复制和革新，而是必须进行全面的商业模式转换。

第8章

重新审视商业模式创新：管理者行为准则

❧━━━━❧✦❧━━━━❧

诺基亚曾有和 iPhone 旗鼓相当的产品，却从未对外发布[①]

"什么？这明明是我们的产品！"诺基亚的首席设计师弗兰克·诺沃在苹果 2007 年推出 iPhone 时心里是这样想的。电子邮件、网上冲浪和应用程序下载——诺基亚的新手机才是第一个拥有这些功能的机型。但是，因为诺基亚的管理者不相信"娱乐"产品会有市场，该产品多年被束之高阁。

2004 年，诺基亚手机销售量在 10 亿部以上。10 年后，故事幻灭，微软接管了诺基亚的移动手机部门。iPhone 面世 7 年后，手机领域曾经的全球领导者竟不复存在，这怎么可能？江河日下的不仅仅是诺基亚：一直作为芬兰知识经济主要支柱之一的手机公司，诺基亚的崩塌导致整个芬兰的经济都遭到了打击。

政客们心里清楚该将矛头指向哪里。"芬兰经济的损失都是苹果公司带来的，"芬兰总理亚历山大·斯图布在接受美国消费者新

[①] 资料来源：沃里和许伊，2016；拉马宁，等，2016。

闻与商业频道采访时这样说，"是 iPhone 毁了诺基亚，iPad 毁了芬兰的造纸业。"不过，分析师和前诺基亚员工称，如此看待该问题是过于简单的。从一开始就参与手机开发的弗兰克·诺沃知道，公司早年是孵化创意的平台。"我们制作了圆角手机，并内置了相机。"这的确是商业模式革新的举措。彩色屏幕的理念也是如此。有一次，和往常一样在酒吧会议中酩酊大醉的诺基亚工程师们分不清哪个是谁的手机，彩色屏幕的灵感便应运而生了。可移动的前盖可以确保他们更好地认出自己的手机。

　　这就是典型的诺基亚：商业模式创新已经融入其 DNA。诺基亚成立之初是木浆加工厂，随后大胆进入橡胶行业，最后成为电信行业的领先企业。诺基亚在手机领域取得巨大成功的原因最终却也成为其失败的根源。公司专注于改进现有的盈利产品——手机，而不去开发新的产品和服务。1996 年，诺基亚发明了诺基亚 Communicator，这是世界上最早的智能手机之一。该款产品在实验室得到进一步发展，但从未投入市场。弗兰克·诺沃认为，电话应该变得更有趣，但管理者回应说，诺基亚做的不是娱乐，而是高科技。这些管理者往往之前是银行家，因而比创意设计师权力更大，他们坚信这种设备只会吸引一小部分人的兴趣。诺基亚对其现有产品过于关注，因而削减了对智能手机的兴趣。到 2011 年诺基亚推出智能手机之时，市场已经被苹果和三星等公司瓜分了（"赢者通吃"效应）。尽管诺基亚是第一家发明智能手机的公司，但在占领市场上却落后了。更糟糕的是，诺基亚当前所处的市场——手机市场，面临着低成本公司的激烈竞争，其利润被吞食。这些因素对诺基亚来说最终是致命的。

本章介绍

面对愈演愈烈的颠覆性变革，企业该如何重塑商业模式？大多数企业失败的原因，是继续埋头从事那些过去给企业带来过成功的事情。柯达、宝丽来、百视达和诺基亚都是这方面的例子。但具体来说，它们究竟在哪一步出错了呢？这些企业并非不投资颠覆性技术，也不是管理不善、骄傲自满、欺诈经营等。很明显，它们陷入了商业模式僵化；这些企业只关注短期的财务业绩，只拘泥于关注现有客户，而错过了颠覆性革新的早期信号。

我们的研究提供了一些重要见解，告诉企业如何应对颠覆性变革或者以颠覆者的身份重塑商业模式。在最后一章中，我们呈现的是关于如何重塑商业模式的重要研究成果。我们重塑商业模式的研究成果共分为四个主要方面，每个方面都有对应的关键问题和管理问题——两种主要的商业模式创新类型以及企业选择其中一种的原因，商业模式创新的杠杆，管理层在商业模式转型的过程中扮演的角色。我们以讨论管理者的行为准则等更为实际的内容作为结论，并提供了一个商业模式创新的在线检测方式。

两种基本的商业模式创新类型

企业如何权衡两种基本的商业模式创新类型：复制还是革新？

颠覆性变革让现有的商业模式成为明日黄花，企业因而不得不开发新的模式。企业可以通过多种方式创新商业模式。例如，企业可以像麦当劳和宜家那样，在地域和 / 或时间上通过复制来扩大或改良现有商业模式。这是维持或提高企业竞争地位的一种方式。商业模式复制的风险在短期内是有限的，但是从长远来看风险有增无减。

企业往往不能及时发现新兴的价值创造方式正在占领市场。

　　企业也可以通过革新来更彻底地改变商业模式。帝斯曼从采矿业转向石化业，最后转向生命科学领域，从而实现了商业模式革新。企业可以通过这一举措建立一个全新的、更具可持续性的竞争地位。虽然随之而来的风险也相当高，但若不经历这一旅程，企业的竞争力会受到损害。

企业采取何种战略进行商业模式创新？

　　根据我们的调查，14%的企业关注双重模式，即将企业现有的商业模式复制到新的高度，同时开发出新的商业模式。30%的企业以更温和的方式同时改良现有商业模式和开发新模式。也有极少数企业仅关注革新（0.3%）或复制（2%）。10%的企业对待商业模式既不革新也不复制，就是我们所说的"陷入商业模式僵化"。

哪些行业在商业模式创新中最活跃？哪些最不活跃？

　　商业模式的革新和复制在生命科学、信息通信技术以及食品行业最常见。最少进行商业模式革新和复制的行业是能源供应、政府和政府相关行业以及建筑和项目开发行业。

商业模式创新对企业业绩有什么好处？

　　陷入商业模式僵化的企业，销售增长率相对较低（年均增长1%），企业业绩不佳。专注商业模式革新的企业，平均业绩比陷入模式僵化的企业高8%，但在革新之后其营业额略有下降（年均下降1%）。专注商业模式复制的企业，平均业绩比陷入模式僵化的企业高13%，销售平均增长率为7%。关注双重模式的企业平均业绩比陷入模式僵化的企业高18%，销售年均增长率为11%。从商业模式复制转向关注双重模式的企业，在转型过程中业绩会（暂时）下降。从"纯粹革新"转变为关注双重模式的企业业绩会迅速提高。可以扩大"独特配方"的使用范围，并将该"配方"商业化。

商业模式创新的杠杆

管理者在商业模式复制和革新中应使用何种杠杆？

在本书中，我们已经分别阐述了商业模式创新的四种杠杆：技术、管理实践、组织结构和共创。物联网、大数据、机器人和3D打印等颠覆性技术可以帮助企业更有效地将投入转化为产出，进而从根本上促成新的价值创造和使用方式（商业模式革新）。例如，空客公司将创新技术应用于设计和制造中的愿景，促使其使用3D打印技术来改进飞机部件。通过这种方式，空客公司能够缩短生产交付周期，减少原材料需求，提高飞机生产效率。然而，商业模式不仅仅是技术或研发。正如切萨布鲁夫（2007）所说："更好的商业模式通常会战胜更好的创意或技术。"蒂斯（2010）、巴登－富勒和黑夫利格尔（2013）也认为区分商业模式和技术极为重要。新技术可以推动新商业模式的发展，但是企业也能够在没有新技术的情况下进行商业模式创新。在这四种杠杆中，管理实践的调整对商业模式革新和复制的贡献最大。商业模式复制尤其需要对组织结构进行全系统的改进。商业模式复制往往与有机增长密切相关，而商业模式革新则需要保持有机增长与外部合作之间微妙、平衡的关系。

哪些杠杆组合对商业模式创新和企业业绩有积极影响？

我们的研究表明，杠杆的有效组合产生了四种互补效应。当正确的杠杆组合在一起时，可以共同巩固商业模式革新。在技术导向的商业模式革新中，新技术与新管理实践的结合使企业能够从商业模式革新中获益。当技术、管理实践和组织结构三者结合时，会强化内部导向的革新。商业模式革新首先可能是技术驱动的（例如爱立信和云计算），但也可能是由新管理实践和新组织结构驱动的（例如戴尔去中间商的做法）。采用卓越的管理实践以及重新设计组织结构，可以确保新技术的潜力得到更有效的利用。

共创、管理实践和组织结构三者的组合，同样有助于商业模式革新。在这种情况下，企业进行的是外部导向的革新。其中一个例子就是鹿特丹港务局，它与孚宝化学品物流公司一起成立了一家名为 Multicore 的合资企业，以便为石化和天然气产业建造地下管道系统。此外，宝洁公司的"联系与发展"计划帮助企业重塑其商业模式，并使得企业从外部获取的创新成果比例达到了 50%。与外部合作伙伴的合作为企业提供了创造价值的机会，而这些价值创造是它们无法独立实现或不能快速实现的。

企业能意识到改革的需求，这对商业模式革新十分有利。能综合利用四种杠杆以实现所谓的"整体革新"的企业，通常拥有从本行业、相关行业甚至初露头角的新行业中汲取知识的优秀能力。企业能意识到改革的需求，这对商业模式革新十分有利。帝斯曼一步步从石油化工行业转向生命科学，继而转向材料科学就是一个很好的例子。帝斯曼将外围技术（生命和材料科学）转化为其核心技术（特别是通过收购），并摆脱了过去的核心技术（石油化工）。

最后，为了成功进行商业模式创新，所有四种杠杆都必须发挥作用。比如，轮胎制造领头者米其林斥巨资投资了一项新的颠覆性技术——物联网，并与全新的合作伙伴进行合作。凭借智能传感器和车载通信系统，米其林不再只是简单地销售轮胎，还为卡车、公共汽车和商用车辆的车队提供多个领域的解决方案：轮胎管理、车辆生产和燃料效率。米其林使用物联网的新技术收集轮胎压力等多方面的精准数据。一旦数据被分析出来，公司的工程师和技术人员就可以围绕如何提高车辆的安全性和盈利能力等问题提出各种建议。米其林拥有一个"道路使用实验室"，可为分析人员提供实时交通数据。在欧洲，米其林已为2 800辆车安装了智能传感器，覆盖了不同经验水平的驾驶员。米其林并非仅将收集的数据用于开发服务，还用于策划新产品，这样，公司就能够不断在市场上开创新局面。通过这种方式，该公司正在扩展其传统商业模式，并为客户提供更广泛的服务：帮客户节省更多的燃料、减少二氧化碳排放并减少卡车、公共汽车和商用车辆出故障的情况。通过创建新的部门——"米其林解决方案部"，该公司将其商业模式从主要销售轮胎转向提供其他服务，以改善客户车辆的性能。在新商业模式中，米其林与客户签订合同协议，满足多年期合同下的预定目标，并从节省下的成本中获利。如果有节省额，则公司和客户共享；若没有，公司对客户进行补偿。这确实是价值创造和价值获取的新方式。通过这种方式米其林赢得了更好的客户满意度、更高的忠诚度和更高的利润率。最初，米其林在内部通过新技术开始了这种数字化转型，但公司很快意识到，在大数据分析或基础设施等一些关键领域，需要与外部专家合作——即实现共创。米其林目前正在与小型混合团队合作，导致其组织结构发生了变化。因为物联网的发展需要公司具有高度的灵活性。米其林解决方案部作为独立部门创建以来（新组织结构），在几个试点测试了新服务，因而缓解了改变商业模式的固有风险。文化变革和新管理技能（新管理实践）也是成功转变商业模式的必要条件。

尽管如此，大多数新的商业模式始于"技术"这一最重要的驱动因素。例如，乐高通过利用数字技术，改变了以往的塑料积木商业模式，发展成为世界上最成功的玩具制造商之一。1970—1991年，乐高在经历了一段时间的扩张后业绩持续下滑。到 2004 年，公司濒临破产。然而，乐高能够通过推出新的数字化产品和服务（如电影、乐高机器人、电子游戏和应用程序）革新其商业模式。这些产品和服务与传统积木息息相关，且更吸引数字领悟能力强的客户群。该公司的设计功能越来越多地通过"数字设计师"这一工具移交给了粉丝。数字设计师是一种基于网络的 3D 设计工具，可让客户进行设计（共创）。自 2005 年以来，乐高公司的业务稳步回升，现在被视为玩具业的苹果公司。

哪些因素能促进商业模式复制和革新？

我们的调查和案例研究呈现对商业模式创新具有促进或阻碍作用的各种因素。例如，变革型领导对商业模式革新和复制具有促进作用。强大的企业认同感也会刺激商业模式复制，而创新性文化可以促进商业模式革新（例如，3M 的格言，"不得扼杀创意"）。听取现有客户需求可能致使企业改进现有商业模式，但同时会阻碍新技术和新功能的开发，进而影响商业模式革新。CEO 任期长短也会影响商业模式革新。CEO 长期领导同一个企业的风险在于，他们希望维持曾经带来过成功的商业模式，因而会阻碍商业模式革新。CEO 在一个企业中任职时间过短，则可能在实现潜在利益之前就已经离任了，因而他们不会过于重视商业模式革新。CEO 在企业工作时间过长或者过短，都会对商业模式革新产生不利影响。我们的研究表明，CEO 的最佳任职时间在 13 年左右。

商业模式转型

公司如何转变商业模式？

商业模式复制和商业模式革新都可以由内部驱动（通过战略）

或外部驱动（通过客户）来实现。这产生了四种可能的组合，即四个象限，每个象限内都有特定的杠杆、环境特征以及促进因素和阻碍因素。战略驱动型的商业模式革新由内而外，能影响整个公司的商业模式转型，并通过技术、管理实践和组织结构等杠杆实现。高层管理人员和中层管理人员都深入参与其中。例如，帝斯曼利用这三大杠杆从战略驱动型商业模式复制转变为战略驱动型商业模式革新。这种类型的转型给高层管理人员带来沉重的负担，也可能给高层管理团队带来重大变化。中层管理者也需大量参与其中，这往往意味着，在企业现有中层管理人员仍在职的情况下，很难圆满地完成这类路径的发展。毕竟，一些中层管理者的职业生涯也许都在专注商业模式复制。

客户驱动型的商业模式复制是通过更多地联系现有客户来强化商业模式，该模式主要通过与客户共创、调整管理实践以及重新设计企业，来改善企业业绩，且三者同时进行效果会更明显。在客户驱动型商业模式复制中，高层管理人员的参与程度低于战略驱动型商业模式革新，但又高于战略驱动型商业模式复制。最高管理层的作用是思考应服务哪类客户群、应着重投资哪些现有客户等问题。

企业如何随着时间的推移改变商业模式

当管理者评估商业模式时，财务业绩显然是一个重要的考虑因素。财务业绩通常会随着时间推移呈现 S 形曲线，这意味着管理者在曲线下降时需要开始考虑商业模式革新。然而，由于竞争对手的举措或新进入市场企业的创新性行动，企业的商业模式可能在财务业绩曲线下降之前就已经过时了。特别是在竞争极为激烈的环境中，管理者应该在合适的时机开始实行商业模式革新。在动态化程度低的环境里，对商业模式革新的需求则相对较低。

如果管理者只在财务业绩下降时才革新商业模式，就会导致企业因行动过于迟缓而陷入商业模式陷阱。在竞争激烈的市场中，盈利能力并不是检测现有商业模式可持续性的良好指标。尽管关于现状外部信号较少，但战略业绩早已开始下滑。另外有三条 S 形曲线，通常被称为 S 形虚线，它们更难被发现。这三条 S 形虚线指的是：（1）企业的战略竞争地位；（2）企业的核心技术和能力的独特性；（3）企业的内部人才。一方面，CEO、中高层管理人员和监事会必须对 S 形虚线开始下降的早期信号做出及时的回应。在商业模式的财务业绩实际开始下降之前，可能存在各种内部和外部的早期信号，表明企业现有商业模式即将遇到颠覆性变革。管理者通常不能发现这些信号，或者是忽略、低估了这些信号。另一方面，如果管理者对这些信号过分敏感，或者在财务业绩下降之前就过快或冒险地采取应对行动，则可能导致现有竞争优势的瓦解，且找不到合适的替代方案。企业最终可能会陷入革新陷阱。

管理行为

中高层管理人员在商业模式创新中的作用是什么？从事什么活动？

CEO、中高层管理者在商业模式创新中有着不同的角色和活动。在商业模式复制时，高层管理者必须加强企业认同感，而中层管理者必须促进内部合作；而在商业模式革新时，高层管理者可能需要阻拦内部合作。在商业模式复制时，中高层管理人员的任务之一是及时响应最重要的客户；然而，在商业模式革新时，企业不应只关注现有客户，或分配所有的资源为现有客户寻找最佳解决方案——这通常被称为"被服务市场的束缚"（Christensen，1997；Hamel & Prahalad，1994）；企业最大的客户群体往往会抵制新技术和新产品。

要实现革新，高层管理者必须摆脱最重要的客户的影响，例如，可以通过为新客户建立独立的部门来实现这一目标。

为避免陷阱，管理层应注意哪些预警信号？

我们总结了四种不同的商业模式陷阱。第一个陷阱是商业模式僵化。我们的调查结果显示，掉入这一陷阱的行业主要是能源供应、政府和政府相关部门以及建筑和项目开发行业。陷入商业模式僵化的企业不得不面对相对低迷的企业业绩。第二个陷阱是企业过度关注财务业绩，从而长期依附现有商业模式。荷兰皇家电信公司就是一个例子；该公司长期（过于长久）坚持的商业模式基于通话和短信，而客户的需求开始转向数字数据通信。CEO 和高层管理者的任务是通过更多地关注预警信号来识别战略业绩的 S 形虚线，也可以通过认真关注市场、行业外围以及企业内部边缘地带的信号。他们还应该努力确保企业的核心技能和能力与众不同，并留住现有人才。为了探测潜在颠覆性变革，高层管理者应该关注"客户和经营需求的现状"（Paap & Katz，2004）。

第三个陷阱是 CEO 和高层管理人员太过着眼于未来。企业过分关注早期预警信号，因而未能对商业模式复制带来的财务回报给予足够的关注。这导致了大量革新，但由于财务资源不足，因而未能使新商业模式成功。在这种情况下，企业可能会过快地革新其商业模式。3M 公司就掉入了这一陷阱。该公司未能充分利用其现有的财力和智力资源，而是决定听从科学家和客户的指导，这意味着公司在无计划地追求新发明。3M 没有一个明确的商业模式：新产品只是在不断发展。缺乏独特的商业模式导致了 3M 公司在磁存储市场（磁盘、录像带和录音带）的损失。

下面我们将讨论第四个陷阱——关于在一家企业内多个商业模

式的独立性和融合之间的矛盾关系。

商业模式复制和革新是否能相结合？

有些企业确实在进行程度较高的商业模式革新和商业模式复制，也正是这些企业的业绩表现得最好。他们以各种方式将商业模式复制和革新相结合：

· 商业模式革新和商业模式复制（双重商业模式）。
· 随着时间推移，商业模式复制和商业模式革新交替进行（摇摆商业模式）。
· 商业模式复制和商业模式革新不再发生在企业内部，而是发生在企业组成的网络关系中（网络商业模式）。

第四个商业模式陷阱与双重商业模式尤为相关，指的是两种不同的商业模式不能进行有效整合。一方面，如果企业既能够复制现有的商业模式，又能开发新模式，高层管理者必须确保不同模式之间有足够的空间，并且能够管理不同模式之间的冲突。另一方面，空间不应该太大，因为不同商业模式之间仍然需要协同作用，而这一协同也需要领导力。因此，在荷兰皇家航空公司做出各种尝试（包括推出廉价航空 Buzz）来开发新的低成本商业模式，以补充其现有的以质量为导向的商业模式之后，终于找到了新的运营方式，即与荷兰泛航航空公司在低成本、低票价的市场运营。

商业模式创新中的"行为准则"

我们在前文中提到，关于商业模式创新的文献极少关注管理层的关键作用。加之管理层在商业模式革新和复制中的作用也不应被低估，于是我们邀请了来自不同公司的七位管理者与我们一起制定商业模式创新中的"行为准则"清单。这些管理者来自本书案例研究所涉及的公司。我们向他们提出了如下问题：您在现实生活中有何遭遇？是什么帮助您成功实现了商业模式革新或复制？您认为哪些杠杆和促进因素最有用？您遇到过哪些障碍？根据他们的回答，我们总结了七条"行为准则"，并附上了补充信息、释义以及讨论（表8.1）。

表8.1 商业模式创新的七条"行为准则"

	商业模式创新的"行为准则"
1	先有领导力以及对企业的全面了解，再有商业模式创新
2	确保管理团队的构成足够多样化
3	作为管理者，除了关注公司的财务业绩，还应关注预警信号
4	不要将商业模式创新和环境动态性、竞争压力相分离
5	管理由关注双重商业模式引起的冲突，而不是回避冲突
6	不要只专注于一种杠杆，而要使用多种杠杆来革新商业模式
7	意识到沟通和行动力既可以促成，也可以破坏商业模式创新

受访的管理人员

亨克·德布吕因：鹿特丹港务局局长

古夫·哈默斯：皇家IHC公司前CEO

埃里克·范德利耶：荷兰任仕达集团劳动力市场专家

查尔斯·斯米特：恩智浦半导体公司欧洲、中东与非洲区副总

裁兼法律总顾问

 杰弗里·蒂里：克莱蒙德技术集团前 CEO

 罗伯特·维特弗利特：WIAR 职场绩效公司创始人和董事

 赫尔曼·沃里斯：荷兰皇家帝斯曼集团全球企业孵化器副总裁

商业模式创新始于领导力和对企业的全面了解

受访小组就商业模式创新始于领导力和对企业的全面了解这一点达成了共识。皇家 IHC 公司的古夫·哈默斯表示："商业模式革新是由领导层发起的，而非在管理书籍的指导下进行的。作为 CEO，必须有远见卓识、脚踏实地。这一点对员工同样适用。他们必须走到市场中去与客户交谈，眼观六路，耳听八方。我就经常错过革新理念中的个人元素。"

哈默斯补充说，他所说的领导力并不是强迫性的或压抑员工个性的。他激励员工是为了促使他们提出有创意的想法，如果这些想法有前景，他会给员工空间和资源来实现这些想法。"如果员工想创新，就必须找对方法。但最终决定是否给他们机会的人是我。我确实要求员工在提出创意时要有理有据，但最终，直觉才是决定性的因素。我们很难给商业模式革新制定确切的标准。"

根据恩智浦半导体公司查尔斯·斯米特的说法，领导力的本质就是做决策，以及明确指导企业未来要做以及不要做的事情。"这正是恩智浦渡过难关的法宝。如果我们没有出售任何部门，或者没有明确地选择细分市场，我们早在 2009 年就破产了。我们的新任 CEO 在两个月内飞遍全球。他这个人非常友好，会耐心给人解释公司的战略。但每次解释完后，他总会说：'要是你不喜欢这个想法，那就赶紧离开这个鬼地方吧！'"

　　恩智浦的企业文化是管理层坚决果敢，且不断敦促员工达到标准。该文化至今仍然存在。正如斯米特所说："每隔几个月，管理人员就从世界各地赶来汇报工作，并对比他们之前宣布的业绩目标。"

　　克莱蒙德技术集团的杰弗里·蒂里一直强调正确审视企业的重要性。"我认为内部推动力比外部推动力更重要。管理者要了解自己的企业。对市场趋势和创新的了解固然重要，但真正重要的是员工是否具备妥善应对的能力。"

　　来自鹿特丹港务局的亨克·德布吕因详细阐述了内部发展和外部合作之间的联系："我们对市场吸引力和市场准入进行了区分。企业的发展确实很有吸引力，但重要的是我们要有实现发展的能力。我们越来越关注内部员工进行合作的能力，合作意味着员工必须能够做出让步并彼此信任。这种能力对与客户以及合作伙伴的共创而言至关重要。"

　　查尔斯·斯米特对杰弗里·蒂里和亨克·德布吕因所做的评论表示赞同："我们需要让内部员工相信新的商业模式会取得成功。我们曾经设想除芯片外，也提供其他相关的服务，以保证企业有持续的收入流。然而这样的设想最终没能成功，部分原因是我们的员工并不信服我们的企业能做到。所以我认为，每个人都各行其本行。"

　　古夫·哈默斯总结说："任何人都可以想出一种商业模式，但是付诸实施要困难得多。你需要走到人群中去，这通常比想象中更为重要。正是因为这样，我不会坐在办公室里凭空想象商业模式。商业模式的产生离不开和人们的交流。"

　　查尔斯·斯米特更进一步说，企业内部最后形成的共同规范对成功实施新商业模式具有决定性作用。引用彼得·德鲁克的话（虽然他谈论的是战略），"商业模式是企业文化的午餐"，换句话说，你可以提出任何你喜欢的商业模式，但最终决定哪种模式最可行的依然是企业文化。

管理团队必须足够多样化

管理团队必须足够多样化，这一观点在讨论期间就已自发产生，不过大家提出这一观点的时间很晚。这并非因为参与者认为这一点不重要，而是因为这一点不言而喻。古夫·哈默斯说："同样的事情做上三次我就会觉得犯困。高层里需要像我这样的人，因为商业模式的革新并非来自企业的底层或中层。但企业也不能只有我这样的员工；高层应该多元化，既应该有革新者，也应该有复制者，既应该有关注企业外部的员工，也应该有关注企业内部的员工。我们皇家IHC 公司就是这样。我个人更关注外部世界；相比之下，我的 CFO更关注企业内部发生的事情。"

来自 WIAR 职场绩效公司的罗伯特·维特弗利特补充道："团队多样化十分微妙。企业的发展导致了管理团队的扩大，但也打破了平衡。我擅长提出新创意，我的同事则擅长付诸实践。当第三个人出现时，平衡就受到了干扰。所以我们最终又回到了两个人的管理团队。"

管理者不仅需要密切关注企业的财务业绩，还应关注预警信号

亨克·德布吕因强调，管理者应该密切关注企业内部的发展状况："例如，管理者应该适当地倾听企业里那些'捣蛋鬼'的想法。不要刻意避免内部冲突；因为这些冲突可能是有益的。管理冲突而不是回避冲突。每个企业都需要一些'捣蛋鬼'。管理者不应该设法摆脱他们，反而应想办法与他们和谐相处，共识性思维对商业模式革新是没有用的。我总说，你们太正常了，应该疯狂一点；而人们总说，你

们太疯狂了，应该正常一些。而只有 CEO 加入时才能化疯狂为机会。所以企业需要一位领导者把疯狂引向正道。"

帝斯曼的赫尔曼·沃里斯表示赞同："管理者甚至需要组织冲突，必须不断追问自己想要什么。在帝斯曼，我们每次都很早就开始进行革新，因为我们总是紧密关注，且在内部讨论企业的周边环境。举例来说，我们观察到竞争对手变得越来越强大，意识到自己无法跟上。同时我们也对经济环境保持敏感。于是在某一刻，我们看着市场的竞争格局并思索：我们还愿意置身其中吗？"

查尔斯·斯米特赞同道，即使各项数据都显示不错，对可能存在的危险保持警惕仍至关重要。"如果苹果对 iPhone 6 招标，而我们却没有中标，这就是营业额或利润下降的信号，而且类似的事情肯定会再次发生，而企业可以从反思中得到学习。如果我们继续被打上追随者的标签……我们当然不喜欢这样，因为我们希望成为细分市场的第一名。"

古夫·哈默斯补充说："但是你必须能在一定程度上容忍可能出现的问题。十个想法中可能有九个最终都没有结果。给创意一些空间，不要施以惩罚，但也不要沾沾自喜。当我来到皇家 IHC 时，我们的订单纷至沓来，但企业仍然开始革新。有位客户还跟我们讨论了在海外建船的事。换作以前，我们会把他赶出大楼。"

杰弗里·蒂里强调了目光长远的重要性："革新需要时间和空间。像飞利浦这样的大公司，目光只看到了未来两年。如今，长线思维源于我们这样的供应商。我有未来十年到十二年的愿景，我的时间表安排到了未来六年，只有这样才能拥有奇思妙想。"

商业模式创新不应与环境动态性和竞争压力分离

小组中所有管理者都以一定的方式提出了以下问题：在日益动

荡的环境中如何应对颠覆性变化，以及颠覆性变化如何给企业员工带来紧张情绪等。对这些问题的讨论引发了对欧洲大部分地区经济危机加剧的形势回顾。根据古夫·哈默斯的说法，尽管存在经济危机（"在我们做生意的大多数国家根本就没有危机"），且处于竞争日益激烈的压力下，商业模式的可持续性呈指数级下降。"市场和科技的发展来势汹汹，你不能因此抓狂，反而应参与其中。这与三四年前的情况完全不同。"

赫尔曼·沃里斯指出，帝斯曼集团进行商业模式革新的频率越发频繁，且革新通常是与其他各方合作进行。"这意味着我们必须与各种各样的商业模式打交道。因此，开发自己的商业模式变得更加复杂了。"

由于受鹿特丹港务局内部因素的影响，其活力也在增加，亨克·德布吕因说："除了与其他港口竞争，我们也鼓励港口内部竞争。局面也就更加复杂了。"

查尔斯·斯米特解释了芯片行业不同的发展速度，进而展现了不同领域的发展情况。移动电话只能流行几个月。"但是，我们也在汽车这个变化没有那么快的行业里发展。我们现在还特别关注医疗领域，在等待'生命科学领域的史蒂夫·乔布斯'上任，从而引导业界利用科技解决医疗健康问题，在未来，机器人会在床边照顾病人；我们也不再需要烦琐的血液检测程序，仅仅需要在芯片上滴一滴血就可以了。"

杰弗里·蒂里补充了他对于医疗健康市场发展的看法："医疗健康现在的趋势是价格亲民化。这种发展从上往下逐渐渗透了整个产业链，并最终惠及大众。除此之外，医疗健康业的发展推动了我们将数字和模拟技术相结合。"

面对双重商业模式焦点导致的冲突：管理冲突，而非回避

管理者小组认为，商业模式革新是最令人期待，也最具挑战的选择之一。而双重商业模式似乎是他们的首选，因为这种模式也给了其他选择最大的空间。亨克·德布吕因强调："我们是一家混合型企业。我们的商业模式革新既是客户驱动型的，也是战略驱动型的。事实上，也可以说客户是我们的战略。比如说，在新建的人造海港'马斯平原垦地二期规划'上我们只接纳拥有可持续运营能力的大型公司，因为我们想与他们开展业务合作。"

古夫·哈默斯表示，皇家 IHC 公司实现商业模式创新的方式发生了变化："几年前，我们更多地倾听客户的意见。疏浚公司说：'我们要这样，或者要那样。'我们就依葫芦画瓢。而现在，我们更多地自主思考怎样做才能让客户受益。"

利用多种杠杆而非单一杠杆进行商业模式革新

尽管有的受访高层觉得某些杠杆在初期最为重要，但受访成员普遍认为，进行商业模式革新时，最好结合使用多种杠杆。

古夫·哈默斯说："技术是我们竞争的基础。即使是现在，我们也是这个领域中为数不多自主进行研究和设计的企业之一。而如果客户已经有了自己的设计，我们会将客户推荐给中国的制造公司。我们内部没有的技术，就去购买。这就是为什么我们收购了一家管道铺设公司：尽管我们对这家公司不太了解，但我们出售的船可以用于这项业务。"

哈默斯认为，皇家 IHC 公司之所以实现了企业发展方向的结构性变化，正是因为同时使用了多种杠杆。对此，给不同杠杆分配不同的管理人员至关重要。管理人员的变化为皇家 IHC 公司的商业模式革新开创了新的可能性，哈默斯解释道："我们所有的管理人员每年都有三种目标，其中一种是着眼未来。比如说，你可以问一位财务经理，是否可以为客户想出一种新的金融产品。这就是我们在体系中对革新的定位。"帝斯曼甚至制定了其营业额的 20% 要来自新业务的目标。

最后，哈默斯认为与客户的共创是最重要的杠杆。"我们通过纵向合并和收购零部件供应商，使整个企业能够与客户进行共创，并能够与客户谈论所有的事情。的确，客户最初并不总是追求商业模式革新，但通过参与其中与他们交流，我们能对该情况有所掌控。如果我们只与客户采购部门就事论事地讨论订单，他们会尝试将你与其他五家造船厂进行比较。"

任仕达的埃里克·范德利耶补充说："我们的客户习惯于为职业介绍所的工作时长付费，而不愿意为额外的服务付费。这意味着我们还必须与客户公司人力资源管理部门以外的其他部门（例如运营部）进行交流，以说服客户为新理念买单。我们如果要做到这一点，还需要企业内部文化的变化，因为我们还没有习惯以这种方式接近客户。"

沟通和执行力：可以成就也可以破坏商业模式创新

管理者强调了执行过程和良好沟通的重要性。他们认为，这是所有工作的基础。查尔斯·斯米特说："在我们的一些部门，员工以前有空间发展一些自己的'兴趣爱好'。从实际上来看，这一点非常好，但员工的关注点并非总是正确的。所以现在我们制定了非常明确的目标，比如说，我们希望提供更多高性能的产品。以汽车为例，当今的汽车必须既能够在沙漠驾驶，又能在挪威北部驾驶，因此这对芯片提出了很高的要求。对芯片的关注极为明确，因而需要良好的沟通。沟通不仅仅对商业模式复制非常重要，对商业模式革新也同样重要！如果没有沟通，每个人都会朝着不同的方向前进。"

杰弗里·蒂里补充道："交流也能激发人们做出反应，使得员工敢于进行创新性的思考和行动。"

赫尔曼·沃里斯肯定了这一观点："但并不是企业中的每个人都有能力提出创意。进行商业模式复制的部门需要与进行商业模式革新的部门分开。在我们公司，全新的商业模式试验在创新中心进行，在创新中心的员工有很大的自由，而运营部门的管理则会严格一些。"

用罗伯特·维特弗利特的话来说："给那些敢于设想新商业模式的人足够的空间，让他们成长为企业家；总而言之就是，要敢于做梦。"

从线下到线上：商业模式创新检测

本书中的讨论和案例研究为企业如何转变商业模式提供了见解，也讨论了哪些杠杆作用最大。但是，读者对于最佳路线的选择可能依然心存疑问：如何重塑商业模式？企业是否真正面临颠覆性变革？采取什么杠杆能最有效地开发新商业模式？企业在商业模式创新中具体的促进因素或阻碍因素是什么？

为此，我们开发了一个在线工具来支持您进行商业模式咨询。访问 www.reinventingbusinessmodels.com 获取商业模式创新检测。各个行业的企业都参加过测试，包括小型企业和跨国公司。我们希望阅读本书后，有更多读者能参与测试。测试结束后，读者会收到关于如何重塑商业模式的反馈。这个反馈可能是通过复制（或者革新，或者复制革新）来重塑商业模式，作为本书作者，我们也在重塑自己的商业模式：该检测属于双重商业模式，结合了图书这种线下模式以及在线检测这种线上模式。

附　录

术语

商业模式：为满足市场需求所开展的一系列业务。商业模式由不同组件组成，且描述了不同组件之间的关系。商业模式分析了价值如何被创造，以及企业如何创造价值，还清晰地陈述了组件及组件之间的关系如何促进竞争性战略。

商业模式创新：改变商业模式的两种根本方式的总称，包括商业模式复制和商业模式革新。

商业模式创新矩阵：概述了四种类型的商业模式创新（革新与复制，战略驱动型与客户驱动型），这四种类型的商业模式创新都具有相应的组织、管理和环境特征。

商业模式复制：通过对现有组件施加影响，或加强这些组件之间的相互依赖关系，来改进和完善现有商业模式，以创建和获取更多价值。

商业模式革新：在现有模式框架之外，引入新的商业模式组件或者在组件之间形成新的相互依赖关系，以创建和获取新的价值。

商业模式转换：从商业模式复制转换到商业模式革新，或者从商业模式革新转换到商业模式复制。

双重商业模式：同时进行商业模式复制和商业模式革新。

商业模式僵化：既不进行商业模式复制，也不进行商业模式革新。

杠杆：推动商业模式创新的因素，包括：技术、管理实践、组织结构和共创。

技术导向型商业模式革新使用的杠杆：技术和管理实践。

内部导向型商业模式革新使用的杠杆：技术、管理实践和组织结构。

外部导向型商业模式革新使用的杠杆：管理实践、组织结构和共创。

整体革新使用的杠杆：技术、管理实践、组织结构和共创。

商业模式创新的促进或阻碍因素：促进或阻碍新商业模式发展或现有商业模式改进的内部或外部因素。

商业模式的定义

商业模式的定义	定义人
将技术潜力与实现经济价值相联系的启发式思维方式。	切萨布鲁夫和罗森布鲁姆（2002）
管理层提出的关于客户需求、企业如何最好地满足客户需求并从中获利的假设。	蒂斯（2007）
商业模式阐述了支持客户价值主张的思维方式、数据和其他例证，并且模式内包含切实可行的公司收入和成本结构，以实现客户价值。	蒂斯（2010）
商业模式反映了公司已实现的战略。	卡萨德苏斯－马萨内尔和里卡特（2010）
商业模式是关于产品、服务和信息流的架构，阐明了各种商业主体及其扮演的角色、商业主体的潜在利益以及收入来源。	蒂默尔斯（1998）
商业模式描述了公司如何协作开展业务来实施战略。	理查森（2008）
商业模式是关于企业如何生产并使用资源为客户提供更多的价值，并从中获利的方法。	阿富埃和图奇（2001）
商业模式描述了交易的内容、结构和管理，这些交易旨在利用商业机会创造价值。	阿密特和佐特（2001）
商业模式讲述了企业是如何运作的，并解答了以下问题：客户是谁？客户关注什么？我们如何在这个行业中赚钱？以合适的成本为客户创造价值背后的潜在经济逻辑是什么？	玛格丽塔（2002）
商业模式是一套为公司创造和维持竞争优势的相互依存的系统。	梅奥和布朗（1999）

商业模式的定义	定义人
商业模式是一系列相互联系且能创造和提供价值的元素。	琼森等（2008）
在公司的战略、体系结构和经济领域中，商业模式简明地陈述了如何处理决策变量，以便在特定市场中创造长期的竞争优势。	莫里斯等（2005）
商业模式描述了企业如何自我管理以便获取利润、创造和分配价值。	巴登－富勒和摩根（2010）
商业模式作为一个系统，需要识别客户群体、满足客户需求、确保客户满意，并将价值货币化。	巴登－富勒和黑夫利格尔（2013）
商业模式囊括了公司层面的所有物质，客观的组织结构和发展过程，以及无形的认知层面的思想。	蒂卡宁等（2005）
商业模式就像认知结构一样，为公司提供了一套理论，该理论围绕如何为公司设定界限、如何创造价值、如何组织内部结构以及如何进行管理。	多斯和科索宁（2010）
在高层管理者或企业家的理解中，商业模式是因，价值创造和获取是果。	富尔纳里（2015）

研究主体

参与研究的企业：

1. 克莱蒙德技术集团

2. 帝斯曼 *

3. 爱立信

4. 恩智浦 *

5. 鹿特丹港务局 *

6. 任仕达

7. 罗氏诊断荷兰公司

8. 皇家 IHC *

9. TomTom

关于带 * 公司的更多案例研究在第 6 章，这些研究由汉克·沃尔伯达、弗兰斯·范登博斯、凯文·凯伊、戴安娜·佩拉、米洛斯·范莫塞尔、里克·霍伦和本杰明·威纳开展。

在与这些企业的经理进行半结构化访谈之前，我们使用了标准案例研究方案对每家企业的资料进行了分析。分析涵盖了企业2000—2016年的发展。我们查看的资料，包括企业年度报告以及关于企业的媒体报道。

参与的公司和受访者

克莱蒙德技术集团	杰弗里·蒂里 —— 前CEO
帝斯曼	罗伯特·基施鲍姆 —— 开放式创新部前副总裁 罗布·范利恩 —— 执行董事和首席创新官 海恩·施罗伊德 —— 公司战略和收购部前执行副总裁
爱立信	曼弗雷德·达塞拉尔 —— 技术咨询部经理
恩智浦	吉多·迪里克 —— 执行副总裁、法律总顾问和区域经理 马尔滕·迪尔克茨瓦格 —— 副总裁和企业战略办公室经理 特奥·肯杰尔斯基 —— 技术许可部总监、总任理事会成员 约翰·施米茨 —— 知识产权和许可部高级副总裁
鹿特丹港务局	亨克·德布吕因 —— 局长、企业战略总监 彼得·范埃森 —— 鹿特丹气候倡议项目主管 卡罗琳·克勒斯 —— 企业战略家 布拉姆·范德斯泰伊 —— 企业战略部资深顾问 马尔·斯特拉特曼斯 —— PortXL项目总经理、创新项目经理
任仕达	克里斯·霍廷克 —— 执行董事会成员、总经理 阿列·凯珀 —— 战略和创新部主任 马克·德拉特 —— 前咨询总监 勒内·施里赛马 —— 任仕达内部服务部主任
罗氏诊断荷兰公司	约瑟芬·范德梅尔 —— 媒体联络部经理
皇家IHC	古夫·哈默斯 —— 前CEO 阿尔然·克利金逊 —— 造船公司执行董事 马蒂因·斯考滕 —— 执行销售总监
TomTom	罗兰·范文罗伊 —— 高级工程总监 卡洛·范德韦耶 —— 商业发展交通解决方案部副总裁

调查主体

下表罗列了本调查中所使用的主要概念，并说明了相关概念的学术文章来源。

概念	来源
企业业绩	亚沃尔斯基和科利（1993）
商业模式革新	凯伊等（2014）；詹森等（2006）
商业模式复制	凯伊等（2014）；詹森等（2006）
新技术	前三年在研发和 ICT 上的平均投资（销售的百分比）
新管理实践	科万和斯莱文（1989）；瓦卡罗等（2012a）
新组织结构	瓦卡罗等（2012a）
共创	沃尔伯达等（2001）
环境动态性	詹森等（2006）
环境竞争力	伯金肖等（1998）
决策集中化	哈格和艾肯（1967）
当前管理技能和所需管理技能	凯普伦和米切尔（2009）
当前市场技能和所需市场技能	凯普伦和米切尔（2009）
人力资本	扬特等（2004）
创新性文化	沃尔伯达等（2012）
内部归属	亚沃尔斯基和科利（1993）
知识吸收能力	詹森等（2005）
企业认同	科塔茨等（2008）
流程创新	贝尔德博等（2004）
变革型领导	拉弗蒂和格里芬（2004）

因为高管对外部环境的感知决定其处理商业模式的方法，所以本调查所涉及的大部分概念都是对感知的量化（Demil & Lecocq，2010；Smith et al.，2010）。这种量化方法与其他商业模式创新评估（e.g. Aspara et al.，2010；Zott & Amit，2007）以及公司业绩评估所使用的方式相同（e.g. Berthon et al.，2004；Volberda et al.，2012）。我们尽可能使用已存在的评估方式。

我们将本研究中所使用的商业模式复制与革新量表与其他研究所使用的概念进行了比较，以确保概念的效度。我们发现商业模式革新与其他量表项目存在显著性相关，这些量表项目包括商业模式革新的战略重点[1]（$r = 0.46$；$p < 0.01$）和企业风投[2]（$r = 0.50$；$p < 0.01$）。企业冒险是指在现有企业内发展新业务（e.g. Aspara et al.，2009）。我们的调查显示，商业模式革新与新产品和新服务（通过销售额占比方式测量）存在强相关（$r = 0.29$；$p < 0.01$）。商业模式复制与策略性聚焦企业绩效提升存在显著性相关[3]（$r = 0.25$；$p < 0.01$），并且与所改进产品和服务一项（通过销售额占比测量）也存在显著性相关（$r = 0.25$；$p < 0.01$）。更多关于用来衡量商业模式复制和革新的量表信息可以在凯伊等人的书（2014）和凯伊的书（2015）中获取。

为了检查是否存在无应答偏倚，我们从观察数据中随机抽取了约100家企业，并从企业信息数据库 Company.info 中收集了2012年的盈利数据。"t检验"显示我们所选的企业和数据库中荷兰企业的平均盈利率无显著差异（$p > 0.05$）。因此，我们的研究不存在严重的无应答偏倚。

在我们呈现研究结果时，我们经常用"高度"或"低度"来形容某

---

[1] 该量表来源于阿斯帕拉等（2010）。
[2] 该量表来源于伯格斯等（2009）。
[3] 该量表来源于阿斯帕拉等（2010）。

些部门或某些企业内部的某项概念，"高度"指调查中的某项概念得分最高的 25% 的企业，"低度"指的是得分最低的 25% 的企业。"平均值以上"和"平均值以下"也同样适用。"平均值以上"指受调查企业的某项概念得分处于前 50%，"平均值以下"则表示受调查企业的某项概念得分处于后 50%。

我们对第 3 章、第 5 章和第 7 章所讨论的百分比进行了差异显著性检验，[①] 但使用的检验工具不同。我们使用了"t 检验"来测试统一概念在不同场景中的得分是否存在显著性差异。例如，通过单尾 t 检验，我们将各个行业的商业模式革新和复制得分与类似概念的平均分进行了比较。由于我们感兴趣的某一概念是否存在程度的升降，因此我们通常进行的是单尾 t 检验。虽然这可能致使大多数概念更容易呈现显著性差异，但我们将 p 值的下限设为了 0.10。除"t 检验"外，我们还使用了常见的 OLS 回归分析来测试概念对某一因变量的影响，例如，在第 4 章，我们便使用了 OLS 回归分析来测试商业模式复制和革新杠杆的效果。

---

① 唯一的例外是有少数单变量分析，其中我们考察了受访企业如何被分组到特定的概念中或概念组合中。这适用于图 3.1 所示的结果。

致　谢

　　本书的顺利付梓归功于大量人员和机构的专心投入和勤勉不懈。因此，我们希望列出其名，并致以谢意。首先，我们要感谢委托我们撰写本书的机构——荷兰管理研究基金会，在此，我们不仅感谢监督委员会和规划委员会，也感谢一直信任我们的董事会。在基金会中，我们尤其要感谢米斯·哈特维尔特、尼古拉斯·威达和马里安·罗森堡为本书所付出的努力。我们还要感谢牛津大学出版社的克莱尔·肯尼迪以及最近刚退休的大卫·马森，是他们敦促了我们优先处理此项工作，并协助我们完成了统稿这一艰巨任务。此外，我们要感谢凯瑟琳·沃克在编辑文本上所做的出色工作，并帮助我们更清晰地表达想法、改进论述。我们还要感谢鲁思·德布里奇对终稿的认真编辑加工，感谢苏布拉马尼亚姆·文加塔克里希南在本书制作过程中付出的心血。

　　对与我们合作进行调查和案例研究的组织也表示感谢，参与的组织和个人均在附录中列出。我们的管理者小组成员也做出了十分重要的贡献，他们帮助本书能更好地被管理人员理解，发挥更大作用。小组成员包括亨克·德布吕因（企业战略总监，鹿特丹港务局局长）、古夫·哈默斯（荷兰皇家 IHC 公司前 CEO）、埃里克·范德利耶（荷兰任仕达集团劳动力市场专家）、查尔斯·斯米特（恩智浦半导体公司欧洲、中东和非洲地区副总裁兼法律总顾问）、杰弗里·蒂里（克莱蒙德技术集团前 CEO）、罗伯特·维特弗利特（WIAR 职场绩效公司创始人兼董事）以及赫尔曼·沃里斯（荷兰皇家帝斯曼集团全球企业孵化器副总裁）。

此外，一支热心的研究助理和同事团队也为本书的完成做出了贡献。在此我们要感谢哈贾尔·厄尔安拉维、乔治·安可马赫、瑞克·浩伦、纳丁·科尔斯曼、艾莉娜·范德卢格特、米洛斯·莫塞尔、黛泽蕾·尼兰、戴安娜·芭芭拉·佩拉、塔季扬娜·施耐德穆勒、阿尔努·斯托克、本杰明·威纳。我们要特别感谢门诺·博斯马对管理者小组的支持，感谢尼尔斯·范德韦德帮助我们开发商业模式创新诊断。我们还要感谢鹿特丹伊拉斯姆斯大学执行委员会和伊拉斯姆斯管理研究所对伊拉斯姆斯大学鹿特丹管理学院附属商业创新中心的支持，是他们的支持使研究得以开展。

最后，还要感谢我们最亲近的人——我们的家人。我们花费了无数个夜晚、周末与假期，才让这本书最终成型。若没有我们所爱之人的支持、理解与体谅，这一切都不可能发生。

我们三人都希望将《重塑商业模式》献给17岁的席琳·沃尔伯达。当我们在研究商业模式创新时，席琳在医院住了六周多，她的康复过程也是她个人的"重塑"经历。席琳，我们很高兴你成功应对了颠覆性变革，重获健康。

汉克·沃尔伯达　弗兰斯·范登博斯　凯文·凯伊